玛瑙山历史文化研究丛书
MANAOSHAN LISHIWENHUA YANJIU CONGSHU

玛瑙山历史地理研究

◎陈季君 著

History and Geographic Change
in the Manao Mountain Aera

by Chen Jijun

中央民族大学出版社
China Minzu University Press

图书在版编目(CIP)数据

玛瑙山历史地理研究 / 陈季君著 . —北京:中央民族大学出版社,2020. 5

ISBN 978-7-5660-1768-0

Ⅰ. ①玛… Ⅱ. ①陈… Ⅲ. ①山—历史地理—研究—凤冈县 Ⅳ. ①K928. 3

中国版本图书馆 CIP 数据核字(2019)第 258796 号

玛瑙山历史地理研究

作　　者	陈季君
责任编辑	舒　松
责任校对	肖俊俊
封面设计	布拉格
出 版 者	中央民族大学出版社
	北京市海淀区中关村南大街 27 号　邮编：100081
	电　话：(010)68472815(发行部)　传真：(010)68932751(发行部)
	(010)68932218(总编室)　(010)68932447(办公室)
发 行 者	全国各地新华书店
印 刷 厂	北京盛华达印刷科技有限公司
开　　本	787×1092 (毫米)　1/16　印张：16. 75
字　　数	240 千字
版　　次	2020 年 5 月第 1 版　2020 年 5 月第 1 次印刷
书　　号	ISBN 978-7-5660-1768-0
定　　价	68. 00 元

玛瑙山历史文化丛书

序

习近平总书记指出，中华民族在几千年历史中创造和延续的中华优秀传统文化，是中华民族的根和魂。建立在5000多年文明传承基础上的文化自信，是更基础、更广泛、更深厚的自信。要让收藏在禁宫里的文物、陈列在广阔大地上的遗产、书写在古籍里的文字都活起来。

以贵州遵义师范学院历史文化旅游学院陈季君教授为首的中青年专家团队编撰的《玛瑙山文化丛书》（以下简称《丛书》）作为《凤冈历史文化系列丛书》的重要组成部分即将付梓，这无疑体现出一种高度的文化自觉和自信，也包含着浓厚的家国情怀。

编撰各个地区翔实的区域历史文化记叙，包含考证确凿的史实和当代与时俱进的认知，推介给世人，周知海内外，传续子孙后代，这有益于全世界共同了解和体验中华民族多元一统国家的悠久历程和丰厚底蕴；也有益于父老乡亲更清晰地发现和领悟家乡的美好、特色和魅力，增强实实在在的自豪感、自信心和凝聚力。既是盛举，也是使命。可赞可喜！

编撰可信而又生动的区域文化历史丛书，离不开对正史、方志、民间传说、考古发现、实地勘察资料，以及海内外相关学术研究成果等的充分利用和科学辨析。《丛书》专门辟有《玛瑙山史料辑录与整理》篇，引证了《贵州通志》，嘉庆《重修一统志》（卷505《石阡府》），光绪《湄潭县志》，《黔南识略》，《钱氏家谱》等诸多文献，辅以重要的《游记》和现场勘察资料，对《丛书》的专业支撑和严谨性，具有重要作用。

由陈季君教授率领的青年学者张传跃博士和郎丽娜博士以及2015级历史班的12名学生组成的团队通过两个暑假的田野调查后整理编写的《玛瑙山民间故事与传说》篇，为史料的缺失或粗疏提供了重要的补充，也使得《丛书》益发接地气，植根于生活，显得生动、活泼，更显遵义这一地区社会风貌、传统和特征。

任何一个区域文化和社会沿革，都来自特定的山川地理环境、气候、交通、距离等客观条件，更源自血肉气息相连的民族文脉。中国作为一个地域辽阔、气象万千的多民族融合的文明古国，各个地域有着传统久远的向心力，又有着千姿百态的文化架构和各自的特色。这种自然的和人文的背景、基础和前提，在《丛书》陈季君教授的《玛瑙山历史地理研究》中，有清晰的梳理和系统的研究。这不仅深化了人们对玛瑙山区域历史文化由来、现状和历史趋势的领悟和理解，而且对于认识黔北，乃至于更宽泛的文化现象有助益。

玛瑙山所在的遵义，北接巴蜀，东邻湘西，多方向联结重要的人类文化线路；水陆交通四通八达，商贸、文化交往繁荣；亦曾涉及许许多多重大的历史事件。从玛瑙山的历史地理故事中，能感知中华文明的血脉流淌，乃至世界的变迁。

《丛书》中，郗玉松副教授的《清代玛瑙山及周边地区历史文化研究》提供了一份对清代西南地区基层社会状况的研究案例。涉及土司制度、移民文化、科举文化、宗族文化，以及保卫乡村社会稳定的尚武文化等。这和玛瑙山的历史地理沿革构成了合乎逻辑、特色鲜明的区域文化链条。

通观《丛书》，各个篇章都没有离开对玛瑙山历史地理文化中的核心有形物质遗产——玛瑙山营盘的描述、研究和阐释。李飞博士执笔的《玛瑙山：考古、文献与口碑》在对玛瑙山营盘遗址进行考古调查和初步发掘的基础上，通过对玛瑙山的遗迹遗物的整理与文献和传说进行比对研究，对遗址的价值给予较为客观的评价。何烨的《贵州清代山地军事防御工事·玛瑙山营盘》在对玛瑙山营盘文化遗存全面调查、测绘和研究的基础上，通过和养马城、海龙屯等本省山地军事城堡的对照，提出在近千余处军事防御工事组成的形式多样的贵州山地军事防御体系中，玛瑙山营盘遗址是其中清代山地军事防御工事的重要代表，也是咸同年间贵州农民起义的重要历史见证。

鉴别一处文化遗产的意义和价值，对比分析研究是不可缺少的背景和手段。对玛瑙山文化案例，无论是有形的（物质的），还是无形的（非物质的），本《丛书》从历史沿革、军事营盘形态、民俗传统和乡土文化特色等各个方面，都提供了可资对比研究的要素、现象和线索。同时，《丛书》也为认定玛瑙山有形文化遗产的真实性和完整性，以及无形文化遗产的类型和内涵，提供了依据。

对于有形的物质文化遗产而言，实物的历史见证价值是最基本的价值所在。因而，无论有哪些相关的社会分歧和争端，对这种不可再生的实物见证和文化资源，人类都应该首先尊重和珍惜这一基本价值，真实、完整地维护和传续它。而忠实地记录遗产现状，穷竭相关的演变过程，尽一切可能保存历史的原物，则是保护的要点和重中之重。

《丛书》的面世，以及《凤冈历史文化系列丛书》整体的策划，可以为这样一种保护理念和路径做出自己的贡献。

尽管《丛书》的编撰团队谦称，“由于时间紧、任务重、资料缺少，实物样本量不足等，研究中难免存在诸多错误和遗漏”，但我们还是要衷心地为《丛书》的完成和编撰团队的努力奉献与突出成就点赞。致热烈的祝贺！

郭旃

2018 年 12 月 5 日于北京

前　言

玛瑙山主体蜿蜒在贵州省凤冈县绥阳镇境内。绥阳镇原名绥阳场，历史悠久，曾是唐代夷州州治所所在地，南宋隶思州，明代属石阡府龙泉坪司，清代为平越州湄潭县，民国插花地厘正时划归凤冈县管辖。玛瑙山既可以作为一个片区的称呼，也可以作为一座山的名字。说其为片区，是指以玛瑙山为中心，周边数公里的河流、地貌等自然景观和风土人情、农业民居等人文景观；说其为山名，是因为该山酷似马头，最初被当地人称为“马脑壳”或“马脑山”，后来被文人写成“玛瑙山”，似显文雅。不过，笔者实地考察时发现，此山有一巨大的天然溶洞，里面的钟乳石颇似一串串玛瑙，故称其为玛瑙山更有理可循。也许，文人把马脑山称为玛瑙山是因为见此景象而受到了启发。

玛瑙山不仅在当地家喻户晓，更由于其富含文化遗产而享有盛名，代表性文化遗产是建筑规模巨大的玛瑙山营盘，享有“万米长城”“中国西南地区最完整的古军事建筑”的美誉。这座军事营盘始建于南宋高宗绍兴二年至绍兴二十三年之间（1132 年至 1153 年），历经元明，清代咸丰年间进行了大规模扩建，成为在 19 世纪中国西南广大区域内，社会动荡环境中，集家族生活和防御功能为一体，以石构建筑为主体的小型城堡式建筑群的典型代表，亦为中国传统的封建家族文化的集中体现，是同类文化现象存世最完整最典型的代表作之一。

与同是坐落在遵义境内的海龙屯军事城堡不同，海龙屯以险峻、雄奇令人叹为观止，而玛瑙山军事营盘是地方民众保护家园的乡村军事防御工事，虽地势较为平缓，却处处体现了中国古代南方劳动人民高超的建筑智慧，其遗产具有很高的真实性、完整性。玛瑙山营盘按八卦阵式设计，建有城墙、城门、碉堡、敌楼、兵营，所筑攻防之道，营营相连，洞洞相通，地上营垒与地下洞厅紧紧相套；营盘设有指挥中心，地上城墙曲折迂回，易守难攻，步步惊心，营内四通八达，柳暗花明。建造构思奇特，匠心独运，其军事攻防体系实为罕见。

玛瑙山营盘内的驿道、盐道见证了当时重要的交通和经济功能，更为重要的是它对重大历史事件的见证意义和地方风俗传统的承载，具有黔北民族文化、家族文化、科举文化的重要历史见证意义，更具有农民起义和昔日社会传统与形态结构的矛盾斗争地方化区域化特点。总之，玛瑙山的历史文化价值不可低估。

玛瑙山环境景观优美和谐，伴随着人们文化品位的提高和凤冈旅游开发的勃兴，玛瑙山营盘必将会受到越来越多人的关注。这更需要我们历史工作者进一步加强对营盘的学术研究，发掘和研究这一宝贵的文化遗产，研究这个地方的历史文化衍生、变迁和发展，从而找出这些文化遗产里的文化符号、文化灵魂、文化精神。让观光者在旅游休闲中品味异彩纷呈的奇峰异洞，惊叹构造者的妙思构想和巧夺天工时，增强文化的自信心和自豪感。

从 2015 年起，研究团队以服务地方文化发展为己任，以筚路蓝缕，以启山林的精神精心梳理这一宝贵的历史遗产，探寻玛瑙山地上地下纵横交错的防御体系及其蕴含的历史文化。课题组针对“考古、文献与口碑”“玛瑙山民间故事与传说”“玛瑙山资料辑录与整理”“贵州清代山地军事防御工事·玛瑙山营盘”“清代玛瑙山及周边地区的历史文化研究”“玛瑙山历史地理研究”等课题进行了深入研究。学者们以严谨求是的精神和科学求实的态度，冒着严寒酷暑数次深入玛瑙山历史的现场，多次深入周边民族村寨进行田野调查，努力搜寻遗址遗迹遗物以及历史的记忆，查证大量文献资料进行相关资料的搜集整理研究，最后完成写作并把研究成果结集出版。这是三年来课题组陈季君、李飞、郗玉松、胡安徽、何烨等学者们辛勤耕耘的成果，是凤冈县人民政府、凤冈县文广局、遵义师范学院、遵义市文化广电新闻出版局、省考古所、省博物馆等单位团结协作的结果。这个成果是支撑凤冈历史文化悠久、灿烂与厚重的又一块基石。

为了对博大厚重的凤冈文化做全面的深度的解读，从2013年开始，由县政协委员发起，提出编写一套《凤冈县历史文化系列丛书》提案，希望通过一套“历史文化系列丛书”以系统总结历史，盘点遗产，延续文脉，服务现实，同时彰显凤冈文化的魅力，提升凤冈文化影响力。这些年来，凤冈县文化界、知识界一批有识之士倾注了对凤冈历史文化的深情注视，搜集整理编写出版了一批文史研究著述，为传承和弘扬凤冈文化做出了艰辛的努力，为后来的研究打下了较好的基础。这一套关于玛瑙山课题研究的丛书，就是《凤冈县历史文化系列丛书》的重要组成部分，是融科学性、学术性、知识性、可读性为一体的重要著作。

在贵州遵义凤冈县境内的玛瑙山古军事遗址课题研究成果付梓之时，恰逢改革开放40周年这个节点，编者把这套丛书作为庆祝改革开放40周年的隆重献礼。

由于时间紧、任务重、资料缺少，实物样本量不足等，研究中难免出现错误和遗漏，诚请方家批评指正。

陈季君

2018年12月26日

目 录

引言 …………………………………………………………… (1)

上编 凤冈县历史自然地理
——以玛瑙山为中心

第一章 历史时期凤冈县的气候和水文 ………………………… (19)
第一节 历史时期凤冈县气候变迁 ………………………… (19)
一、古代气候信息 ………………………………………… (19)
二、当代气候状况 ………………………………………… (22)
第二节 历史时期凤冈县的河流演变 ……………………… (24)
一、古代河流及水文信息 ………………………………… (24)
二、当代河流及水文状况 ………………………………… (36)

第二章 历史时期凤冈县的生物和灾害 ………………………… (39)
第一节 历史时期凤冈县生物的变迁 ……………………… (39)
一、古代生物状况 ………………………………………… (39)
二、现代生物物种 ………………………………………… (51)
第二节 历史时期凤冈县的灾害 …………………………… (55)
一、旱灾 …………………………………………………… (55)

二、水灾 ……………………………………………………………………（59）
三、风雹 ……………………………………………………………………（67）
四、地震 ……………………………………………………………………（72）
五、其他灾害 ………………………………………………………………（74）

第三章 地貌和土壤 ……………………………………………………（78）
第一节 地貌 ………………………………………………………………（78）
一、山或岭或峰（即山脉） ………………………………………………（78）
二、洞穴、峡谷和箐 ………………………………………………………（93）
第二节 土壤 ………………………………………………………………（103）
一、光绪《湄潭县志》有关土壤的介绍 …………………………………（103）
二、当代凤冈土壤概况 ……………………………………………………（105）

下编 凤冈县历史人文地理

——以玛瑙山为中心

第四章 历史时期凤冈县政治和经济的变迁 ……………………………（114）
第一节 历史时期凤冈县政区沿革 ………………………………………（114）
一、县域、政区及其沿革 …………………………………………………（114）
二、社会治理的变迁 ………………………………………………………（132）
第二节 历史时期凤冈县经济变迁 ………………………………………（140）
一、历史时期凤冈县经济概况 ……………………………………………（140）
二、中华人民共和国建立后的凤冈县经济发展概况 ……………………（148）

第五章 历史时期凤冈县民族与文化变迁 ……………………………（157）
第一节 历史时期凤冈县民族分布与区域文化 …………………………（158）
一、中华人民共和国建立前的民族及其分布概况 ………………………（158）
二、中华人民共和国建立后的民族及其分布概况 ………………………（162）
第二节 区域文化地理 ……………………………………………………（164）
一、学校及其分布 …………………………………………………………（165）
二、艺术种类及其演变 ……………………………………………………（168）

三、遗迹遗址及其分布概况 …………………………………………… (178)
四、谚语及其类别 …………………………………………………… (182)
五、风俗及其类别 …………………………………………………… (184)
六、历史时期医药文化 ……………………………………………… (191)

第六章 历史时期凤冈县军事和交通地理 ……………………… (197)
第一节 历史时期凤冈县军事地理 ………………………………… (197)
一、凤冈县主要战事分布 …………………………………………… (197)
二、玛瑙山营盘军事防御体系 ……………………………………… (207)
三、其他营盘分布概况 ……………………………………………… (224)
第二节 历史时期凤冈县交通演变 ………………………………… (230)
一、中华人民共和国建立前的交通状况 …………………………… (230)
二、中华人民共和国建立后的交通发展 …………………………… (234)

参考文献 ……………………………………………………………… (246)

后记 …………………………………………………………………… (251)

引　言

历史地理学是地理学的一个分支，是研究地理现象随时间变化的学问。作为一门综合学科，他涉及历史学、人类学、生态学、地质学、环境研究、文学研究和其他领域的主题和方法论。虽然历史地理学的大部分工作被认为是人文地理学，但这一领域也围绕自然地理变化研究，试图通过了解各个社会与当地环境以及和环境的相互作用（人地关系）来确定各个社会的文化特征是如何形成和演变的。所以，有学者认为“历史地理学作为人文地理学的分支与历史、环境史和历史生态学密切相关。”① “目前，40 多个国家的学者正在进行历史地理学研究。”② 现在历史地理学是很多开设有地理学和社会科学专业的大学的主要课程之一。

在中国历史地理学是一门既古老而又年轻的学科，主要开创者是侯仁之、谭其骧、史念海等老一辈学者。侯仁之先生最早阐明了历史地理学是现代地理学的一个组成部分的基本观点，指出今天的地理不是自古以来就是如此，而是从以往不同时代的地理发展演变而来的，今天地理上的一切现象都植根在过去的地理中，且有它发展演变的客观规律。因此他认为，历史地理学是现代地理学向后延伸的部分，主要研究历史时期地理景观的变化。③ 谭其骧先生、史念海先生对此观点表示赞同，同时，谭其骧先生还认为，历史地理学毕竟研究的是历史时期的地理环境，因

---

① Balée, William: The Research Program of Historical Ecology. In Annual Review of Anthropology (2006) 35(1), pp. 75-98。

② Powell, Richard, and Robert M Wilson. “What Futures for the Pillar of Geography? a Report on the 16th International Conference of Historical Geographers, London.” *Historical Geography* 43 (2015).

③ 侯仁之：《历史地理学刍议》，载《北京大学学报》（自然科学版），1962 年第 1 期，第 73 页。

而，不仅要用地理学的方法，还要用历史学的方法。此外，谭先生还认为，历史地理学应该属于地理学的范畴，但也可以作为历史学的辅助学科。[1]

此后的国内历史地理学界围绕着开创者们的足迹，对历史地理学的定义、学科归属、研究对象和范围等问题提出了各自的观点。有学者称：历史地理学是研究历史时期地理环境结构及其发展变迁的规律，简单地说，就是研究人类历史时期的地理的科学，是地理科学的分支学科，是介于历史科学与地理科学之间的边缘科学，因此历史地理和历史学、地理学的关系同样密切。[2][3][4] 也有学者认为，历史地理学是复原、解释过去的地理，并进行应用研究的科学。[5] 还有学者指出，历史地理学是一门研究历史时期（自人类社会产生以来直至今天以前）地理现象及其演变过程的学科，属于地理科学范畴，包括自然和人文两大分支，前者研究气候、疆域、政区、植被、沙漠、海岸、河流、湖泊等自然要素的演变及其规律，后者研究农业（大农业）、矿冶、工业、商业、交通、城市、人口、文化等人文景观的地域分布及其演变规律。[6] 还有学者认为，历史地理学是研究历史时期地理环境发生、发展及其演变规律的科学，其中包括历史自然地理学和历史人文地理学两大组成部分，它与研究现存地理的现代地理学并列，共同隶属于广义地理学之中。[7] 另有学者指出，历史地理学是研究历史时期人类地理环境变化，以及环境与人类和人类社会发展的关系的科学，既不是研究史前时期（即地质时代）的地理环境变化，也不是研究当代地理环境问题，而是研究人类产生以来的地理环境变化及与人类发展关系的问题，并认为历史地理学的发展方向是一门独立的学科，应向“人地时空学”发展。[8] 也有学者认为，历史地理是研究历史时期地理环境的变化及

---

① 史念海：《中国历史地理纲要·序》，山西人民出版社 1991 年版，第 4 页。

② 黄盛璋：《历史地理论集》，人民出版社 1982 年版，第 1 页。

③ 黄盛璋：《论历史地理学与地理学》，载《湘潭大学社会科学学报》，1982 年第 3 期，第 58 页。

④ 黄盛璋：《论历史地理学与历史学》，载《史学月刊》，1983 年第 1 期，第 1 页。

⑤ 张步天：《历史地理学概论》，河南大学出版社 1993 年版，第 1 页。

⑥ 李恩军：《中国历史地理学》，人民交通出版社 1995 年版，第 1 页。

⑦ 陈雄：《历史地理学》，浙江人民出版社 2005 年版，第 1 页。

⑧ 蓝勇：《中国历史地理学》，高等教育出版社 2002 年版，第 1–2 页。

其规律的科学。地理环境包括自然和人文两个方面。自然地理环境一般是指人类赖以生存的自然界，包括作为生产资料和劳动对象的各种自然要素，如气候、气温、土壤、植被、森林覆盖率、水文、地貌（河流、湖泊、海岸、沙漠）、土壤、生物等。① 还有学者认为，历史地理学就是研究人类社会历史时期的自然环境和人地关系的地理分布、演变及其发展规律的学科，是在继承沿革地理的基础上逐渐发展而成的，同历史学和地理学都有密切关系的一门边缘学科。② 也有学者称，历史地理学是研究整个人类历史时期的地理环境（包括自然地理环境和人文地理环境）及其规律，是一门地理科学，是地理学的一个组成部分，但就研究所依据的资料和方法而言，它又具有历史学科的属性，所以“它是在两个母体中孕育、发展起来的学科”。③

以上列举了目前国内历史地理学界部分专家学者关于历史地理学相关研究的主要观点。从这些观点可以看出，学者们对历史地理学概念的理解不是一成不变的。从 20 世纪 20 年代初期开始，历史地理学一直被认为是复原、描述过去地理环境特征的科学；20 世纪 50 年代以来，历史地理学开始努力探求关于历史时期地理环境发展变迁的理论和规律，以及对人类以往环境的评价；近些年来，历史地理学的应用研究展现了广阔的前景。④ 纵观学界长期以来对历史地理学的研究，学科归属问题争论较大，归纳起来有四种说法：一是认为历史地理学是历史学的辅助学科；二是把历史地理学作为地理学的一个分支，即地理学的一门辅助学科；三是认为历史地理学是历史学与地理学的一门交叉学科；四是认为历史地理学是一门独立的综合性学科。⑤ 争论是推动学科、学术进一步发展的有利条件，学术界的相关争论对今后历史地理学的发展无疑具有积极作用。

国外学者对历史地理学基本问题的研究也有很多建树。如，20 世纪中叶美国地理学界的主要代表人物，加州大学伯克利分校（University of California，Berkeley）的卡尔·奥尔特温·索厄（Carl Ortwin Sauer）认为，只

---

① 邹逸麟：《中国历史地理概述》，上海教育出版社 2005 年版，第 5 页。

② 张全明：《中国历史地理学导论》，华中师范大学出版社 2006 年版，第 1 页。

③ 林俐：《中国历史地理学研究》，福建人民出版社 2006 年版，第 3 页。

④ 陈雄：《历史地理学》，浙江人民出版社 2005 年版，第 1 页。

⑤ 蓝勇：《中国历史地理学》，高等教育出版社 2002 年版，第 1、2 页。

有考虑到历史的所有影响，才能理解一个景观和其中的文化：物质、文化、经济、政治、环境。他强调，区域知识是在世界各地区获得足够专门知识的唯一手段。直到今天，区域研究专家仍然活跃在地理学术领域。①日本此学界的代表性人物是学者菊地利夫，他认为，历史地理学是复原过去的地理并对其进行解释、叙述的科学；作为研究以往人类与其活动地域的科学，历史地理学与考古学、历史学、民俗学、人类学等学科相互交映，并行发展着。广义的地理学可以划分为研究现存地理的现代地理学（Modern Geography）和研究以往地理的历史地理学（Historical Geography）两大类别。②

综合国内外学者们的研究，不管观点有什么变化和差异，但有一点是相同和明确的，即历史地理学的研究内容几乎涉及自然地理和人文地理的各个分支部门，诸如地貌、气候、水文、土壤、矿产、生物变迁、行政区划、军事战役、民族分布、经济状况、水陆交通和人口户籍等。③

《玛瑙山历史地理研究》一书把玛瑙山及其周边地区作为研究对象，虽然区域较小，但是“麻雀虽小，五脏俱全”，研究内容同样应包括自然地理和人文地理两部分，根据玛瑙山实际的自然状况和人文状况，我们的研究范围涉及气候、地貌、生物、水文（包括河流、湖泊、溪泉等）、土壤、灾害等自然状况，以及政治、经济、交通、文化、民族、军事等人文状况。之所以这样考虑，主要是因为人与自然的关系极为密切，人是自然中的人，人离不开自然，玛瑙山自然状况是当地百姓赖以生存的先天条件和物质基础，自然状况的变化主要是当地民众活动引起的，同时，自然环境的变化又反过来给玛瑙山的百姓活动带来某些有利或不利的影响；玛瑙山居民在改造自然、从事劳动生产的过程中产生了多种多样的社会关系，表现为政治、经济、文化、民族等形式，同时又制造了新的生活方式如交通、旅游等，此外，还要有生存的保障如医学等。

玛瑙山位于贵州省遵义市凤冈县绥阳镇官田村，因玛瑙山营盘而闻名。玛瑙山营盘遗址 1999 年被列为贵州省重点文物保护单位，2019 年 10

---

① https://www.journals.elsevier.com/journal-of-historical-geography。

② （日）菊地利夫著、辛德勇译：《历史地理学的理论与方法》，陕西师范大学出版社 2014 年版，第 1 页。

③ 张全明：《中国历史地理学导论》，华中师范大学出版社 2006 年版，第 5 页。

月升格为全国重点文物保护单位。玛瑙山营盘作为军事设施，始建于南宋，现在看到的主体部分是清代后期遗址，它是在地方乡绅主导下修建的一座防御工事，主要功能是应付战乱，以求自保。建造者充分利用山、崖、洞、水等自然条件进行精巧设计，形成地上地下多层军事防御区，营盘含有多道军事防线，地下溶洞区与官田古寨军事防线相连接，形成了具有较强防御能力的军事作战体系。玛瑙山营盘建筑规模大、建造技术高、功能布局完整，堪称南方近代山地军事防御工事的典型代表。

玛瑙山营盘遗址航拍图　马志军 摄

由此而言，研究玛瑙山历史地理还需要涉及历史军事地理的有关知识。

历史军事地理是研究历史上军事活动与地理环境之间关系的学科。历史军事地理在我国有着悠久的历史和渊源，古代中国早已有之，只是没有明确冠之以“历史军事地理”的称谓罢了，中国古代称“地利”，近代，又称“武事地理”或者“兵要地理”。古代的兵家已经颇为重视军事行动与地形、地势等自然地理因素和城市、关隘等人文地理因素之间的关系。如《孙子兵法》提出了“夫地形者，兵之助也”的思想，其《地形篇》

《九地篇》，讲到了行军和作战时可能遇到的六种地形和作战地区的九种地理位置。《管子·短语·地图篇》云："凡兵主者，必先审知地图。轘辕之险，滥车之水，名山、通谷、经川、陵陆、丘阜之所在，苴草、林木、蒲苇之所茂，道里之远近，城郭之大小，名邑、废邑、困殖之地，必尽知之。地形之出入相错者，尽藏之。然后可以行军袭邑，举错知先后，不失地利。此地图之常也。"① 意思是说，军队指挥官必须要了解作战区域内盘旋的险路、容易使兵车陷入泥泞的水潭，以及名山、大谷、大川、高原、丘陵所在位置，枯草、林木、茂密蒲苇分布的区域，道路的远近、城郭的大小、著名的城市、废弃的城邑、容易被困的隘口之地，都必须全方位了解；地形的参差交错，也必须通晓在心中，在此基础上才可以率军攻打城池。这段话看似说的是地图的作用，实际是说行军打仗一定要高度重视自然和人文地理因素。在秦汉以后的沿革地理著作中，有比较系统地或较多地涉及军事地理内容的著述，如西晋时司马彪编纂的《续汉书·郡国志》、北宋时官修的《武经总要》、南宋王应麟的《通鉴地理通释》、明清顾祖禹的《读史方舆纪要》等。② 顾祖禹在《读史方舆纪要》"总序"中有一段精深的记述：

> 且夫地利亦何常之有哉？函关、剑阁，天下之险也。秦人用函关，却六国而有余；迨其末也，拒群盗而不足。诸葛武侯出剑阁，震秦、陇，规三辅；刘禅有剑阁，而成都不能保也。故金城汤池，不得其人以守之，曾不及培塿之丘，汎滥之水。得其人，即枯木朽株，皆可以为敌难。是故九折之坂，羊肠之径，不在邛崃之道、太行之山；无景之溪，千寻之壑，不在岷江之峡，洞庭之津。及肩之墙，有时百仞之城不能过也；渐车之浍，有时天堑之险不能及也。知求地利于崇山深谷、名城大都，而不知地利即在指掌之际，乌足与言地利哉？③

此段话的意思是说：函谷关之险要，足可以抵挡六国的进攻，但在秦

① 黎翔凤撰，梁运华整理：《管子校注》（中册）卷10《地图》，中华书局2004年版，第529页。

② 辛德勇：《〈北宋西北战区粮食补给地理〉序言》，《书品》2006年第3期，第17页。

③ （清）顾祖禹撰，贺次君、施和金点校：《读史方舆纪要·总序二》，中华书局2005年版，第15页。

朝末年竟然挡不住盗贼；剑阁之险要，诸葛亮用其足可以威震陕西、甘肃之地，但刘禅却不能用之保护成都。这告诉人们，险要的军事重地，一定要有得力的人镇守，否则根本无险可守。顾祖禹不仅汲取古代军事地理思想，而且对“地利”的认知，更为全面深入。既着重阐明了军事地理之攻守利钝的重要性，又深刻论述了人在军事地理中的重要性，同时又系统分析了军事地理与军事指挥员之间的密切关系，提出了“争地必得其人”的思想，是历史军事地理的重要理论。《读史方舆纪要》“超越了原有的军事地理思想，使其成为军事地理领域一座难以逾越的高峰”。①

随着历史地理学的发展，越来越多的分支学科出现，历史军事地理即是历史地理学的重要分支。著名历史地理学家谭其骧先生指出：“了解古代的军事地理是更好地认识当代军事地理的重要条件，因此，历史军事地理又是历史地理学，也是军事地理学中不可缺少的一部分篇章。”② 张步天先生进一步细化了军事历史地理的学科归类，将其作为历史人文地理的分支，③ 这基本确定了历史军事地理的归属问题。学界对历史军事地理有多种解释，《中国大百科全书·军事卷》的解释较为翔实：军事历史地理是研究历史上军事活动与地理环境之间的关系的学科，是军事地理学的组成部分，属部门军事地理学范畴。其研究内容主要包括：(1) 历史上某一国家或地区进行战争的地理环境及其对兵力部署、阵地构成、攻防态势、战争进程和结局等的影响；(2) 历史上的山川险要、关隘城堡、交通要道等分布状况及其在历次战争中的地位和作用；(3) 历史军事重镇的地理环境及其对军事活动的影响；(4) 历代军事区划与疆界沿革、边防卫戍与古战场的考察与论证；(5) 历史军事地图的考证与历史军事地图集的编纂等。历史军事地理的研究方法为历史文献辨析与实地考察相结合，找出某一国家或地区地理条件对军事行动影响的规律，为国防建设、进行战场准备和组织实施军事行动提供历史借鉴。古代历史、地理典籍中有丰富的有关成果：《水经注》中涉及战事 300 余例，记述了在战场上起过重要作用的山岳、关隘、河川、桥梁、渡口、道路、仓储等军事地理内容。《读史方舆

---

① 阎圣国：《顾祖禹对〈孙子兵法〉军事地理思想的继承与超越》，载《复旦学报》（社会科学版），2017 年 04 期。

② 史念海：《河山集·四·谭其骧教授序》，陕西师范大学出版社 1991 年版，第 1 页。

③ 张步天：《历史地理学概论》，河南大学出版社 1993 年版，第 21 页。

纪要》有大量论述明代各地的历史沿革、地理形势、山川险要、古代用兵攻守成败之得失等军事历史内容。中华人民共和国成立后所出《中国历史地图集》《中国人民解放军战争史图集》等书，对中国历史军事地理都有重要参考价值。①

综上所述，历史军事地理既是历史地理学又是军事地理学的重要组成部分，有非常重要的学术价值和现实意义。蓝勇先生在其所著的《中国历史地理》第十章“历史时期中国的军事地理”中说道：“在冷兵器时代，军事防御体系十分重要。长城、关隘、城防构成中国古代冷兵器时代一个重要的防御体系”。② 玛瑙山易守难攻，山上有石砌城墙，山下有溶洞连通，可营造立体式、多层次、复合式的军事防御体系，是研究冷兵器时代军事防御体系的重要历史遗迹。通过对玛瑙山军事营盘的解剖式研究，既能够为历史军事地理增添新的研究资料，又能够让读者进一步系统了解玛瑙山营盘的“前世今生”，还能够更好地合理利用玛瑙山旅游资源。

当前，贵州全省上下正在进行脱贫攻坚，玛瑙山一带百姓生活并不富裕，如果能开发好玛瑙山旅游资源，助推当地百姓通过旅游业脱贫致富，则是顺应了贵州经济社会发展的需要。同时，玛瑙山营盘作为贵州古军事建筑遗址，对研究中国古代军事遗迹、军事历史文化都有重要价值。由此而言，玛瑙山历史地理研究不仅有学术研究价值，而且有很大的社会现实意义。

根据我们掌握的资料，本书就玛瑙山历史自然地理和玛瑙山历史人文地理两部分进行简要探讨。

---

① 中国大百科全书编委会：《中国大百科全书 · 军事 · 1》，中国大百科全书出版社 2004 年版，第 686 页。

② 蓝勇：《中国历史地理》，北京：高等教育出版社，2010 年第 2 版，第 206 页。

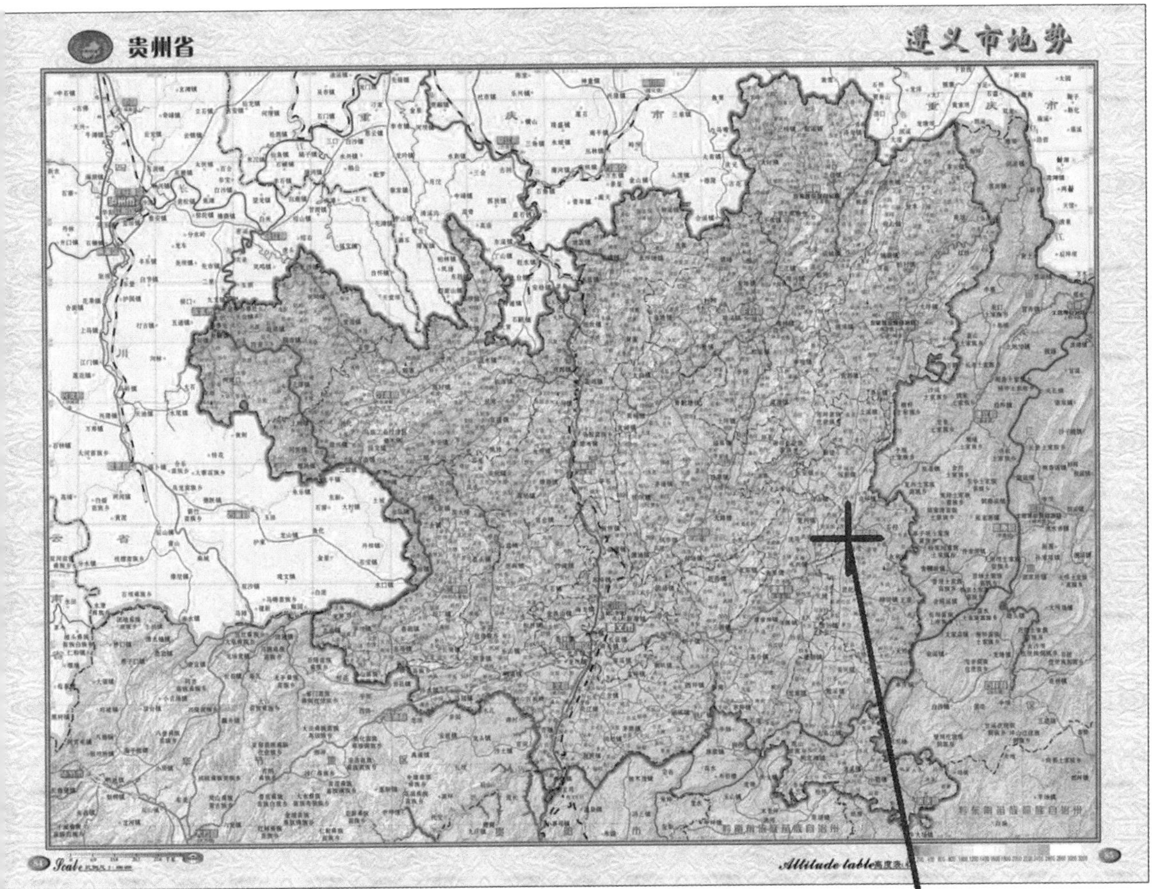

凤冈在遵义的位置

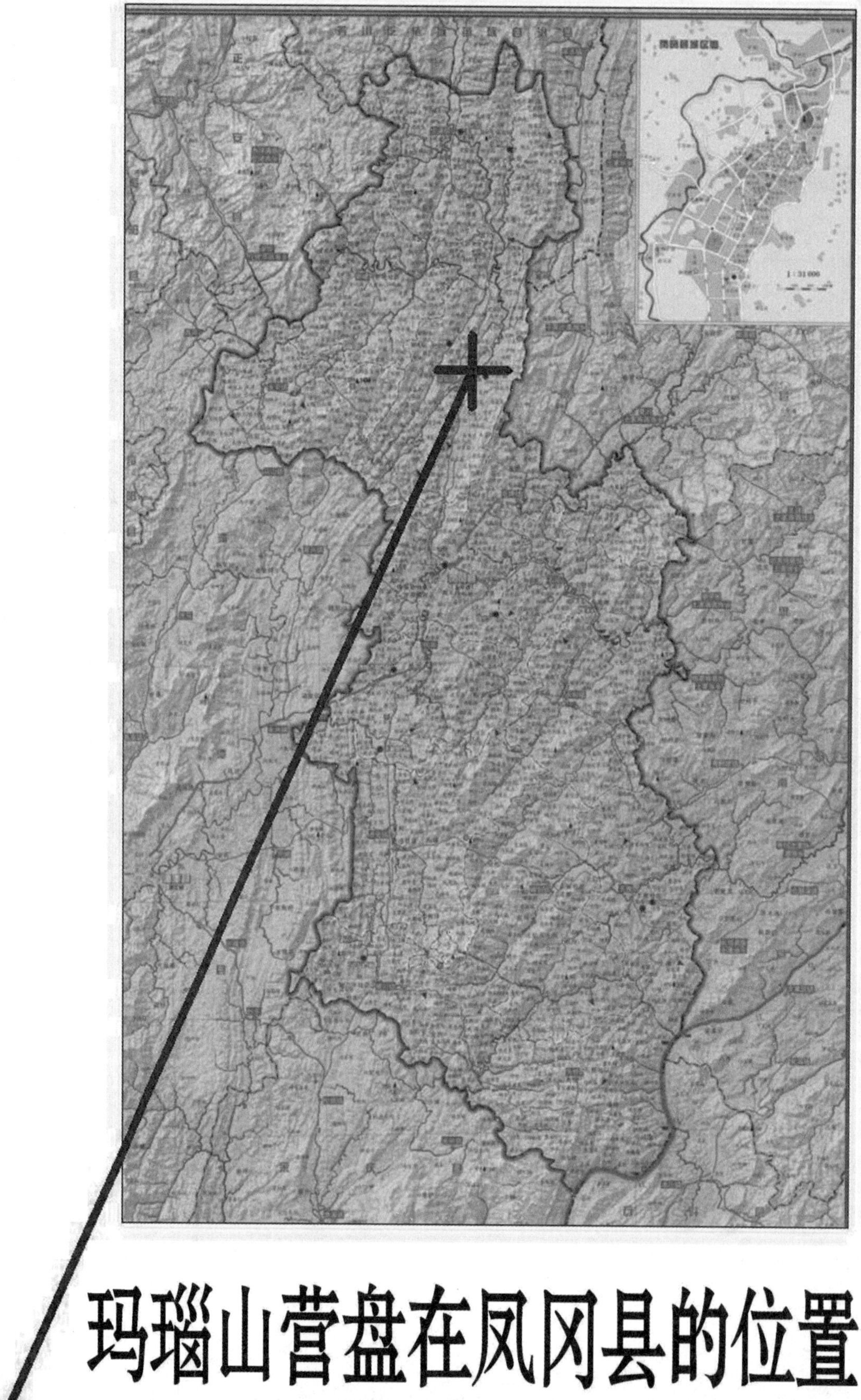

玛瑙山营盘在凤冈县的位置

贵州政区图
赤水市
习水县
桐梓县
正安县
道真仡佬族苗族自治县
务川仡佬族苗族自治县
沿河土家族自治县
德江县
印江土家族苗族自治县
松桃苗族自治县
思南县
江口县
铜仁市
万山特区
石阡县
凤冈县
湄潭县
绥阳县
仁怀市
余庆县
岑巩县
玉屏侗族自治县
金沙县
毕节市
赫章县
大方县
黔西县
纳雍县
织金县
六盘水市
水城县
开阳县
修文县
清镇市
贵阳市
瓮安县
施秉县
镇远县
黄平县
三穗县
天柱县
福泉市
凯里市
台江
剑河
锦屏县
贵定县
麻江县
龙里县
雷山县
黔东南苗族侗族自治州
黎平县
平坝县
普定县
安顺市
六枝特区
惠水县
都匀市
丹寨县
长顺县
黔南布依族苗族自治州
三都水族自治县
榕江县
从江县
普安县
晴隆县
盘县
平塘县
独山县
兴仁县
贞丰县
罗甸县
荔波县
兴义市
黔西南布依族苗族自治州
望谟县
安龙县
册亨县

遵义在贵州的位置

上　编

凤冈县历史自然地理

——以玛瑙山为中心

凤冈县新建镇羊屯　李洪广 摄

历史自然地理是研究历史时期地壳或地理环境或其组成部分的结构、动态和发展变化规律的一门学问。历史自然地理和现实有密切关系，如研究历史时期气候的变迁规律，有助于今天中、长期天气预报以及灾害性天气周期的预测等；研究历史时期植被变迁的过程，对今天安排农、林、牧三者的合理布局具有参考价值；研究历史时期海岸变迁的趋向，对于今后从事港口建设和进行海涂围垦等都将有所裨益；研究历史时期沙漠、河流等变迁的规律，对指导今后的治沙、治水等工作都能提供科学的依据。①因此，研究玛瑙山及凤冈县历史自然地理对当前玛瑙山和凤冈县经济社会发展有积极意义。

玛瑙山历史自然地理主要介绍历史时期玛瑙山的自然状况，主要包括气候、地貌、生物、水文、土壤、灾害等内容。本编将根据自然因素之间的关联度进行若干组合，把气候和水文作为一章、生物和灾害作为一章、地貌和土壤作为一章。

永和镇九道拐风光 罗逸 摄

还要说明的是，自然状况的变化相对缓慢，现代的自然状况很多是历史时期自然状况的延续和反映，故而本书将不少现代资料作为历史时期资料的有益补充。此外，玛瑙山位于遵义市凤冈县绥阳镇东北部，因此，凤冈县和绥阳镇的自然状况在某种意义上即是玛瑙山的自然状况，故而本编将用诸多资料介绍凤冈县或绥阳镇相关自然概况，抑或将涉及与凤冈相邻县域如湄潭、思南、德江、石阡、务川等地的相关内容。

① 中国科学院《中国自然地理》编辑委员会：《中国自然地理·历史自然地理》，科学出版社1982年版，第1页。

谷歌地图中的粗线内部分为凤冈县全境

凤冈县旧称龙泉县、凤泉县，地处贵州省遵义市东北部，位于乌江北岸、大娄山南麓，属黔中丘原区，地理坐标为东经107°31′—107°56′、北纬27°32′—28°21′，平均海拔720米，年均气温15.2摄氏度，年均降雨量1200毫米，无霜期270天，是典型的山区内陆县。县境南北长90.1公里，东西宽42.6公里，最窄处直线距离10.5公里，东邻铜仁市所辖德江县、思南县，南接余庆县和铜仁市所属石阡县，西与湄潭县相连，北临正安县、务川县，总面积1883平方公里。县城所在地龙泉镇，距遵义市城区115公里，距省城贵阳274公里。

绥阳镇地处凤冈县北部，地理坐标为东经107°40′—107°47′、北纬28°03′—28°17′，面积150.1平方公里，平均海拔在1000米左右；东与本县花坪镇、德江县、务川县相连，南与本县龙泉镇、湄潭县接壤，西与本县永安镇、新建乡毗邻，北与本县土溪镇相接。全镇境内溪流纵横，龙塘（即天坑底部的洞穴）星罗棋布。此地气候温和，最热月（7月）气温34.8℃，最低月（1月）气温3.2摄氏度，年均气温14.3摄氏度，降雨量1287毫米，全年无霜期266天。江绿溪、观音河由东向北贯穿本镇，大水河蜿蜒于绥阳镇与土溪镇交界处。绥阳镇地下水资源丰富，池塘密布，故而，当地民众有歌谣说："好个绥阳场，九十九口塘，只要干劲大，丰收有希望。"

玛瑙山位于绥阳镇东北部，隶属绥阳镇玛瑙村管辖，地理坐标为北纬28°06′~28°07′、东经107°45′—107°45′，东面紧靠铜仁市德江县，南面为绥阳镇金鸡村，西面与绥阳镇永盛社区相连，北面与绥阳镇大石村接壤；辖区内河流纵横，土地肥沃，交通便利；海拔高程825-920米，分布范围面积1000公顷。玛瑙村所在地域属于山区丘陵河谷地带，气候温和，雨量丰沛，年均气温14.2摄氏度，年降雨量1287毫米左右，无霜期266天，森林覆盖率较高，适宜水稻、玉米、小麦、油菜、烤烟等农作物和经济作物生长。玛瑙山之所以闻名主要是因为山上的玛瑙山营盘遗址，该遗址海拔835-877米不等，以石砌筑，包围小山7座，其中遗址墙内面积5231.68平方米，外围面积27308.46平方米。

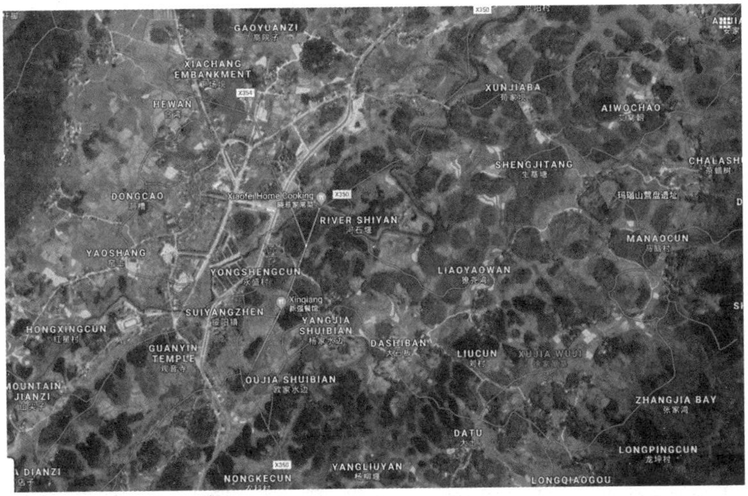

（谷歌地图标记为玛瑙山）

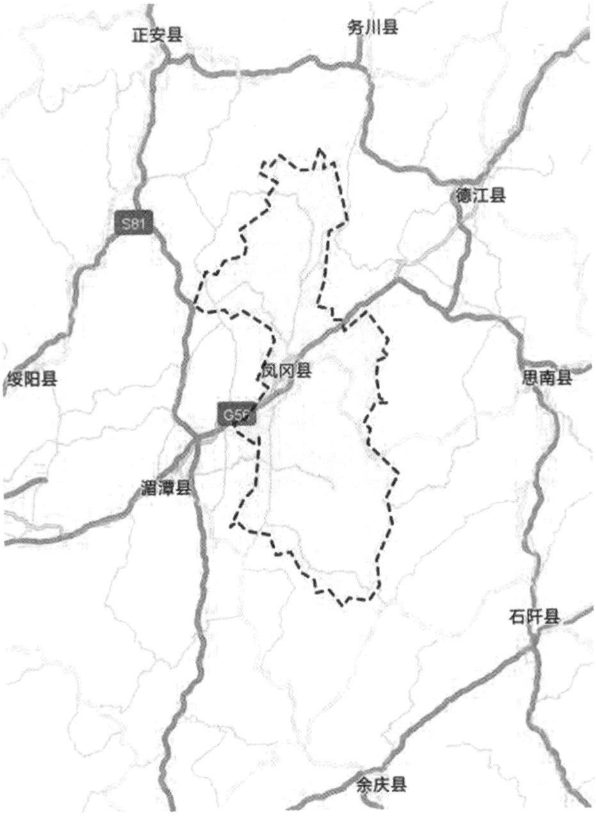

凤冈县区位示意图

绥阳镇地理位置示意图①

① 示意图来源于谷歌地图。图中画圈的标识区域即绥阳镇大致区域。

第一章　历史时期凤冈县的气候和水文

气候是在自然地理环境的相互作用下形成的，是长年天气特征的综合，包括其平均状况及极端变化，由太阳辐射、大气环流、地面性质等因素相互作用所决定。现代自然地理学认为，气候主要包括气温、湿度、降水、霜雪、风暴、节气等。古代社会，人们对气候的记载并不像现代一样，既有明确的气温、湿度、降水、霜雪、风暴、节气等内容，也有确切的数据或定量的分析，古人对气候及其影响因素的记载较为零散和不甚具体，且主要是描述性的语言，故而本章关于凤冈县气候的探析，一方面使用古代文献中原始的文字记载，一方面结合现代自然地理学知识进行适当解释。需要说明的是，本章关于凤冈现代气候状况的资料主要来源于《凤冈县志》（1994 年版）、《凤冈县志 1978—2007》（2011 年版）等资料，限于篇幅，并非所有引述都一一标注。

第一节　历史时期凤冈县气候变迁

一、古代气候信息

凤冈在地球上所处的地理位置一定程度上决定了该县域的气候情况。古代文献对此地的气候有零星记述：“湄（即湄潭，管辖区域包括凤冈在内）介遵（即遵义府）、思（即思南府）、石（即石阡府）三府之间，与蜀为近，气候平和，虽寒不严，虽暑不酷。昔人咏黔有云：四时皆似夏，一雨便成秋，洵不诬也。”① 另据乾隆《石阡府志》云：“石阡与思南、遵义俱近四川，气候平和、寒燠不爽，雨旸恒调。《水经注》曰：牂牁、夜郎之间，山无瘴毒，此其处也。”② 句中所谓“气候平和，虽寒不严，虽暑不酷”“寒燠不爽”，意思是说夏无酷暑、冬无严寒。这与当代通过观测记录的气候状况一样，由此说明多年来凤冈气候变化并不太大。

与湄潭、凤冈相邻的思南县，气候既有相似又有不同：道光《思南府续志》记载：“（旧志）思南介楚蜀之间，风气视二省略同，惟冬不大寒为少异”，“（旧志）思南僻在西南隅，气候差正，寒燠不爽，雨旸以时。《水经注》：“牂牁、夜郎之间，山居平和而无瘴毒”。该志不仅记述了思南的气候特点，即“冬不大寒为少异、气候差正、寒燠不爽、雨旸以时、山居平和”，同时又分析了此地气候如此的原因：“寒暑之气，南北迥殊，思南地界楚蜀，岁隆寒甚，暑不过数日，四时举视，雨旸为寒暑，其大较也。然一郡之地，高山平原，气候各异，山则寒多于燠，（平）原则燠多于寒。”③ 民国《思南县志稿》对气候也有记述：“气候和平（应为平和），极寒时华氏表四十五度止，极热时九十五六度止。”“惟山高天寒，则虑秋风。”④ 相似的是气候平和，不同的是，山高天寒，尤其是秋天气候变化较大，要考虑秋风对农作物的影响。思南县最高海拔 1481 米，最低海拔 340 米，相对高度超过 1100 米。湄潭、凤冈一带最低海拔 460. 8 米，最高海拔 1556 米，相差 1000 多米，故而两地气候很多相似之处。相对于铜仁，气候则颇不相同。道光《铜仁府志》云：“气候，与楚相近，寒暑亦与楚相似。铜仁气候一日之间晴雨不同，即寒暄（‘暄’意即温暖）顿易。郡多

① （清）吴宗周修、欧阳曙纂：光绪《湄潭县志》卷 1《天文志 · 气候》，光绪二十五年（1899）初刻、三十年（1904）增补刻本，载段志洪、黄家服主编：《中国地方志集成 · 贵州府县志辑》（第 39 册），巴蜀书社 2006 年版，第 408 页。

② （清）罗文思：乾隆《石阡府志》卷 1《星野志 · 气候》，载贵州省地方志编纂委员办公室辑：《贵州历代方志集成》（第 39 册），中国文史出版社 2016 年版，第 396 页。

③ （清）夏修恕、周作楫修，萧琯、何廷熙纂：道光《思南府续志》卷 1《天文门 · 气候》，载段志洪、黄家服主编：《中国地方志集成 · 贵州府县志辑》（第 46 册），巴蜀书社 2006 年版，第 14-15 页。

④ 马震崑修、陈文燽主纂：民国《思南县志稿》卷 1《地理志 · 气候》，民国九年（1920）纂成，载段志洪、黄家服主编：《中国地方志集成 · 贵州府县志辑》（第 43 册），巴蜀书社 2006 年版，第 568 页。

山田，虽阴雨连绵，赳泄不至于潦，惟久晴非所宜。”① 资料显示，铜仁之地气候一天之中变化较大，所谓“寒暄顿易”，意思是寒暖很短时间内即有变化，这与光绪《湄潭县志》所载“气候平和”大不相同；铜仁气候“与楚相近”，湄潭等地则“与蜀为近”，楚地气候变化大而剧烈、蜀地气候平而缓和。铜仁气候之所以与湄潭、凤冈不同，一是由于前者地处武陵山区，地势高，海拔在205-2572米，相差2300多米，落差非常大，故而气候变化较大且容易形成较为剧烈的瞬时气象状况；而后者最低海拔和最高海拔差距较铜仁小得多，故而变化较铜仁要平和得多。

凤冈县新建镇庙坝河湾　汤权 摄

以上是气候的总体状况。由于地势的原因，凤冈、湄潭一带也有自己的小气候，“山谷森奥，气候稍迟，即以湄论平地，去两山不过数里，而寒煖迥异。”② 此段文字表明，平地和山区，尽管相差距离不远，但气候表

① （清）敬文等修、徐如澍纂：道光《铜仁府志》卷1《天文志・气候》，载贵州省地方志编纂委员办公室辑：《贵州历代方志集成》（第45册），中国文史出版社2016年版，第309页。

② （清）杨玉柱纂修：康熙《湄潭县志》卷2《月令》，载段志洪、黄家服主编：《中国地方志集成・贵州府县志辑》（第33册），巴蜀书社2006年版，第613页。

现相当不同，也呈现不同的物候特征："湄中平地之苗已握，两山栽破甲①，计可六七日。"意思是说，平地的庄稼苗长得已经能用手握住了，但山上的种子才刚刚裂开外壳初生嫩叶，相差要有六七天的时间。不仅如此，"草木各因其地气以为华实，迟速相去甚远。"② 草木的开花结果也因气候不同而表现出时间早晚的不同。可见，在大气候环境下，凤冈、湄潭还因地势高低形成了自己的小气候环境。与凤、湄相邻的石阡，其山区气候是"微雨倏至，停盖少待"③，意即山雨一会就来、一会就去，小气候显然与凤、湄不同，原因在于石阡位于武陵山区，山地气候特别明显。

二、当代气候状况

当代资料显示，凤冈县属于亚热带湿润季风区，夏无酷暑，冬无严寒，雨量充沛，热量丰富，雨热同季，四季分明，立体气候明显，为多种生物的生长和繁衍提供了适宜的环境。县境雨量季节分配不均匀，一般是春夏充沛，秋冬稀少，夏旱和伏旱多有发生。根据四季气象划分标准，县境冬季最长，为 129 天；秋季最短，为 71 天；春季 88 天；夏季 77 天。雨季开始，雨量突增，多暴雨或雷阵雨；夏季温度高而无酷

进化镇响水岩古银杏林 罗逸

① 破甲即破除甲壳，意思是植物种子裂开外壳初生嫩叶。

② （清）杨玉柱纂修：康熙《湄潭县志》卷 2《月令》，载段志洪、黄家服主编：《中国地方志集成 · 贵州府县志辑》（第 33 册），巴蜀书社 2006 年版，第 613 页。

③ （明）沈庠修、赵瓒纂：弘治《贵州图经新志》卷 6《石阡府》（弘治刻本），载段志洪、黄家服主编：《中国地方志集成 · 贵州府县志辑》（第 1 册），巴蜀书社 2006 年版，第 67 页。

热，阳光充足，雨水多；秋季气温下降快，阳光欠足，多绵雨；冬季气温低而无严寒，雨量少，霜雪和凌冻较轻，总体属于春暖夏热秋凉冬冷的四季分明气候特征。境内多阴雨，少日照，立体气候明显，地区间小气候差异突出。县南端海拔1085米的漆坪村与邻近海拔525米的小河村，水平距离仅20公里，可是二者气候特征不同，前者为温凉气候区，后者为温暖气候区，农作物播种与收割时间都要相差一个节令以上，北部大营坳和南部万佛山侧的一些乡村也属于此类。

与气候密切相关的还有物候（生物的周期性现象与季节气候的关系）。凤冈的物候情况如下：

初春　小麦返青，油菜开盘；白杨发芽，野菊展叶；蜂群飞，阳雀鸣，闻雷声。

仲春　油菜起苔开花，小麦上长拔节。樱、杏、桃、李、柳先后开花；蚁出巢，蛙初鸣。

春末　油菜花怒放，小麦孕穗，水稻播种；柳絮纷飞，百鸟争鸣，蛇出洞。

初夏　油菜结荚，小麦抽穗；槐花开放，香椿扑鼻；黄鹂初鸣。

仲夏　油菜、小麦先后收割；水稻移栽；杏、桃果熟，石榴终花；杜鹃终鸣，蝉初叫。

夏末　果盛花衰，水稻拔节，孕穗，辣椒瓜、豆等鲜菜上市；蝉终鸣。

初秋　水稻吐穗、扬花、灌浆，柿子初熟，枣、梨上市；蛙终鸣，家燕走。

仲秋　稻成熟，棉桃吐絮；苹果熟，柿落叶，金菊溢花，桂树香飘；蟋蟀终鸣，大雁南飞。

秋末　油菜、豌豆、蚕豆下种；瓜象稀少，桐桊成熟，槐叶变黄；蛇、蚁封洞；初霜。

初冬　麦下种；野菊终花，枫叶变红，梧桐、刺槐、白杨落叶。

隆冬　野草枯黄，树叶落光，腊梅初开；多数植物停止生长。[①]

① 贵州省凤冈县地方志编纂委员会：《凤冈县志（1978—2007）》，方志出版社2011年版，第58、60、61页。

以上清晰展现了凤冈四季物候现象，从植物的萌芽、开花、结果、凋谢到候鸟迁徙、昆虫冬眠等活动生动地反映了凤冈气候和节令的明显变化。这个变化特征是由凤冈所处的纬度和经度、地形和地势的差异所决定的。冬去春来、鸟语花香、草木荣枯的大自然语言引起多少凤冈文人直抒胸臆，留下了多少脍炙人口的诗文；而农民们在长期的生产和生活实践中读懂了物语，合理栽培植物。古今物候存在差异，地方政府应该加强物候观测，以争取农业更大的丰收。

石径乡秦家渡　罗逸 摄

第二节　历史时期凤冈县的河流演变

一、古代河流及水文信息

气候和地形直接影响着降水量的大小和地下水贮存量，从而影响河流和水文。弘治《贵州图经新志》云：石阡府“流水萦回”①，说明此地河

① （明）沈庠修、赵瓒纂：弘治《贵州图经新志》卷6《石阡府》（弘治刻本），载段志洪、黄家服主编：《中国地方志集成·贵州府县志辑》（第1册），巴蜀书社2006年版，第66页。

流众多。万历《黔记》较为详细地记述了龙泉县的水道河流：泥水河，“发源东山，通义阳江，河畔有深渊，中多鲇鲤，大者百余斤，年丰则灵物夜出，红光烛天。”“东北五十里有义阳江，发源于寿水，环抱县治，流通思南大江。东一百二十里有桶口江，发源乌江，至是与义阳江会，势益大舟楫，直达涪、泸。”“西三十里有河，大塘江发源播州，通乌江，其深莫测，鳞介之物群于中，每遇雾、雨，水兽出现，居民畏之，莫敢近。”① 这段记述了龙泉县河流的文字，里面涉及有泥水河、义阳江、桶口江、大塘江，但此段文字中记述有误，如桶口江发源乌江，应该是桶口江注入乌江而不是发源于乌江。康熙《龙泉县志草》对桶口江也有记载，只是将其称为桶口河，“在县东一百三十里，县属泉水岩流入此，合大河下流，直抵思南入川江，可通舟楫，渡之即前往阡境大路。”② 这里就明确了桶口江入川江即乌江。既然桶口河“可通舟楫”，自然要有足够的流量、流速和水位才行，由此而言，桶口河的流量较大、流速较快、水位较高。

龙泉县境内还有其他河流纵横。康熙《湄潭县志》曰：“青龙水，其源自本县青龙山，东流五里经青龙关，系四川真安州（即今贵州正安县）、湄潭县界，折南流二十里，至鱼客村，东流二十里至长碛，系湄潭、龙泉县界，转南流十里至湄潭县界，名上大水，冬夏涉水，水中有乱石，折东流十里，经湄潭、龙泉县界，名下大水，转北流十五里，至老木埡，系湄潭、龙泉、石阡界，与土溪之小水经龙泉、石阡界合流，往务川县，名丰乐河而去。”另一条河名为土溪水，“其源自四川真安州盘木坎，南流五里许，至黑溪沟，北流十里入湄潭县界，名土溪，冬夏涉水，河内乱石参差，稍一失足即有倾跌之患，折东流二十里至鸽毛溪，系湄潭、务川县界，转南流三十里至老木埡，系湄潭、龙泉、石阡界，与青龙水合流往务川县，名丰乐河而去。”③ 文字显示的青龙水和土溪水，虽源头不同，但都流经今凤冈县，在该县的老木埡交汇，继续北流，在今务川县丰乐镇名曰丰乐河，是洪渡河在丰

---

① （明）郭子章：万历《黔记》卷10《山水志下》，万历三十六年（1608）刻本，载黄家服、段志洪主编：《中国地方志集成·贵州府县志辑》（第2册），巴蜀书社2006年版，第244页。

② （清）张其文纂修：康熙《龙泉县志》（不分卷），康熙四十八年（1709）稿本，载黄家服、段志洪主编：《中国地方志集成·贵州府县志辑》（第38册），巴蜀书社2006年版，第652页。

③ （清）杨玉柱纂修：康熙《湄潭县志》卷1《本县外河小水源流》，载段志洪、黄家服主编：《中国地方志集成·贵州府县志辑》（第33册），巴蜀书社2006年版，第601页。

乐镇的称呼。还要注意的是，上文中有“冬夏涉水”“水中有乱石”“河内乱石参差，稍一失足即有倾跌之患”的记述，这表明这些河流平日水流量不大，完全可以涉足而过。当前，为利用好水资源，凤冈县已在青龙水和土溪水合流之处的老木垭修建了老木垭水库，既可以灌溉农田，又可以解决居民用水，还可以旅游观光，成为综合性水利工程。

进化镇梁家湾水库　罗逸 摄

从上述材料可以看出，除桶口江外，凤、湄一带的部分河流水文特征具有流速不大、水位不高的特点，从河流形态特征看，转弯较多，如青龙水，先折南流再东流，然后继续南流再折东流，然后转北流。康熙《湄潭县志》对此也有记载：“湄潭县水浅石多，原无舟楫之利，其水之折流旋转，远近已详，注于河道源流内矣。”① 但凤冈境内的河流并不都是像青龙水和土溪水那样“温文尔雅”，有的水势也较为凶猛，如康熙《龙泉县志草》记载的石贯塘河，“在县北二里，上流由老木桥、三跳二水合以成大河流，通清江溪，至泥水、山羊溪等处，合桶河源，有石桥以渡，屡建屡

① （清）杨玉柱纂修：康熙《湄潭县志》卷1《本县外河小水源流》，载段志洪、黄家服主编：《中国地方志集成·贵州府县志辑》（第33册），巴蜀书社2006年版，第601页。

圮，亦水势之冲涌，人力无如之何也”[①]？上述材料说明石贯塘河流速较大、水位较高，必修石桥可过；另从“屡建屡圮”看，石桥多次被水冲毁，说明水流较为湍急，即所谓“亦水势之冲涌”。该河流出现如此现象，大概是因为石贯塘河是老木桥、三跳、泥水溪、山羊溪等诸多河流交汇形成的河流，故而流速较大、水位较高。还要说明的是，三跳（即今凤冈县龙泉镇西山村）是石贯塘河的发源地之一，此据弘治《贵州图经新志》云：“三跳石，在龙泉司，江水发源之处。”[②] 另有清江溪，“在县北五里许，纡环如带，流入桶口，八景清江一水即此。”[③] 从文字上似乎看不出清江河的水文状况，但从“清江一水”作为该县八景之一来看，应该是流速不大、水位不高、水流平稳，之所以这样说，是因为如果该河水流湍急、波涛汹涌、水位又高，这就很容易发生溺水事故，人们自然不会将其作为八景之一。除此之外，龙泉县城还有犵木溪，“环绕司前。”[④] 除了万历《黔记》对龙泉河流做过系统记述外，嘉庆《重修一统志》对此也有较好的总结，如“大塘江，在龙泉县西三十里，源出播州，东通乌江；义阳江，在龙泉县东北五十里，《黔记》发源寿水，南流绕县治，东入乌江……，泥水河，在龙泉县东二十里，《通志》发源东山，流通义阳江；马渡河，在龙泉县西南，自湄潭县流入，东南入乌江……羊子溪，在龙泉县西北，《黔记》自湄潭县流入，经绥阳场南，东合义阳江。”[⑤] 这里对大塘江、义阳江、泥水河、马渡河、羊子溪等河流都做了介绍。还要说明的是，从上文石贯塘河的信息“上流由老木桥、三跳二水合以成大河流，通清江溪，至泥水、山羊溪等处，合桶河源”看，这里的泥水可能就是泥水河，羊子溪即扬子溪，也就是说，泥水河、羊子溪、石贯塘、清江溪等均是桶口河的支流。

---

① （清）张其文纂修：康熙《龙泉县志草》（不分卷），康熙四十八年（1709）稿本，载黄家服、段志洪主编：《中国地方志集成·贵州府县志辑》（第38册），巴蜀书社2006年版，第652页。

② （明）沈庠修、赵瓒纂：弘治《贵州图经新志》卷6《石阡府》弘治刻本，载段志洪、黄家服主编：《中国地方志集成·贵州府县志辑》（第1册），巴蜀书社2006年版，第69页。

③ （清）张其文纂修：康熙《龙泉县志草》（不分卷），康熙四十八年（1709）稿本，载黄家服、段志洪主编：《中国地方志集成·贵州府县志辑》（第38册），巴蜀书社2006年版，第652页。

④ （明）沈庠修、赵瓒纂：弘治《贵州图经新志》卷6《石阡府》（弘治刻本），载段志洪、黄家服主编：《中国地方志集成·贵州府县志辑》（第1册），巴蜀书社2006年版，第69页。

⑤ 清仁宗敕撰：嘉庆《重修大清一统志》卷505《石阡府·山川》（第32册），中华书局1986年版，第25546-25547。

由上述资料看，龙泉县河流众多，包括青龙水、土溪水、石贯塘河、清江溪、桶口河、犵木溪、马渡河、大塘江、义阳江（即龙底江的一段）、羊子溪、泥水河等。无论是流经或源于龙泉县的河流或河流的支流，主要分布在县北，均自南向北流，最后流入乌江，这是因为龙泉县地势由南向北倾斜，地势南高北低。有意思的是，弘治《贵州图经新志》和嘉靖《贵州通志》记载龙泉司当时河流主要有清江溪和犵木溪，万历《贵州通志》记载龙泉司只有清江溪而没有了犵木溪，从前者记犵木溪“环绕司前”看，该溪水大概是一条天然的护城河，在万历年间有可能干涸以致不为人所注意，故而未能再留下相关的文字记载。但在嘉庆《重修一统志》中又有记载，且称其“入于清江溪”[①]。如果不是志书编纂者的主观原因，则可能是河水的此消彼长，这从侧面反映了龙泉县河流水道的变迁。

穿阡水库

何坝镇穿阡水库 罗逸 摄

① 清仁宗敕撰：嘉庆《重修大清一统志》卷505《石阡府·山川》（第32册），中华书局1986年版，第25547页。

地下水即泉水是龙泉县一大特色，龙泉之所以得名，就是因为该县城内有一泓清泉，源源不断，泉水甘洌，清爽宜人。万历《黔记》对龙泉名称的来历有较为翔实的记载：“贵州之龙泉属石阡府处之，龙泉有九际山水，分九潭，龙常居之。瀑水自岩顶飞悬如簾。县治北有义泉井，相传亦有龙居之。县以九潭义泉名也，吉之。龙泉东南有玉泉山，山中有泉出石隙，洁白如玉，县以玉泉名也。石之龙泉，故名龙泉坪长官司。万历三十一年（1603）改邑，予经理其地，问泉所在，城内西隅。予临泉上徘徊者久之，怪石粼粼，水从石隙仄出，一见一否，初出汇一泓，再出又汇一泓，从小渠度水关，流驰城外，水味甘洌，居民往来井井，余流可灌田，水不甚深，相传龙潜未尽然矣。大都蜀黔之水，多出石穴，予考《图经》，务川东十里有龙泉，或一日一涨，或三日一涨，消则清、涨则浑，人莫能测；普市东南六里有龙泉，源出山谷，流至城南，潜入洞中，透合落窝溪；遵义有龙泉二，一在府北二十里，一在真州西南六十里，俱深澄莫测。则环蜀黔竞其为龙泉者，五矣。推知宇内又可知矣。”① 这段文字不仅介绍了龙泉的相关情况：位于城西，泉水从一堆石头缝里斜着流出，一会看得见一会又看不见，时隐时现，最后汇成一潭泉水，即龙泉，泉水既为民饮用又可以灌溉水田，这表明泉水流量较大；该段文字还介绍了龙泉县境内的多处泉水：有九际山水、义泉井、玉泉山，这说明龙泉县境内泉水分布广泛。除此之外，四川、贵州境内还有多处名曰“龙泉”的泉水，各有特色，但都以龙泉名之，显示了“龙泉”之名为民众所喜爱。

还要说明的是，明代贵州三部官修省志均未有龙泉之介绍，从万历《贵州通志》成书时间看，该书于万历二十五年即1597年刊行，说明至少在这个时间之前，龙泉没有进入编纂者的视野，但其客观存在则是事实。万历《黔记》刊行于万历三十六年（1608），从郭子章的记述看，他于万历三十一年即1603年管理龙泉县，才开始关注龙泉的相关信息。此外，郭子章记载龙泉在县城西，但从其所绘地图看，龙泉井却在县城东北方向（见下图标识），其中原因还有待进一步探究。文人墨客们对龙泉颇为关注，留下了不少诗词歌赋，用另一种方式描述了它的自然特征。清康熙年

① （明）郭子章：万历《黔记》卷5《舆图志二》，万历三十六年（1608）刻本，载黄家服、段志洪主编：《中国地方志集成·贵州府县志辑》（第2册），巴蜀书社2006年版，第115页。

龙泉镇龙井石刻　汤权 摄

间龙泉县令阎光黼曾作《龙湫泻碧》，诗云：“迢遞山城胜景多，龙湫浑浑极清波。珠玑万斛愁难尽，鳞甲三千寿不磨。勺水潜修观变化，半空倚杖听吟哦。三春应有同予好，载酒流觞仕客游。”诗句告诉我们：龙泉水极为清澈，流动时卷起朵朵水花，发出清脆的响声，这表明泉水水质不错、流量不小。另有清人许延郡《龙泉》诗：“洞穴涓涓泻碧流，共传山下有潜虬。休疑尺水无云雨，触石还能润九州。”“碧流”是写泉水清澈，“润九州”是用夸张的手法写出了龙泉水流量大、常年不竭，能浇灌数量很多的田地。龙泉县廪生宛大椿对龙泉的关注较多，既有诗也有记，其《龙泉》诗：“开心世事不少休，到此都教俗滤收。地转石形长寂寂，水光云影共悠悠。雨墙环峙图高阁，一水襟滢过小楼。何日池边新插种，愿随棠阴共长留。”宛大椿《龙泉记》对此泉的情况记述特别详细：“龙邑城内东北隅有泉流石穴中，其深远不可测，名龙井，上有乱石横列，下流可通城外而北折，可溉千亩余，承乏兹土。公馀游览其上，颇充旷且奥，取其水之清而洌，甘胜牛乳噫！使此泉生于中土，遭刘升诸品题，岂在金山惠泉下哉？乃僻在天末埋没于蔓草蓁莽之间，竟不得与名泉并。吾是以叹兹泉之不幸也。虽然泉之水自在，倘百世后有知味者终必有取焉，岂以不遭前人之品题而遂淹没耶？余尝欲造亭顶上，周以槛，共登眺，匆匆未暇。今将行矣，聊镌石标名并赋古诗一首刻于石，以示后之游兹泉者：龙泉清且甘，贪饮不知止。每来泉上游，挹酌连瓶罍。芳香胜牛乳，清冽沁冰齿。惠水未可方，廉让庶媲美。世无品泉翁，坐使埋荆杞。我欲成幽槛，匆匆未暇□。今当别泉去，薰香美清泚。静听琴筑声，一洗尘俗耳。夜半灯笼坐，欲去仍徙倚。流膏滋垄亩，不独洁芳芷。寄语泉底龙，岁旱润百里。”① 从上述文字可以看出，龙泉水从石缝中流出，清澈、甘甜，不仅供人们饮用，而且浇灌了大片土地，造福一方百姓。这不仅使龙泉的自然特征跃然纸上，而且其社会价值也彰显无遗，也暗示了作者怀才不遇之感慨。

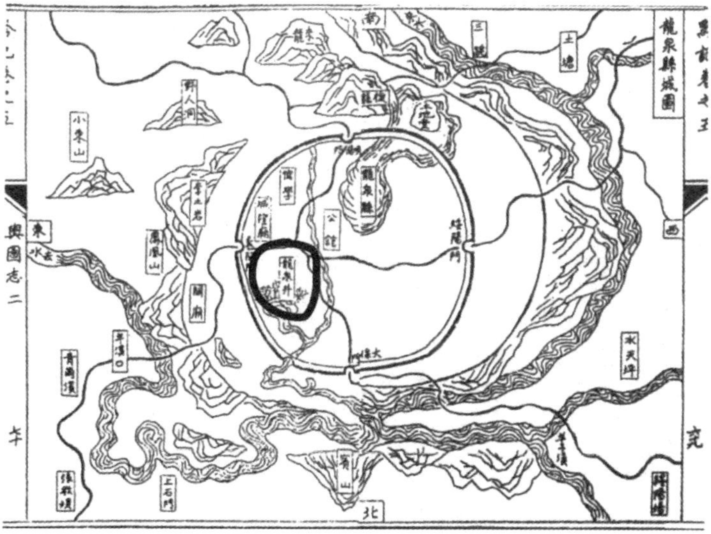

龙井（龙泉）位置示意图

源于明 万历《黔记》卷五《舆图志二》

也许是郭子章万历《黔记》记录的结果，随着时间的推移，这泓泉水受到了人们的重视，康熙《龙泉县志草》不仅辑录了县令阎光黼和廪生宛大椿等有关龙泉的诗、记，而且还用一定的篇幅介绍了龙泉的情况：“龙泉 众呼为龙井，在县城内凤凰山下，泉自洞中流出，味清甘，大旱不涸，居民汲饮，郭外田畴资其灌溉，八景龙湫泻碧即此。”② 此段文字的信息与

---

① （清）张其文纂修：康熙《龙泉县志草》（不分卷），康熙四十八年（1709）稿本，载黄家服、段志洪主编：《中国地方志集成·贵州府县志辑》（第38册），巴蜀书社2006年版，第658-659页。

② （清）张其文纂修：康熙《龙泉县志草》（不分卷），康熙四十八年（1709）稿本，载黄家服、段志洪主编：《中国地方志集成·贵州府县志辑》（第38册），巴蜀书社2006年版，第652页。

郭子章所记相比，增加了新的内容：其一，龙泉最初的名字应该是龙井，这与万历《黔记》附图信息一致；其二，龙泉位置在县城内凤凰山下。凤凰山在县城治堂左侧，实际就是上图标识的龙泉井的位置，也就是说，万历《黔记》附图标识的龙泉井就是郭子章所言的龙泉，但实际位置应该在县城的东北方向，而不是城西。乾隆年间成书的《黔南识略》有一段记载：凤凰山在城内，为县之镇山，下有龙泉自洞中流出，灌溉一邑，县之得名以此。[①] 嘉庆《重修大清一统志》曰："龙泉 在龙泉县西北凤凰山下，泉自石隙中流出为小渠，从东北水关出城，入清江溪，余流可以灌田。"[②] 这也再次说明，龙泉的地理位置在凤凰山下，康熙《龙泉县志草》所言不虚，但从嘉庆志所记龙泉"从东北水关出城"看，这与万历《黔记》附图标识的龙泉所处位置一致，由此推测，万历《黔记》附图的龙泉实际是泉水引流到水关的位置，而不是龙泉的实际位置。

龙泉镇龙井（80年代） 罗逸 收集

实地考察可知，龙泉位于凤冈城内东北隅，这与万历《黔记》的附图和宛大椿《龙泉记》所记方位一致。时隔数百年历史，如今的龙泉依然是泉水清澈、冬夏长流，井畔长着妩媚多姿的野草和碧绿的灌木，大小岩石，错落其间，是凤冈有名的旅游景点，如果去凤冈，龙泉则是非去不可的景点之一。

① （清）爱必达：《黔南识略》卷17《石阡府·龙泉县》，乾隆十四年（1749）修刊本，台湾成文出版社1968年版，第120页。

② 清仁宗敕撰：嘉庆《重修大清一统志》卷505《石阡府·山川》，中华书局1986年版，第32册，第25548页。

龙泉县内实际上还有一处泉水颇有名气，即鱼子孔泉，也是八景之一。弘治《贵州图经新志》称：鱼子孔泉，“在龙（泉）司东，水四序澄清，深不可测，常有小鱼自孔中出。儒学教授吴衡诗：云外青山拥翠螺，山根泉眼水如梭。鱼随浪出桃花煖，云触风生地脉和。豹雾泽文羞未及，羊裘垂钓乐如何。跃渊携得涓涓去，霖雨苍生四海波。”[①] 此段文字写出了鱼子孔泉的地理位置、水质，以及泉水周边环境。嘉靖《贵州通志》对鱼子孔泉也有记录，内容与弘治志一致，只是将弘治志中的“水四序澄清”中的“序”纠正改为“时”。万历《黔记》也关注了该泉水：“鱼子孔泉，在凤凰山下，口圆如盘，日出则光漾于中，其深无穷，水泛则有青红间黄之色，前有石矶，常有鳝鱼满尺者，跃矶回泉，县前之田皆其灌溉。”[②] 材料告知了鱼子孔泉更为具体的地理位置、形状、特色和灌溉情况。既然能灌溉，水流量自然不会太小。康熙《龙泉县志草》则云：鱼子孔泉，“在县城内，泉水四时澄清，深不可测，常有小鱼自孔出，八景鱼化泉源即此。”[③] 鱼子孔泉在凤、湄一带不止一处，乾隆《石阡府志》称：鱼子孔泉，“泉水四时常盈，深不可测，有小鱼自石孔中出，在城南三里，一名龙洞，一在龙泉县。”[④] 由此可见，当时石阡府所辖区域内有两处名为“鱼子孔泉”的泉水，龙泉县的鱼子孔泉只是其中一个。嘉庆《重修大清一统志》的记载相对简单，只有数语：鱼子孔泉，“在龙泉县西，凤凰山下。”但该志在“凤凰山”条目下的信息比较完整：“凤凰山在县东，山下有鱼子孔，口圆如盘，日出则光漾于中，其深无际，水泛辄有青红间黄之色，前有石矶，鳝鱼满尺，常跃矶上，回旋泉窟，人不可捕。”[⑤] 与万历《黔记》相比，这里多了“人不可捕”一句，为何会有如此现象？没有相关材料解释，在我们看来，

① （明）沈庠修、赵瓒纂：弘治《贵州图经新志》卷6《石阡府》（弘治刻本），载段志洪、黄家服主编：《中国地方志集成·贵州府县志辑》（第1册），巴蜀书社2006年版，第68页。

② （明）郭子章：万历《黔记》卷10《山水志下》，万历三十六年（1608）刻本，载黄家服、段志洪主编：《中国地方志集成·贵州府县志辑》（第2册），巴蜀书社2006年版，第244页。

③ （清）张其文纂修：康熙《龙泉县志草》（不分卷），康熙四十八年（1709）稿本，载黄家服、段志洪主编：《中国地方志集成·贵州府县志辑》（第38册），巴蜀书社2006年版，第652页。

④ （清）罗文思：乾隆《石阡府志》卷2《地舆志·形胜》，载贵州省地方志编纂委员办公室辑：《贵州历代方志集成》（第39册），中国文史出版社2016年版，第400页。

⑤ 清仁宗敕撰：嘉庆《重修大清一统志》卷505《石阡府·山川》，中华书局，1986年版，第32册，1984年版，第25543页。

一是可能鱼灵动轻盈，不容易捕捉；二是鱼少而水太深，捕捉起来不易；三是赋予了此泉神秘色彩，里面的鱼不能随意捕捉。由上述材料看，凤凰山不仅是龙泉的发源地，而且是鱼子孔泉的发源地，这表明凤凰山有多处泉眼，蕴藏着丰富的水资源。文献记载，龙泉县境内还有一处泉水，名曰黄鱼泉，“(县城）北二十里有黄鱼泉，水泛则黄鱼群出，大者百余斤，年丰出益广。”① 嘉庆《重修大清一统志》基本摘录了此条信息：黄鱼泉，“在龙泉县北二十里，《名胜志》：水泛则黄鱼群出，大者百余斤，岁丰则鱼出益广。”② 不管是万历志还是嘉庆志的记载，都表明了此泉水颇有特色，能产鱼，而且产大鱼。由文字透露的信息看，黄鱼泉的源头不在凤凰山，查资料可知，在龙泉县北二十里有一座山叫把军了山，“在龙泉县北二十里，明正德六年，蜀寇方仕之变，三省合兵征剿，营于此，因名。”③ 此处距龙泉县城的距离和方位与黄鱼泉据县城的距离和方位一致，由此推测，把军了山应该是黄鱼泉的发源地。上述资料和分析表明，凤、湄之地泉水之多，蕴藏着丰富的地下水资源，这对当今开发和建设水利工程、造福当地百姓提供了有益的信息。

泉水丰富则利于形成水井、池塘和潭。文献记载，龙泉县境内的井有县前井和鹿井，前者“在龙泉县治南，其孔有三，水甚清冽，居民利之。”后者“在龙泉县东南四十里，四约囤之石峡间，深丈余，其水味咸，野鹿每舐之辄堕其中。”④ 县前井没有什么特色，有特色的是鹿井，由文献看，该井是一口咸水井，这在不产盐巴的贵州，有如此特色之井意义重大，但却不见文献有煮盐的记载，颇为奇怪。如果现在将其开发出来，无疑有助于当地旅游和盐业经济的发展。

池塘在龙泉县境内也多有分布，如弘治《贵州图经新志》记载：菖蒲塘，“在龙泉司南三十里”；天井塘，“在龙泉司十五里”；暖塘“在龙泉

---

① （明）郭子章：万历《黔记》卷 10《山水志下》，万历三十六年（1608）刻本，载黄家服、段志洪主编《中国地方志集成·贵州府县志辑》（第 2 册），巴蜀书社 2006 年版，第 244 页。

② 清仁宗敕撰：嘉庆《重修大清一统志》卷 505《石阡府·山川》，中华书局 1986 年版，第 32 册，1984 年版，第 25549 页。

③ 清仁宗敕撰：嘉庆《重修大清一统志》卷 505《石阡府·山川》，中华书局 1986 年版，第 32 册，1984 年版，第 25543 页。

④ 清仁宗敕撰：嘉庆《重修大清一统志》卷 505《石阡府·山川》，中华书局 1986 年版，无页码。

司东八十里”；石块潭，“在龙泉司西”①。嘉靖《贵州通志》和万历《贵州通志》也有关于“塘”的记载，即五井塘和暖塘，此处的五井塘应是弘治志中的天井塘，但缺少了菖蒲塘。康熙《龙泉县志草》记有五眼塘，“在县城内，即龙泉石穴内有五窦，故云。”② 这说明五眼塘就是龙泉的上游之名称。该志还记载了暖塘，“在县城北门外数百，武道旁石穴出泉，味比龙泉更佳，旱干不涸，即至严霜大雪不冰不冻，故云暖塘。”③ 此段文字的记载要比弘治《贵州图经新志》和万历《贵州通志》翔实得多，不仅有泉水的品质，而且有取名暖塘的原因，但更要注意的是，弘治志称该塘在龙泉司东八十里，而康熙志称其在县城北门外数百，这里估计缺了“步”或“丈”字，因为古代表示距离的常用单位主要是里、步和丈等，这里不会是“里”，因为如果是数百里就不会用“县城北门外”而应用“县城北”，数百里则已超出了龙泉所辖范围，但是，不管是“步”还是“丈”，与弘治志所记该塘的距离相差甚远，原因大概有二，一是因为龙泉县城位置发生了变化，移至与暖塘较近的区域；二是此暖塘非彼暖塘，而是另外一个暖塘。如果是另外一个暖塘，则表明原来的暖塘已经消失或已不被时人所重视，亦表明了其所处环境的变化。

需要提及的是，《黔南识略》相对系统地总结了龙泉县的江河和泉水：“义阳江在城东北五十里，发源于穿帘谷、三跳石诸处，环抱县治，通乌江。泥水河发源东山，通义阳江。桶口河在城东一百三十里，入乌江。石贯塘河在城北二里，上流由老木桥、三跳石二水会成大河，下流过青溪，合桶口河。仡木溪在城南，入清江溪。清江溪在城北五里，合桶口河。鱼子孔泉在城东，常有小鱼自石窦中出，故名。暖塘在城北门外，泉水常溢。”④ 很明显，该段文字既有义阳江、泥水河、石贯塘河、仡木溪、清江

① （明）沈庠修、赵瓒纂：弘治《贵州图经新志》卷6《石阡府》（弘治刻本），载段志洪、黄家服主编：《中国地方志集成·贵州府县志辑》（第1册），巴蜀书社2006年版，第69页。

② （清）张其文纂修：康熙《龙泉县志草》（不分卷），康熙四十八年（1709）稿本，载黄家服、段志洪主编：《中国地方志集成·贵州府县志辑》（第38册），巴蜀书社2006年版，第652页。

③ （清）张其文纂修：康熙《龙泉县志草》（不分卷），康熙四十八年（1709）稿本，载黄家服、段志洪主编：《中国地方志集成·贵州府县志辑》（第38册），巴蜀书社2006年版，第652页。

④ （清）爱必达、张凤孙等修撰：《黔南识略》卷17《龙泉县》，载黄家服、段志洪主编：《中国地方志集成·贵州府县志辑》，巴蜀书社2006年版，第5册，第453页。

溪等河流的大致概况，也有鱼子孔泉、暖塘等泉水的基本信息。

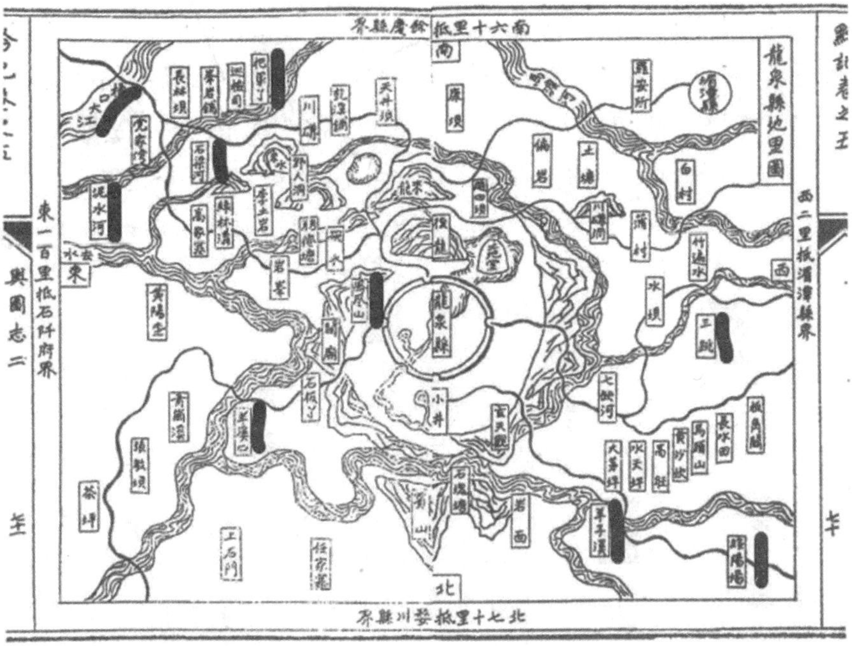

万历《黔记》所见龙泉（凤冈）河流示意图①

二、当代河流及水文状况

与当代凤冈县境内的河流和泉水的实际情况相比，古代文献记载的龙泉县河流和泉水，数量极为有限，一方面可能是篇幅有限，古代文献的编纂者只记载了一些重要的河流和泉水；另一方面可能是当时的水道和泉水没有被大量开发，故而记载数量有限。当代文献资料表明：凤冈县由于南北两端地势较高，山高坡陡，地表径流量大，加之河流顺山势而行，地形复杂，大多数河流河床位置较低，河道狭窄，故而造成水位较高、流速较快。再由于山势走向变化较大，所以河流迂回曲折，落差较大，水资源丰富。因凤冈县河流多属于雨源型山区河流，故而易涨易落。县内河流最终均注入乌江，属乌江水系。据统计，境内目前有 315 条河流、2038 处泉

① 万历《黔记》卷 5《舆图志二》，第 113 页。

井，为凤冈百姓的生产生活提供充分的淡水资源，水能资源理论蕴藏量约9.2万千瓦，有待进一步开发利用。大小支流汇集成洪渡河、六池河、蒲水河、蜂王河、辉塘河等5条河流，河道总长1229.58公里，其中一级支流101条，长515公里；二级支流146条，长286.2公里；三级支流51条，长68.2公里；四级支流11条，长10.7公里；干流6条（含乌江段），长349.48公里。境内主要河流首先是洪渡河，属乌江一级支流，是本县干流最长的河流，位于县城北部，源出正安县境，上游名大水河，中游名丰乐河，汇集大小支流94条；永安河、官田河、江绿溪、绥阳河等由南向北流入大水河，再与北源南流的响水河汇合而成洪渡河，继续东流沿县界北折流入务川县至沿河县洪渡镇与乌江交汇；全长349.5公里，境内干流长53公里；主要流经本县永安、官田、新建、桥塘、龙台等乡境。洪渡河河流河床平缓，两岸多平畴，山光水色翠微缥缈，景色宜人。

其次是六池河，其横贯县境中部，属乌江一级支流，源于凤冈何坝乡水河村太平，上游名龙潭河，下游名六池河；河水自西向东流，在两河口与源于德江县南流的沙滩河汇合，继续东流途中汇集自南向北流入的碗水河、永和河和朱场河，河流途经思南桶口注入乌江，汇集大小支流115条，全长376.4公里，境内干流长49.9公里。再次是蒲水河，其位于县境西南部，属乌江三级支流，发源于琊川镇茅台村万佛山走马坪，由南向北纵贯

石径乡六池河秋色　罗逸摄

琊川镇、进化镇，转西流入湄江河，注入乌江，汇集大小支流 24 条，全长 121. 3 公里，境内干流长 50. 5 公里。最后是蜂王河，其位于县境东南部，属乌江二级支流，发源于蜂岩镇尖山村，由西向东流经蜂岩、王寨，经思南注入乌江，汇集大小支流 30 条，全长 87. 7 公里。境内干流长 25. 3 公里。最后是辉塘河，位于县境南部，属乌江一级支流，发源于湄潭县麻坝，自西向东流经余庆县境以及凤冈县的龙凤村、大都坝、小河村、土璜村等地，于天桥镇坪头溪注入乌江，汇集支流 32 条，全长 119. 9 公里，境内干流长 29. 5 公里。[①] 河流水文是自然环境中十分重要的因素，它与人类活动的关系非常密切，故而凤冈古今水状况发生了巨大变化，总的趋势是河流径流量普遍减小，井泉和堰塘多缩小或干涸消失，造成的原因既有气候日趋变暖干燥，使地表水总体减少，也有人们无节制用水加重了水资源的缺乏。

今天的龙泉出水口几乎干涸

① 参见贵州省凤冈县地方志编纂委员会编：《凤冈县志（1978—2007）》，方志出版社 2011 年版，第 62 页。

第二章　历史时期凤冈县的生物和灾害

第一节　历史时期凤冈县生物的变迁

一、古代生物状况

黔羽枝化石

在凤冈的主要河流之一六池河畔洞卡拉，有人在“风化石”的夹层中，发现约拇指宽，呈黑褐色，被压扁的条枝状体物，甚觉诧异。后来，此物送县、报省，省地质工作者来到洞卡拉，对它进行研究。后来中国科学院南京古生物研究所为此成立科研小组，专题研究这一发现。从 1993 年起，考察研究工作取得了重大突破。人们惊奇地发现，它是迄今为止地球上最早的陆生植物化石，其年代测定为4亿多年以前，对其命名为“黔羽枝”。1995年9月20日，中国香港《文汇报》以“我国科学家在黔发现世界最早的陆生植物”为标题，报道凤冈县石径乡洞卡拉出土的“黔羽枝”化石的研究成果，引起了国际科学界广泛的关注。国际同行“大为震惊”，称黔羽枝为“不可思议的结构”。1996年该所蔡重阳研究员等在《Nature》发表了“*An early Silurian vascular plant*”（早期志留纪维管植物）一文，认为黔羽枝（*Pinnatiramosus qianensis* Geng）属于已知最早的维管植物。但是，由于黔羽枝具有复杂的解剖特征，同时又未发现孢子囊和具有气孔的表皮，其时代和归属一直存在争议。后来该所王怿研究员及其研究团队通过华南多地大量野外工作并结合已有资料，经室内系统分析研究以及长期国际合作探讨，认为黔羽枝不是志留纪植物，也非最早维管植物，而是二叠纪植物根系插入到志留纪地层中并被保存下来。相关研究成果于近期发表于国际古生物学期刊《Palaeontology》[①]。洞卡拉一带，还发现有多种动物的化石出现。

石径乡洞卡拉电站　罗逸 摄

① Wang Yi *, D. Edwards, M. Bassett, Xu Honghe, Xiao Jiafei, Jiang Qing and Zhang Xiaole, 2013. Enigmatic occurrence of Permian plant roots in Lower Silurian、rocks, Guizhou Province, China. *Palaeontology*, 56（4）:679-683。（参见 http://www. nigpas. cas. cn《黔羽枝的时代和归属研究取得新进展》中国科学院南京地质古生物研究所 2013-08-22）

凤冈地处中国南方亚热带山区，生物多样化较为明显。在凤冈县城和西山，曾有“剑齿象臼齿化石”出土；在邻县湄潭发现“大熊猫头骨化石”；在凤冈务川边界的新田，有新石器时期古人活动的遗迹。

自从人类活动以来到唐宋时期，云贵高原的原始森林植被保存完好。明清以来，随着南方经济开发加快和大量移民的迁入，南方的森林被大量砍伐。凤冈地区开发较晚，植被和物种破坏相对较少。历史时期凤冈草木丰茂、森林茂密、动物繁多。唐代《元和郡县图志》卷 30《江南道六》载：“夷州，元和贡：葛粉二十斤。”① 夷州治所在今绥阳镇，既然贡葛粉，说明绥阳一带产葛，表明唐代此地葛粉颇为有名。葛粉用葛根通过多道工序制成。弘治《贵州图经新志》记述石阡府唐代土产木瓜、银杏、紫草，在木瓜、银杏之后特别注释说“府境俱出”，说明在包括今凤冈县在内的土地上有大量的木瓜和银杏。弘治志还特别提到了犀角，“唐贡，今无。”② 意思是说，唐代石阡府所辖地域产有犀角，明代时没有了。众所周知，犀角是动物犀牛的角，既然产犀角，当是取自犀牛之身，说明唐代此地有犀牛生活，只是明代已经绝迹，这反映了包括今凤冈县在内的石阡府一带生物种类的变化。万历《贵州通志》记载石阡府土产有木瓜、银杏、锦鸡、鹿③。嘉庆《重修大清一统志》记石阡府土产有茶、木瓜、银杏、葛粉④。这说明，木瓜、银杏和葛一直是今凤冈的生物种类，同时，锦鸡和鹿也是本地的物种。万历志记载位于龙泉坪司的黄杨古囤，“上产黄杨木。”⑤ 康熙《龙泉县志草》载有龙泉所产主要药材：枸杞、牛膝、益母、桔梗、南

---

① （唐）李吉甫撰、贺次君点校：《元和郡县图志》，中华书局 1983 年版，第 739 页。

② （明）沈庠修、赵瓒纂：弘治《贵州图经新志》卷 6《石阡府》（弘治刻本），载段志洪、黄家服主编：《中国地方志集成・贵州府县志辑》（第 1 册），巴蜀书社 2006 年版，第 69 页。

③ （明）江东之修：万历《贵州通志》卷 17《石阡府・方产》，书目文献出版社 1990 年版，第 381 页。

④ 清仁宗敕撰：嘉庆《重修大清一统志》卷 505《石阡府・山川》，上海书店影印四部丛刊本 1984 年版，无页码。

⑤ （明）江东之修：万历《贵州通志》卷 17《石阡府・山川》，书目文献出版社 1990 年版，第 380 页。

星、知母、沙参、苦参、艾叶①。这说明龙泉县有上述植物存在。康熙《湄潭县志》记载："药材等物仅有白鹇、黄精、蕨薇。"② 表明凤、湄一带有鸟类白鹇、植物类黄精和蕨薇。乾隆《石阡府志》详细列出了石阡府所辖区域的物产："谷之属：稻（秔者宜饭，糯者宜酒）、粱（有白、赤、黄三种，均可酿酒）、黍、稷、小麦、大麦、燕麦、荞麦、青稞、荑稗（水旱两种）、玉黍（即蜀黍，名苞谷）、大豆、小豆、绿豆、扁豆、蚕豆、豌豆；蔬之属：芥、韭、葱、蒜、苋、芹、芋、椒（青椒）、荼、蕨、白菜、蔓青、萝卜、茄子、王瓜（俗呼黄瓜）、匏子、葫芦、莴苣、灰藋、金针、豇豆、刀豆、小茴、茼蒿、香椿、丝瓜、南瓜、冬瓜、竹笋、芦笋、海椒、莲藕、玉头（俗名鬼头）、山药；果之属：桃、李、杏、梨、柿、梅、枣、核桃、栗子、葡萄、石榴、枇杷、木瓜、银杏；草之属：茅、艾、芦、菅、马兰、无心草、木芝草③；木之属：杉、栢、松、桂、柳、杨、桐（以籽取油）、楸、椵、榆、槐、樗、檀、棠、梓、黄杨、梧桐、白杨、冬青、女贞、皂荚、通脱、构树、漆树、楮、桑树、橡、槲、

进化镇响水岩村落　罗逸 摄

① （清）张其文纂修：康熙《龙泉县志草》（不分卷），康熙四十八年（1709）稿本，载黄家服、段志洪主编：《中国地方志集成·贵州府县志辑》（第38册），巴蜀书社2006年版，第656页。

② （清）杨玉柱纂修：康熙《湄潭县志》卷2《土产》，载段志洪、黄家服主编：《中国地方志集成·贵州府县志辑》（第33册），巴蜀书社2006年版，第618页。

③ 无心草即鼠耳草或麋衔草的别名；木芝草即灵芝草。

青杠、柞树、栎树、白蜡树（放蜡虫可收白蜡）、枫香树；竹之属：斑竹、苦竹①、毛环水竹②、慈竹、凤尾竹、方竹、黑竹③、湘妃竹、阳山竹；花之属：兰、蕙、菊、荷、萱、斑桂、腊梅、碧桃、海棠、蔷薇、玉簪、鸡冠、月季、凤仙、迎春、茨梨、绣球；药之属：茯苓、茯神、黄芩、柴胡、□□、黄柏、半夏、南星、大黄、麦冬、香附、苦参、荆芥、车前、木通、葛根、地骨皮、何首乌、金银花、五味子、五加皮、酸枣仁、苍耳子、牛蒡子、益母草、山茱萸、牛膝、石菖蒲、知母、葛粉；鸟之属：稚、雀、燕、鹊、鹄、□、鹑、鸠、莺、鹰、鸽、鹞、鹭、鹤、黄鹂、□□、锦鸡、画眉、竹鸡；兽之属：鹿、虎、豹、獭、猿、竹飔、野猪、牛、马、羊、犬、豕、猫；鳞之属：鲤、鲫、鳅、鳝、白□、蝮蛇；介之属：龟、鳖、蟹、螺、白甲鱼；虫豸之属：蜡虫、崖蜂、蜜蜂、土蜂、马蜂、螽斯④、蛤蟆、白甲鱼⑤。乾隆《石阡府志》在“货之属”中也记有部分物产，如蜜、蜡、笋、蕨、桐油、菜油、茶油、紫草、通草、木耳、棉花、苎麻等。⑥ 上述名称既有植物又有动物，显示了今凤冈一带生物的多样性。

---

① 苦竹（Pleioblastus amarus keng），别名伞柄竹，植株呈小乔木或灌木状；杆高 3-5 米，粗 3-4 厘米不等，直立，杆壁厚约 6 毫米，幼杆淡绿色，具白粉，老后渐转绿黄色，被灰白色粉斑，杆散生或丛生，圆筒形；该植物的嫩叶、嫩苗、根茎等均可供药用，夏、秋季采摘，鲜用或晒干；中药名苦竹叶、苦竹笋、苦竹茹、苦竹沥、苦竹根，具有清热、解毒、凉血、清痰等功效。（https：//baike. so. com/doc/5575788. html）

② 毛环水竹（Phyllostachys aurita J. L. Lu），秆高约 3. 5 米，直径 2. 5 厘米，节间长 21-31 厘米，幼时被薄白粉，无毛，秆壁厚约 2 毫米；箨环和枝箨环密被锈色毛；秆环隆起，高于箨环；箨鞘背面绿色。笋期 4 月中下旬；产地主要在浙江、河南、湖北、广西、贵州。详见王道云主编：《望江楼竹类图志》，四川科学技术出版社 2016 年版，第 315 页。

③ 黑竹，秆高 2-10 米，直径 1-4. 5 厘米，节间中部长 20-38 厘米，当年生秆淡绿色，次年始变紫黑色，老竿呈漆黑色，具光泽；地下茎有时为紫黑色。详见王道云主编：《望江楼竹类图志》，四川科学技术出版社 2016 年版，第 318 页。

④ 螽斯即蝈蝈，绿色或褐色，善跳跃，吃农作物，雄的前翅有发声器，颤动翅膀能发声。

⑤ 白甲鱼（Onychostoma sima），又称瓜溜、圆头鱼，头短阔，吻圆钝，口颇宽，下位横裂，下颌具角质边缘，成负无须，背鳍硬刺具锯齿；栖息于水流较急、底质多砾石的江段，冬季在岩穴深处或深坑中越冬，常以下颌刮取藻类为食。

⑥ （清）罗文思：乾隆《石阡府志》卷 7《田赋志・物产》，载贵州省地方志编纂委员办公室辑：《贵州历代方志集成》（第 39 册），中国文史出版社 2016 年版，第 469-470 页。

进化镇九龙玫瑰园 罗逸 摄

弘治《贵州图经新志》所载某些诗歌中也有关于生物的描写，如“秋鹤春猿有别愁”“切记愁情与白鸥”，这是当时在贵州任左布政使司的彭韶触景生情、有感而发时写给石阡知府祁顺的诗，说明作者当时见到此地有鹤、猿、白鸥等动物；安南知府写给石阡府朋友的诗：“石阡雨露顿更新”“青松翠竹四边邻。”① 这是作者看到了石阡府土地上的青松和翠竹。某些记载山川形胜的文字中也有关于生物的记载，如中华山，“石麓多古梅古树”“初春游此，梅香扑鼻，令人尘嚣都捐。”五桂，“在县署后苑之村，丛生，高十余丈，百余年物也，枝叶繁茂，冬夏葱青，虽六月盛暑而婆娑其下，甚为清凉，花发时香满城郭。虽属常花而求其如此高大且五树耸峙，真世所罕有也”。知县张其文扁（匾）其处曰“香馥蟾光。”此外，还有对此五桂吟诵的诗歌：“官阁年年五桂芳，从兹世子近蟾光。鹿鸣宴罢先攀赠，鹗荐名高袖惹香。好把功夫勤子夜，莫将俗事扰公堂。文风丕

---

① （明）沈庠修、赵瓒纂：弘治《贵州图经新志》卷 6，《石阡府》（弘治刻本），载段志洪、黄家服主编：《中国地方志集成·贵州府县志辑》（第 1 册），巴蜀书社 2006 年版，第 74 页。

振家弦诵，四海同称礼义邦。"[①] 这两则材料透露出龙泉当时多梅花树，还有年代久远的桂花树；诗歌不仅让桂花的形态和香味特征跃然纸上，而且还阐述了五桂的象征意义和社会效益。

石径乡千年楠木　罗逸 摄

光绪《湄潭县志》对今凤、湄一带的生物也有详细的记载，现辑录如下：

五谷：稻、麦、燕麦、高粱、黍（小米）、大豆（黄豆）、赤豆、黑豆、蚕豆（胡豆）、豌豆、白豆、猫豆（爬山豆）、胡麻（芝麻）、稗（水稗和旱稗）、菽、玉蜀黍（苞谷）。

蔬类：白菜、青菜、芹菜、莴苣、萝卜（色分白、红）、韭、木耳、薤、蒜、芫荽、苦葱、包包菜、菠菜、莲花白、芋（其种不一）、姜、金瓜（色红而浓，足供玩赏）、木姜（似茱萸，略小，色微黄）、

① （清）张其文纂修：康熙《龙泉县志草》不分卷，康熙四十八年（1709）稿本，载黄家服、段志洪主编：《中国地方志集成·贵州府县志辑》（第38册），巴蜀书社2006年版，第652、653、657页。

椒（色分青红）、地萝卜（种自省垣而来，味甘而腥）、番薯（俗名山萝卜）、胡瓜、甜瓜、苦瓜、丝瓜、绞瓜、西瓜、茄子、苦笋、高笋（生水中，味甘、叶长，一名交瓜）、蒟蒻（一名蒻头，一名鬼芋）、大头菜、蕨（其类不一）、海椒。

货类：桑茧、槲茧、棉花、罂粟、麻（一曰桃麻，一曰大麻）、漆、靛、棬油、桐油、菜油、茶油、蜜（白者良，黄者次之）、茶、烟、辣子（即山茱萸）、五倍子（一曰角倍，一曰肚倍）、白蜡、黄蜡（蜜中虑出）、漆蜡（漆子所榨成者）。

草类：芝、艾、青蒿、千里光、老鸦蒜、水蜡竹（丛生池中，形与烛肖）、藕、荸荠（味甘，可化铜）、灯芯草、清明草、侧耳根、荨麻、扁竹根。

木类：椿、楸、桑、柳、冬青、槐、松、柏、楠、杉、桂、梧桐、枫、樟树、白杨、白蜡、棕、檬子、刺楸（高者数丈，有刺）、青杠、水红树。

果类：胡桃（即核桃）、杨梅、枇杷、梨、柑、栗、拐枣、白果、红子、刺梨、林檎、柚、橙、橘、落花生、木瓜、羊桃。

竹类：斑竹、慈竹、水竹、苦竹、金竹、芭竹、凤尾竹。

花类：牡丹、海棠、芍药、芙蓉、梅、绛桃、紫荆、木樨、栀子、榴、秋葵、映山红、绣球花、阳雀花、茶花。

药类：杜仲、黄蘗（即黄柏）、常山、沙参（一名泡参）、黄连、天门冬、金樱子、金银花、大黄、何首乌、天花粉、草乌、厚朴、香付、山药、石菖蒲、半夏、益母草、车前子、苍术、前胡、牛膝、牛膀子、紫苏、叶梗子、薄荷、苦参。

羽类：鹰、鹯①、鹞、杜鹃、黄鹂、鹬、鸜鹆②、鹳、燕、瓦雀（一名宾雀）、鸠（种类有五）、鹭莺、鹊雀、凫③、九头鸟（俗名九条虫，一名鬼车）、乌鸦、鸬鹚、锦鸡、黄豆雀（即桃虫）、竹鸡、莺

① 一种猛禽，似鹞鹰。

② 俗称八哥，通体黑色，前额有长而竖直的羽簇，有如冠状，翅具白色翅斑，飞翔时尤为明显；尾羽和尾下覆羽具白色端斑；嘴乳黄色，脚黄色；常被人当作宠物饲养。

③ 凫，俗称“野鸭”，似鸭，雄的头部绿色，背部黑褐色，雌的全身黑褐色，常群游湖泊中，能飞。

(俗呼山榨)、点水鹊①、秧鸡莺。

毛类：虎、豹、豺、狼、獐、麂、狐、狸（狐类，其种不一，俗名昏子，毫可笔)、野豕、兔、貂、獾（彘身狗爪，俗名獾子)、獭。

水类：鲤、鲫、鲦、鲨、鳊、大鰕、鲵鲵、鲢鱼、石扁头、黄蜡丁、鳅（无鳞，生田中)、鼈（四足，俗名团鱼)、龟、蛙（青、黄、麻三色)、蚌（壳可接漆)、螺蛳蛳。

虫类：蜂、蜾蠃、蜘蛛、蝙蝠、蝴蝶、蜻蜓、蚯蚓、蝉、蟋蟀、螳螂、百足、蜈蚣、蛭、蚂蟥、蝘蜓、蚁。②

不管是康熙《龙泉县志草》，还是乾隆《石阡府志》，以及光绪《湄潭县志》，其所载生物种类，如果按照现代生物的分类标准显然不够科学，还有不少记载也值得推敲，尽管如此，这些志书所载物种基本反映了志书编纂者在志书成书年代对凤、湄之地生物物种或生物资源的认识水平。众所周知，资源分为已发现资源和潜在资源，上述志书所载生物资源应当是已发现的资源，但这并不意味着当时本地区所有的资源就只有这些，因为还有大量潜在的资源未被时人，尤其是编纂者所认识，每部志书所载生物资源只是志书成书时期已知资源情况的大致总结。我们从以上物种记载中依然能够看到资源的变化情况。如康熙《龙泉县志草》所载药物种类只有9种，乾隆《石阡府志》载药物资源有30种，光绪《湄潭县志》载有药物品种27种，这些数字的变化实际上反映的是人们对生物资源的利用情况。其实，对比这些志书记载的资料，我们不仅要看到数字的动态变化，更要分析数字背后隐藏的许多信息，从而增进我们对生物物种变化情况的认识。略举数例：康熙《龙泉县志草》载有桔梗，但在乾隆《石阡府志》、光绪《湄潭县志》均无此物；乾隆《石阡府志》载有五倍子、五加皮、山茱萸等，但在康熙《龙泉县志草》和光绪《湄潭县志》均无此物；康熙

① 点水鹊，即白鹡鸰，是雀形目鹡鸰科鸟类，属小型鸣禽，全长约18厘米，翼展31厘米，体重23克，寿命10年；体羽为黑白二色；栖息于村落、河流、小溪、水塘等附近，在离水较近的耕地、草场等均可见到；经常成对活动或结小群活动，以昆虫为食，觅食时地上行走，或在空中捕食昆虫，飞行时呈波浪式前进，停息时尾部不停上下摆动。

② （清）吴宗周修、欧阳曙纂：光绪《湄潭县志》卷4《食货志·物产》，载黄家服、段志洪主编：《中国地方志集成·贵州府县志》（第39册），巴蜀书社2006年版，第486-488页。

《龙泉县志草》将艾作为药物，但在乾隆《石阡府志》没有此物，而在光绪《湄潭县志》将其作为草类而不是药类；乾隆《石阡府志》“药之属”载有五倍子，光绪《湄潭县志》将其作为“货类”而不是“药类”；康熙《龙泉县志草》载有枸杞，乾隆《石阡府志》载有地骨皮，光绪《湄潭县志》既无枸杞也无地骨皮。从中仔细分析能挖掘出许多需要探讨的信息。比如康熙《龙泉县志草》载有桔梗，乾隆《石阡府志》、光绪《湄潭县志》却没有，桔梗是常用中药材，别名土人参，是我国 40 种大宗常用中药材之一，以宣肺、散寒、祛痰、排脓等药用功效被广泛应用，是一种不可替代的药材原料，药用量大且历史悠久①。在药物资源相当丰富的当代社会，桔梗依然是常用大宗药材，在药物资源相对不足的古代社会，其用量自然不会太小，我们认为，乾隆《石阡府志》和光绪《湄潭县志》理应关注此药材，但两志均未记载，原因大概是桔梗物种在乾隆年间已经没有或是少见，不能成为有效的药物资源。再比如乾隆《石阡府志》记有五加皮、山茱萸等，康熙《龙泉县志草》和光绪《湄潭县志》却没有，其中原因可能是康熙年间，该药物在凤、湄一带未被广泛种植和使用，故而未被《龙泉县志草》记载，至光绪年间，这些药物资源或不存在或减少。还比如康熙《龙泉县志草》记的枸杞、乾隆《石阡府志》记的地骨皮，地骨皮其实是枸杞的根，这说明康熙到乾隆年间，凤、湄一带仍有枸杞物种的存在，枸杞全身是宝，果实（即枸杞子）、根皮（即地骨皮）均可入药，嫩茎、叶可作蔬菜食用，古代一般将其作为珍贵药材和高级滋补品来对待②；如果光绪年间凤冈之地仍有枸杞，编纂者不可能不载入书中，而且，据光绪志所载“荸荠可化铜”看，该志书的编纂者对药物著作颇为熟悉（详见下文），但该志确实既无枸杞也无地骨皮记载，最大的可能就是光绪年间凤冈基本没有了枸杞。

光绪《湄潭县志》所载物产信息较乾隆《石阡府志》所载物产要丰富得多，不少是《石阡府志》所没有的，如稗、西瓜、金瓜、罂粟、水红树、羊桃、金竹、绛桃、紫荆、木樨、黄连、天门冬、石扁头、黄蜡丁、

---

① 李欣、胡庆华主编：《桔梗栽培与加工利用技术》，科学技术文献出版社 2014 年版，第 1 页。

② 张群湘主编：《枸杞》，广州出版社 2011 年版，第 10 页。

獐、貂等，这表明当地民众对生物的认识和利用又前进了一大步。当然，乾隆《石阡府志》所载某些生物种类在光绪《湄潭县志》中并无记载，如方竹、黑竹、湘妃竹、阳山竹、白甲鱼、木通、桔梗等，之所以如此，原因大概有二，一是这些生物可能不存在了，二是这些生物为数甚少，未能进入方志编纂者的视野。变化的原因主要是气候的变化以及人们对野生植物的掠取，导致野生物种的减少和灭绝，不管哪种原因，都反映的是凤冈一带生物种类发生了变化。上述材料有不少记载颇为珍贵，如荸荠“可化铜”，意思是说，荸荠与铜放在一起可使铜变软。这一说法在古代中国颇为流行，尤其在医书中多有记载，元代危亦林《世医得效方》云：“误吞铜物，不能化者，浓煎缩砂汤服，其铜自下。又用生荸荠研烂服，其铜自化。”① 明代朱橚等编纂《普济方》也有关于荸荠化铜的记载：“误吞铜物不能化者，用浓煎缩砂汤服，其铜自下；又用生荸荠研烂服，其铜自化。”“误吞钱，用生凫茈取汁呷吃，钱自然消化，即荸荠也。”② 明代著名医学家汪机《外科理例》称：“误吞铜钱，用炭末白汤调服，多食蜜、食饴糖，自从大便出；或多食荸荠或胡桃肉，钱自消。”③ 明代名医王肯堂《证治准绳》云：“吞钱，烧炭末，白汤调服，数匙即出，或服蜜升许，或食荸荠、茨菇，其钱自化。”④ 由此可见，中国古代医书对荸荠“可化铜”多有记载，但在志书里面鲜有记述，而光绪《湄潭县志》竟记有此条信息，既说明该志书的编纂者熟悉医学，也表明了该志书文献价值很高。尽管荸荠“可化铜”经过实践验证并非如此，也无科学道理，实际是讹

荸荠

① （元）危亦林：《世医得效方》，人民卫生出版社 1990 年版，第 357 页。

② （明）朱橚等撰、王育学点校：《普济方》，人民卫生出版社 1959 年版，第 448 页。

③ （明）汪机：《外科理例》，人民卫生出版社 1963 年版，第 180 页。

④ （明）王肯堂：《证治准绳》，文渊阁《四库全书》（第 767 册），台北商务印书馆 1983 年影印本，第 518 页。

传①，但光绪《湄潭县志》将此信息写入方志，至少能够说明此地多有荸荠。现荸荠种植广泛，当地人称之为“菩荠”，即可作为水果，又可作为蔬菜，是大众喜爱的物美价廉的时令果蔬。

光绪《湄潭县志》记载本地有獐，又称土麝，产麝香，目前是一种相当珍稀的动物，但光绪年间凤、湄一带有此动物，同时还有虎、豹、麂等动物，说明此地生态环境较好。除了方志中有关物产的记载，在山川等篇幅中也有某些关于生物的记载，如“(县城) 北二十里有黄鱼泉，水泛则黄鱼群出，大者百余斤，年丰出益广。”② 再如鱼子孔泉，“常有鳝鱼满尺者，跃矶回泉。”③ 上述资料说明龙泉之地还有黄鱼、鳝鱼等物种。

还要提及的一点是，从资料查阅的角度看，在我们通过志书研究古代某一地区生物情况时，不仅要注意其物产部分，还要注意其异样等内容的记载，如康熙《湄潭县志》云：崇祯十六年（1643）壬午，“蛤蟆数万，绕城聚团一匝。”④ 乾隆《石阡府志》载：明洪武二十四年（1391），“凤（凰）飞栖狮子山后，遂名飞凤山”；顺治二年（1645）八月，“梅花结子”；康熙二十一年（1682），“郡署产灵芝”；乾隆三年（1738）八月十五日，“郡署桂花□□”⑤。资料中的凤凰、梅花、灵芝、桂花等都是生物物种。再如光绪《湄潭县志》中记载的“祥异”：道光十三年（1833）夏，“城内白蝶纷飞”，二十六年（1846），“雷击宝洞，顾姓槲树木屑插入地内。”咸丰六年（1856）秋，“六甲、官田壩前后十余里，鳅鳝螺蚌之属，无故自死，田亩沟渠到处枕藉。”咸丰七年（1857），“野兽入县治二堂”；咸丰八年（1858），“桐树结实，形扁如

① 周燕、周军：《文化的误读与讹传——以“荸荠化铜”为例》，《湖南工业大学学报（社会科学版）》2010年第6期，第62页。

② （明）郭子章：万历《黔记》卷10《山水志下》万历三十六年（1608）刻本，载黄家服、段志洪主编：《中国地方志集成·贵州府县志辑》（第2册），巴蜀书社2006年版，第244页。

③ （明）郭子章：万历《黔记》卷10《山水志下》万历三十六年（1608）刻本，载黄家服、段志洪主编：《中国地方志集成·贵州府县志辑》（第2册），巴蜀书社2006年版，第244页。

④ （清）杨玉柱纂修：康熙《湄潭县志》卷2《灾疫》，载段志洪、黄家服主编：《中国地方志集成·贵州府县志辑》（第33册），巴蜀书社2006年版，第618页。注：光绪《湄潭县志》卷1《天文志·祥异》将其记为：“万历末年，蛤蟆数万，围城一匝”。

⑤ （清）罗文思：乾隆《石阡府志》卷7《田赋志·祥异》，载贵州省地方志编纂委员办公室辑《贵州历代方志集成》（第39册），中国文史出版社2016年版，第470-471页。

刀，至十月花再开。”“又三四月间，有无数瓦雀结队飞鸣，千百为群，上下纵横不定，数十日始不见。”咸丰九年（1859），“境内南瓜藤多有如龙形者，长八九尺，宽六七寸，遍体花叶密布，时人呼为瓜藤龙。又冬十月，柳叶重发，袅袅垂绿，无异春时。”同治元年（1862）四月初，“间有黄白飞蛾无数，向西飞去，络绎不绝，连飞四五日，至川界而止，蛾悉死。”光绪十五年（1889），“经四甲大风雹，山粮山蚕皆损。”二十二年（1896），“全境大饥，穷民锄蕨根为食。”“夏五月二十七日午后，大雨，雨止，有蛤蟆无数，绕城一匝，络绎不绝。”“（光绪二十二年）秋，夜有豺数十，聚于牛场西偏之干田塆，忽一虎奔至，豺不为动，一巨豺突前与斗，群豺四面助之，终不胜虎，咬毙巨豺各散去。”光绪二十五年（1899）三月初六日，“一甲土溪大雨雹，罂粟山粮皆损。”[①] 这些资料不仅告诉我们本地的生物物种有哪些，更难得的是让我们了解物种的异常情况，以便通过这些异常现象进一步分析物种变异或物候特异的原因。另外，文献关于某些生物的记载使我们了解其在当地经济发展中的作用，如《黔南识略》记载龙泉县“场市十九。木饶桐、茶，兼产土布。”[②] 这不仅告诉我们该地有大量的桐树、茶树这类植物，而且让我们知道这些植物曾在经济生活中占有重要地位，从而对这些植物未来的发展趋势做出科学的判断，以便为当代经济发展提供参考。

二、现代生物物种

我们知道玉米、马铃薯、红薯原产地在美洲，“玉米大约在16世纪传入中国，马铃薯、红薯大约在17世纪传入中国，但其在中国大面积推广则相对较晚，一般认为是在乾隆、嘉庆、道光年间”[③] 从史料中可知，凤冈在清乾隆年间有玉米种植，在光绪年间有玉米、番薯、地萝卜大面积种植。著名历史地理学家蓝勇先生认为“高产旱地作物的大量种植，暂时缓

---

① （清）吴宗周修、欧阳曙纂：光绪《湄潭县志》卷1《地理志·祥异》，载黄家服、段志洪主编：《中国地方志集成·贵州府县志》（第39册），巴蜀书社2006年版，第409-411页。

② （清）爱必达、张凤孙等修撰：《黔南识略》卷17《龙泉县》，载黄家服、段志洪主编：《中国地方志集成·贵州府县志辑》，巴蜀书社2006年版，第5册，第453页。

③ 何炳棣：《美洲农作物的引进、传播及其对中国粮食生产的影响》，《历史论丛》第5辑，齐鲁书社1985年版。

解了南方由于人口压力带来的基本民生危机，但也因此使人口的继续膨胀成为可能，为了进一步生存又只有进一步进行山地垦殖，破坏森林，使农业生态受到破坏，形成恶性循环。这样，从清中叶以后，中国南方地区森林覆盖率普遍下降”① 这个观点得到学界普遍认同。时至今日，凤冈县境内的生物物种和数量较之古代有了显著变化，特别是20世纪50年代末的大炼钢铁，使凤冈的森林资源受到前所未有地破坏，与之相随的是大量野生动物的消失，如老虎、豹、豺、獐等在县境消失。

20世纪中叶境内生长200科550余种植物，珍稀植物有红豆杉、楠木、银杏等；有6类600余种野生动物栖息于青山绿水之中，珍稀动物有大鲵、水獭、锦鸡、麝、穿山甲等。

就动物数量和种类看，县内野生动物大约有100科600余种，其中珍稀动物有大鲵、水獭、鸳鸯、锦鸡，有重要经济价值的动物有麝、穿山甲、金钱豹等。与古代文献的记载相比，麝、水獭、锦鸡等动物一直存在至今。调查结果表明：兽类中的大中型动物多集中于南北两地的森林地带；大鲵产于南部蜂岩、中部花坪、北部土溪等地；其余种类分布于全县各地。在动物中，鸟类数量较多，主要有麻雀、燕、画眉、斑鸠、竹鸡、秧鸡、锦鸡、喜鹊、青庄、杜鹃（阳雀）、乌鸦、啄木鸟、猫头鹰、老鹰、池露、白莺、鸳鸯、翠鸟、黄鹂、山雀、野鸭、八哥、戴胜、柳莺、寿带鸟、地莺等。兽类主要有华南虎、云豹、金钱豹、小灵猫、野猪、滚猪、刺猬、貉、獾、狐狸、黄鼠狼、鼹鼠、松鼠、野山羊、野兔、猕猴、九节狸、穿山甲、獐子、水獭、蝙蝠等。蛇虫类的种类和数量也较为丰富，蛇类有菜花蛇、乌梢蛇、竹叶青蛇、烙铁头蛇、王斑锦蛇、绞花林蛇、金环蛇、银环蛇、王锦蛇、水蛇、斜鳞蛇、小头蛇等；虫有蜈蚣、爬壁虎、蛰蝎、马蜂、蜘蛛、草鞋虫、千脚虫、老木虫、萤火虫、毛虫、蟋蟀、蜻蜓、蝴蝶、蚊子、苍蝇、蝉、蛾、蝗虫、蚱蜢、螳螂、蚯蚓、蟾蜍、青蛙等；鱼类主要有鲤鱼、青鱼、鲢鱼、白甲鱼、糍粑鱼、马口鱼、土鲇、桃花鱼、鲫鱼、鳅鱼、鳝鱼、武昌鱼、鲟鱼、金鱼等；介贝类有蚌、蟹、虾、螺蛳、龟等；两栖类有蟾蜍、青蛙、大鲵（娃娃鱼）、鳖（团鱼）等。

---

① 蓝勇：《近三百年来南方山地垦殖与森林资源的损耗》，载《中国历史地理》（第二版），2010年，第79页。

毋庸讳言的是，长期以来，尤其是20世纪50年代中后期到70年代末期，由于乱砍滥伐、毁林开荒，森林屡遭破坏，野生动物难以栖身，加之各时期人为的大量捕杀，农药泛滥，各种动物日渐稀少，尤其是虎、豹、野猪等大型动物濒临绝迹。20世纪80年代中期后，政府采取许多措施保护森林、封山育林，森林覆盖率逐渐提高。随着森林覆盖率不断增加，县境一些珍稀动物也时有所见，部分濒临绝迹的野生动物也逐渐繁衍活跃。

就植物的种类和数量看，凤冈属亚热带常绿阔叶林植被带，贵州高原偏湿性常绿阔叶林地带；从植被类型的变迁来看，总的趋势是栽培植被（次生植物）不断扩展，天然植被逐渐萎缩；就栽培植被的扩展来看，主要是经济植被和生态植被的扩展，这是20世纪80年代后期以来随着人们生态环境保护意识的加强才逐渐改善的。截至1994年，全县森林植被有61科180余种植物，森林覆盖面积26.66万亩，占全县总面积的12.6%，多集中于北部和南部山区。至2018年森林覆盖率达到66%，无论是植物的科属还是种类都有所增加。从植物分类学的角度看，县境内乔灌植物（分乔灌裸子植物和被子植物两类）计有70余科250余种；草本植物有60余科100余种；藤本植物有10余科20余种；菌类植物有10余科20余种，另外还有苔藓植物、蕨类植物和人工栽培植物若干种。就树种而言，珍稀树种主要有银杏、红豆树、西南红豆杉、油杉、樟树、楠木、鹅掌楸、楂木、杜仲等；特种经济树种主要有漆树、白蜡、盐肤木、桂花、棕榈、栓皮栎、花椒、山苍子、木姜子等约15种；主要用材树种有针叶树、杉木、柏木、马尾松、华山松、柳杉、西南红豆、侧柏、桧柏等；阔叶树有枫香、白杨、泡桐、小叶青杠、丝栗、板栗、红绸、樟树、楠木、桢楠、黑壳楠、桦木、滇秋、梓木、洋槐、中国槐、朴树、银杏、香椿、刺秋、臭椿、灯台树、榆树、核桃树等40多种；经济树种有油桐、乌桕、核桃、油茶、板栗、丝栗、银杏等近10种；果树主要有桃、李、梨、柿、橙、柑橘、林檎、红枣、樱桃、杏、枇杷、葡萄、猕猴桃、石榴、苹果等30余种。药材是植物中的重要组成部分，共约200种，其中具有重要商品价值的有150余种，野生植物药材占87%，家植品种占13%，主要药材品种有白术、白芍、金银花、杜仲、黄精、乡黄柏、天南星、吴萸、草乌、天花粉、百合、山慈菇、泡参、前胡、玉竹、射干、独脚莲、毛莨、续断、石菖蒲、大通草、小通草、夏枯草、芦根、苦参、粉角、青蒿、天麻、钩草、天丁、桔红、桑寄子、牙皂、白合果、瓜蒌、大力子、窗帘子、菟丝子、女贞子、穿心莲、来服子、川贝、马勃、鹿含草、荆芥、益母草、淫洋藿、淡竹叶等80余种，其中，天麻、杜仲、黄柏、吴萸、续折断①、泡参、金银花、天门冬、麦冬、黄精、勾藤、五倍子等品种量大质优，驰名省内外。年资源总量约42万公斤，常年收购4万-7万公斤，最好年份收购金额达30余万元。20世纪70年代初，县有关部门成功引种了吉林人参、云南三七、安徽牡丹、四川川芎、湖南松茯苓、侧柏等药材，并试种了当归、黄芪、黄连等品种。20世纪九十年代以来，凤冈所产杜仲、黄柏、吴萸、金银花等药材还承担起出口创汇任务，药材销往苏联、日本及东南亚各国，每年换取外汇总计3万元以上；毗邻的湄潭、德江、务川、思南等县的医疗单位常到县内采购进货②。由上述资料可知，凤冈生态环境良好、生物资源具有多样性，这为本县绿色产业的发展奠定了坚实的基础。

地理标志牌　罗逸 摄

由于凤冈属亚热带湿润季风气候，平均海拔720米，雨量充沛，冬无严寒，夏无酷暑，生态优美，气候宜人，茶区土壤里富含锌、硒微量元素。近年来，凤冈县围绕“锌硒特色、有机品质”做强做优做大茶叶产业，共发展茶叶面积40万亩，初步实现农村人口人均1亩茶的目标。2019

---

① 续折断即续断，又名和尚头，为川续断科多年生草本植物川续断 *Dipsacus asper Wall. ex Henry* 的干燥根，因能“续折接骨”而得名；秋季采挖，除去根头及须根，用微火烘至半干，堆置“发汗”至内部变绿色时，再烘干；主要功能是补肝，强筋骨，定经络，止筋骨酸痛，安胎，治妇人白带，生新血，破瘀血，落死胎，止咳嗽咳血，治赤白便浊。

② 贵州省凤冈县地方志编纂委员会编：《凤冈县志》（1978—2007），方志出版社2011年版，第104-106页。

年全县年产名优茶超过 5 万吨，出口茶叶 5 千万美元以上（2019 年贵州省茶叶出口金额 1.2 亿美元，凤冈县 5933.1 万美元，占全省的 49.4%）。成为农民增收致富的重要产业。

第二节　历史时期凤冈县的灾害

灾害是给人类和人类赖以生存的环境造成破坏性影响事物的总称，包括自然灾害和人为灾害。本节所谓的灾害主要是指自然灾害，包括地震、旱涝、水涝、风害等自然因素给生态环境和人类生存带来的危害。古代文献记载凤冈自然灾害的内容颇多。

一、旱灾

弘治《贵州图经新志》载有前人诗《石阡喜雨》："春夜惊霆彻晓声，浓云迷塞雨如倾。坐闻路断山溪涨，行见农趋畎亩耕。千里顿教祛旱祓，一方尽说定秋成。东巡唯恐孤民望，今仗升平慰此情。"① 由诗的内容看，石阡府遇到了春旱，终于迎来了一场"如倾"的大范围的春雨，溪水上涨，淹没了山路，尽管如此，没有阻挡住农民们田间耕作的脚步。诗的主要内容是写诗人看到下雨时的喜悦心情，但侧面却反映了该地旱灾的情况。万历《贵州通志》云：嘉靖庚子（1540）辛丑，"岁大旱"②。康熙《湄潭县志》曰："顺治十六年（1659）己亥，大旱，斗米一金。"③ 光绪《湄潭县志》除了重复康熙志的一些资料外，还有新的记载：嘉庆元年（1796）二月，"大旱，民饥。""道光七年（1827）、八年（1828），大旱，民饥。"道光二十二年（1842），"秋旱，未伤禾。"咸丰四年（1854），"太白昼见，自秋七月大旱，至五年（1855）三月始雨。"光绪五年

---

① （明）沈庠修、赵瓒纂：弘治《贵州图经新志》卷 6《石阡府》（弘治刻本），载段志洪、黄家服主编：《中国地方志集成·贵州府县志辑》（第 1 册），巴蜀书社 2006 年版，第 75 页。

② （明）江东之修：万历《贵州通志》卷 17《石阡府·祥异》，书目文献出版社 1990 年版，第 390 页。

③ （清）杨玉柱纂修：康熙《湄潭县志》卷 2《灾疫》，载段志洪、黄家服主编：《中国地方志集成·贵州府县志辑》（第 33 册），巴蜀书社 2006 年版，第 618 页。

（1879）夏，“大旱五旬”①。光绪七年（1881）和十年（1884），凤冈夏旱严重，粮食收成无几；光绪二十六年（1900）县北发生大旱，永安、绥阳镇一带尤为严重；民国十三年（1924），全县大旱50余天，田土龟裂，庄稼失收，次年（1925）再度大旱，“饿殍遍野”；民国二十五年（1936），北部永安和西南部琊川分别出现夏旱，灾情严重；民国二十九年（1940），县南部蜂岩一带出现伏旱，计65天，粮食严重歉收，“野有饿殍”②。

文献所记凤、湄一带的某些年发生的旱灾相当严重，不少用“大”字来描述旱情，显然是说旱灾程度较重。不仅如此，还用其他作为旁证，如顺治十六年（1659）的旱灾，用“斗米一金”说明因旱灾导致米的价格急剧上涨，让读者深刻感受当时旱情之严重。有些旱灾用时间长短来描述，如五旬，即50天，或“四年秋七月至五年三月”，共有8个月的大旱，可见灾情之重。当然，也有旱情相对轻一些的，如道光二十二年（1842）的秋旱，没有伤及庄稼。从时间分布情况看，凤、湄一带在清代旱灾发生次数较多，尤其以道光年为最，共有3次。总体来看，凤、湄一带的15次旱灾中，道光年间有3次、光绪年间有4次、民国时期有3次，基本持平。

还要提及的是，在地方志资料中，还有不少火灾的记述，如“嘉靖戊子（1528）春正月二十二日，城中风火交作，民舍尽毁。”“隆庆丁卯（1567）府北火延毁公廨。”③ 尽管火灾多属人为因素造成的，不属于自然灾害，但是，某一区域、某一时段火灾频发，从另一个侧面反映的却是旱情较为严重，因为如果经常阴雨绵绵，发生火灾的概率就会大大降低。文献也有相关的说明，如光绪《湄潭县志》云：咸丰四年（1854），“自秋七月大旱，至五年三月始雨。是年境内多火灾，经里永兴场于八月十一日上街火，十四日中街又火，十七日下街复火，焚毁居民五百余户。”④ 本段文

---

① （清）吴宗周修、欧阳曙纂：光绪《湄潭县志》卷1《天文志·祥异》，载黄家服、段志洪主编：《中国地方志集成·贵州府县志》（第39册），巴蜀书社2006年版，第409-410页。

② 贵州省凤冈县地方志编纂委员会：《凤冈县志》，贵州人民出版社1994年版，第108页。

③ （明）江东之修：万历《贵州通志》卷17《石阡府·祥异》，书目文献出版社1990年版，第390页。

④ （清）吴宗周修、欧阳曙纂：光绪《湄潭县志》卷1《天文志·祥异》，载黄家服、段志洪主编：《中国地方志集成·贵州府县志》（第39册），巴蜀书社2006年版，第409页。

字专门用“是年境内多火灾”来明确旱灾与火灾的关系，而且还用上街、中街、下街在一周内分别发生火灾来证明。由此而言，文献中记载的某些地区、某个时间段经常有失火记录的现象，某种程度上可以作为旱灾的旁证。

当代的气象资料表明：旱灾是影响凤冈农业生产的主要自然灾害，因为它的出现正是农作物生长的关键期。我们不妨再简要回顾前述几起旱灾的情况：光绪五年（1879）夏，“大旱五旬。”光绪七年（1881）和十年（1884），粮食收成无几；民国十三年（1924），全县大旱50余天，庄稼失收，次年再度大旱，“饿殍遍野”；民国二十九年（1940），蜂岩连旱65天，粮食严重歉收，“野有饿殍。”[①] 这些严重的旱灾一直持续，在中华人民共和国建立后的个别年份，春旱、夏旱、秋旱时有发生，某些旱情的危害还相当严重，如1966年、1972年、1981年、2003年、2005年。据凤冈1959年至2004年旱灾分级表显示：凤冈旱象年年出现，中至大旱约3.75年出现一次，旱灾年出现的频率为84%，无旱灾年出现的频率为16%。根据多年的气象资料和旱灾出现的实际情况看，旱灾区域分布有以下特点：永和、蜂岩、花坪南部、琊川东部一带为重旱区；永安、绥阳、龙泉、琊川镇、花坪镇北部一带为一般旱区。另从旱灾发生的时间看，旱灾主要发生在夏季，即以夏旱为最，次为春旱、秋旱和冬旱。春旱虽然发生的概率较小，但由于该时期正是农作物播种的季节，故而其危害不容低估，它严重影响农作物播种。夏旱出现概率最大，几乎一、二年出现一次，多发生于东部和南部低海拔地区；夏旱一般分为两类：一是6月至7月上旬的“洗手干”（即刚插秧完毕或秧苗还未插完便长久无雨，发生旱情），光绪《湄潭县志》记曰：“（农历）五月端阳，宜雨；夏至，宜雨，忌火风”[②] 就是这个道理；二是7月中旬至8月中旬的“蘖苞干”（即玉米含苞抽芽时发生了旱情），故而古书云“（农历）六月小暑宜雨”“忌火风”[③]，此时正值水稻抽穗扬花、玉米授粉灌浆、黄豆结荚鼓粒的关键期，危害尤为严

① 贵州省凤冈县地方志编纂委员会：《凤冈县志》，贵州人民出版社1994年版，第108页。

② （清）吴宗周修、欧阳曙纂：光绪《湄潭县志》卷4《食货志·农桑》，载黄家服、段志洪主编：《中国地方志集成·贵州府县志》（第39册），巴蜀书社2006年版，第481页。

③ （清）吴宗周修、欧阳曙纂：光绪《湄潭县志》卷4《食货志·农桑》，载黄家服、段志洪主编：《中国地方志集成·贵州府县志》（第39册），巴蜀书社2006年版，第481页。

重。秋旱被人们俗称为“秋老虎”，影响秋播秋种，从而影响到来年的庄稼收成。冬旱容易造成农作物因缺水而生长缓慢。据资料记载：1950 年至 1953 年，县境发生旱灾，农作物受灾约 6 万亩至 7 万亩；1981 年 5 月至 9 月，县境发生三次干旱，计 110 天，粮食产量较正常年份减产二分之一；1985 年 5 月至 8 月，先是“洗手干”，后是“蘖苞干”，连续干旱 61 天，粮食减产约 30%-40%；1988 年 7 月，县内再次连续干旱，35 摄氏度以上高温天气持续 3 天，造成 12 个乡（镇）成为重灾区，其中，土璜乡粮食减产 70%，360 户村民的水稻绝收，严重影响了农民的收入和生活；1990 年 6 月至 8 月，县境旱灾约 70 天，造成 302 条河流和 1056 个（处）泉井断流或干涸，7.5 万人和 6.5 万头牲畜发生饮水困难，333.3 公顷稻田被迫改种，已经栽种的水稻秧苗枯死 3673.3 公顷，烤烟、红苕收成大幅减产，仅占正常年份的 40%；1992 年 7 月中旬至 8 月，久旱无雨，12 万人饮水困难；1995 年 7 月 13 日至 8 月 15 日，县境干旱，造成 5 万余人和 1.7 万头牲畜饮水困难；粮食作物受灾 10000 公顷，成灾 5000 公顷，绝收 1166.7 公顷；烤烟受灾 5666.7 公顷，成灾 1000 公顷；2001 年 7 月，县境旱灾，造成农作物受灾 12866.7 公顷，绝收 2633.3 公顷；2003 年 7 月下旬至 8 月，永和、王寨等地发生 38 天旱灾，农作物受灾 9466.7 公顷，绝收 1666.7 公顷；2005 年 6 月 2 日至 8 月 13 日，县境内有 55 天日均气温达 30 摄氏度以上，其间，各地区有少量降雨，导致部分村寨如王寨乡土璜村、绥阳镇金鸡村等地稻田开裂、秧苗枯死，部分乡镇发生人畜饮水困难，农作物受灾 21200 公顷，成灾 7653.3 公顷；2006 年和 2007 年，县境连续两年发生春旱，旱期约 50 天，严重影响水稻栽插。① 由上述材料可知，2005 年至 2007 年，凤冈干旱的时间频率每年 1 次，较 1959 年至 2004 年每 3.75 年出现 1 次的频率提高了 3 倍多，而且旱灾情况日益严重，造成上千公顷农作物的减产或绝收，人畜饮水极为困难，因此，今后凤冈县必须加大水利工程尤其是防旱水利工程、居民饮水工程的建设，在旱灾容易发生的村镇上下功夫、多投入，从根本上改变“洗手干”“蘖苞干”和“望天收”的不利局面，既解决农业用水问题又解决百姓饮水问题。

---

① 贵州省凤冈县地方志编纂委员会：《凤冈县志 1978—2007》，方志出版社 2011 年版，第 65 页。

二、水灾

在我们查阅的相关文献中，光绪《湄潭县志》记录水灾的情况尤为详细：嘉庆十七年（1812），“大水冲决田禾无算，为百年未有之水。”道光二十七年（1847）五月二十一日，“大水”，二十八年（1848），“五月，大水；八月，又大水，损伤田禾无算。”同治十一年（1872）五月十一日，“大水，讹言有蛟龙起，山崩田决无算，城内亦水深数尺。”光绪二十二年（1896），“夏五月二十七日午后，大雨，雨止，有蛤蟆无数，绕城一匝，络绎不绝。”光绪七年（1881）秋，“淫雨五旬。”淫雨，指持续过久的雨，淫雨成涝。光绪十五年（1889）秋，“淫雨坏谷”①。上述文字中多处使用“大”字来说明水灾的程度，与上文用“大”描述旱灾是一个道理。除此之外，还用“冲决田禾无算”“损伤田禾无算”“山崩田决无算”等语句来说明水灾的严重程度；甚至用“百年未有之水”来表达水灾的程度之重；也有用时间来说明水灾情况的，如“淫雨五旬”，意即雨连绵不断下了50余天，这对靠阳光生长的庄稼来说，自然是极其不利的。民国时期《铎报》记载：湄潭县于1917年旧历五月初三日大雨如注，经两日始止，一时河水陡涨，致将沿河桥梁、水碾、秧田全行漂没，县城北门外之七星桥高十余丈亦为水淹没，幸石工坚固未致倾圮；据该县父老聚谈，均谓近数十年来从未有如是之大水②；1932年夏，县北绥阳一带遭大水灾，洪渡河及其支流猛涨，冲毁田园2000余亩，当年稻谷仅收一半；1933年6月14日，县境普降大雨，溪河猛涨，山洪冲垮县城南门城墙，冲走房屋100余间，淹死百余人；1934年5月，国民政府将凤冈列为第四区水灾区；1935年6月，凤冈四区水灾、湄潭六区水灾③；1947年凤冈水灾④。从发生的时间看，道光年间发生了3次，光绪年间也发生了3次，民国年间最多，有7次，次数相差不小。需要注意的是，同治十一年（1872）的水灾

---

① （清）吴宗周修、欧阳曙纂：光绪《湄潭县志》卷1《天文志·祥异》，载黄家服、段志洪主编：《中国地方志集成·贵州府县志》（第39册），巴蜀书社2006年版，第409-411页。

② 《铎报》1917年7月4日第6版。

③ 贵州省图书馆编：《贵州历代自然灾害年表》，贵州人民出版社1982年版，第116、118页。

④ 《贵州日报》1947年10月12日第3版。

同时伴随有山体滑坡，即所谓“山崩”。凤、湄之地水灾较多的原因主要是因为该地地处西南、东南季风的迎风面上，每年进入夏季后，太平洋副热带高压活动与南下冷空气相遇，极易造成大强度降水，从而形成水灾。

其实，凤、湄周边地区也是水灾不断，如弘治元年（1488）七月，石阡大水[①]；弘治九年（1496），思南大水，民舍有漂没者；同年，播州即遵义县大水；弘治十八年（1505）夏，铜仁府（治所在今铜仁市碧江区），大水入城，坏沿江田庐甚多；正德五年（1510）夏，铜仁、石阡、思南大水；嘉靖四年（1525）夏，思南大水；嘉靖十一年（1532）夏，铜仁大水；嘉靖十二年（1533）夏六月，思南大水，视正德又盛五尺，城市行舟，旬余方退，民舍禾苗漂没殆尽；同年，石阡大水坏民田；嘉靖十三年（1534），思南大水；嘉靖十四年（1535），思南大水；嘉靖二十一年（1542）五月，石阡府大水；嘉靖戊申二十七年（1548），石阡府水再泛，田多崩；隆庆元年（1567）夏五月，铜仁大水入城，数日方退；隆庆二年（1568），石阡府涝；万历七年（1579），务川大水；万历七年（1579），思南黔江大水；万历十五年（1587）六月朔三日，思南水溢，漂没民居甚夥，次年亦如之；万历十六年（1588）夏六月，思南大水，舟入市，漂流民舍；万历三十（1602），铜仁大水；万历三十二年（1604）五月初十日，绥阳大水，浸城七尺；万历三十三年（1605）四月十九日，绥阳大水，城圮东南角，至七月初四日雨始止，田禾尽没；万历三十四年（1606）夏五月，绥阳大水；顺治七年（1650）九月，遵义、绥阳大水，山石崩裂；顺治十七（1660），遵义雨潦，秋欠；康熙十七年（1678），遵义大水，坏民田四千余亩，各里淹没无算；康熙十九年（1680）正月十六日，思南昼晦，夜大雨，水黑色；康熙二十三年（1684）四月，遵义大水，坏郡城东门外石桥；康熙三十五年（1696），思南大水入南门；康熙四十七年（1708）四月，石阡久雨，大水；雍正五年（1727）夏五月，思南大水；乾隆二十九年（1764）春夏，遵义大水；乾隆三十三年（1768）八月，遵义淫雨；乾隆四十五年（1780），遵义是年大水，坏田禾无；乾隆五十四年（1789）五月，遵义大水，溺田禾无算；乾隆五十七年（1792）秋，遵

---

① 本节材料除有特殊标注外，均源于贵州省图书馆编：《贵州历代自然灾害年表》，贵州人民出版社1982年版，第33-127页。

义大水坏稼，遵义永安里坏民宅数十家，淹死居民五六十口，又杉松坝山腰有洞忽涌大水，坏民宅二三十家，淹死居民二三十口；嘉庆十三年（1808）正月丙辰，“缓征贵州思南府及印江县被水田亩，本年额赋”；嘉庆二十五年（1820）正月戊午，“展缓贵州上年被水，被旱之思南、青溪等处应补远仓谷”；嘉庆二十五年（1820）庚辰五月初八，务川“夜大水，东城门右边城垣决，冲去民房数十间，死者甚众”；道光十年（1830）五月十一日，大水至思南府南门外、蛮彝司署大门；道光十一年（1831）五月十七日，大水漂没思南城外民舍数百户；道光十四年（1834）三月二十日，遵义暴风雨，平地水涨，沙石成堆，塌民房数十间，淹毙男妇大小二十余口，地周十余里，秋麦尽坏；道光二十年（1840）六月，遵义淫雨，遵义县东安里山崩，压民屋，死者五人；道光二十九年（1849）五月，铜仁大水；道光三十年（1850）庚戌四月二十日，务川夜大水，城中民房仅冲西街草铺，北门冲去二间；咸丰三年（1853）五月初二日，绥阳朗里马塔洞，当夜黑云密布，风雨雷电交作，水陡涨丈余，次晨数亩田禾尽坏；同治二年（1863）五月初三日，铜仁水及城堙；同治八年（1869）七月初二日，铜仁大水，诸天阁佛像被水漂没，舟泊城内；同治九年（1870）五月，铜仁大水；同治十年（1871）夏五月，绥阳大水山崩，田缺无算；同治十一年（1872）五月，大水淹至石阡西门；光绪四年（1878）夏，（遵义）城东湘水陡涨，新城门被水淹没，仅见磐安门三字，山水无源，旋涨旋消，漂没房屋人畜，冲圮桥梁不可胜计，县西乐闽河同时大水为灾；光绪七年（1881）五月二十三日，德江淫雨；光绪八年（1882）冬十月，铜仁大水；光绪九年（1883）五月已亥，蠲免贵州铜仁府属被水地方全数丁粮；光绪十三年（1887）五月丁亥，务川夜大水，学宫之棂圣门及宫墙俱冲倒，后街与北街并东城外，冲去民房数百间，淹毙人畜数百，北门城垣与东门城垣皆冲决；光绪二十年（1894）丙申，遵义县是岁秋久雨，谷霉坏；光绪二十三年（1897）丁酉四月十七日，务川夜大水，较丁亥（1887 年）更大，以东门城垣前次冲决未补修，故未淹毙人民，乡间田土冲毁太甚；光绪二十三年（1897）五月初八日丁酉，遵义县西泮水场大水，人畜房屋多被淹坏；光绪二十四年（1898）闰三月，石阡大水；光绪二十五年（1899）已亥七月至九月，遵义淫雨，田谷多霉烂，芋、麦、黄豆半被淹坏，秋收大歉，斗米值制钱千余，而八月起淫雨连绵，延至七十日，谷益烂，斗米增至二两五钱；光绪三十一年（1905）乙巳六月初一日，遵义城乡风雨大作，县南忠庄铺、官田垭一带，田禾多被灾；1912 年 8 月 26 日，铜仁县属提土硐于月前二十五、六日，大雨滂沱，溪水陡涨，临江一带被淹田谷三百余挑，被水冲刷之田计四十八亩，水势虽退，概成沙洲；1917 年 5 月，绥阳县于五月间初大水，冲坏良田沃土甚多；1917 年 8 月，绥阳县属旺里、黄泥、红毛丫等处，被水漂没田土甚夥；民国《铎报》记载："洪水为灾，铜仁县于旧历五月初三日天忽大雨，彻夜不止，至晓河水骤涨丈余，淹毙人畜甚夥，冲去人货物无算。该处人士经此大水之后，无不仰天叹息此种灾异云。"① 1917 年秋，遵义县正值秋收之际，无日不雨，因而已熟之谷在田间生芽者甚夥，或已收在屋无法晒干，而霉烂者亦往往而有；思南、务川、德江，近月以来，风雨连绵，收成难望，所有米谷大都糜烂；1918 年 7 月，遵义近来天雨连绵，山水暴发，凡道路低洼之处，多被水淹没②；1918 年 9 月，正安近日以来，淫雨为灾③；1924 年 7 月 3 日，铜仁县天降滂沱，昼夜不息，大小两江溪水暴涨，比较平时增高十七八丈，沿河一带房屋田土一洗罄尽；1925 年 3 月，绥阳县淫雨累月，以致哀鸿遍野，饿殍载途，全家俱尽者有之；1925 年，遵义县四、五月内，天降大雨，洪水陡涨，继以冰雹，小麦损坏尤多，谢家坝、洪水坝、打蛇坝等处均被淹没；1930 年，德江水灾；1935 年夏，德江县"淫雨为灾，水潦大至，横流泛滥，上自高家坟，下至马鹿岩，十数里间，潴为泽国，田土咸受水湮积月余始消。凡禾、黍、菽、薯之属，腐败无遗，数十顷沦为赤地。……讵季秋九月，阴雨绵延，月余未霁，复遭淹坏，洵百年来未有之浩劫矣"。1935 年 1 月 24 日，正安县一至十三区各乡水灾，受灾面积二百余里；1935 年 3 月，遵义二、三区受水灾；1935 年 6 月，石阡第一区水灾；1935 年 6 月至 7 月间，务川水灾面积二千余平方公里；1935 年 6 月 29 日，铜仁一、二、三、四、五各区受水灾，受灾面积一千四百七十余亩；1942 年 6 月 15 日，思南县允文乡水灾；1943 年 2 月到 9 月，务川等 6 县先后呈报水灾；1944 年夏秋，遵义遭受水灾；1944

---

① 《铎报》1917 年 7 月 12 日，第 6 版。

② 《铎报》1918 年 6 月 16 日，第 5 版。

③ 《贵州公报》1918 年 9 月 6 日，第 3 版。

年冬，黔东（即今铜仁市所辖县区）、黔北各县（今遵义市所辖县区），冬季淫雨，继以积雪日久，冬耕废弃，春收毫无；1945 年，黔东入秋以后，淫雨连绵，遂至收成歉薄，民食不敷；德江县水灾；思南县 1945 年水灾①；1945 年 7 月，石阡县连日大雨，山洪暴发，河水泛滥，房屋倒塌甚多，河中曾见浮尸数具②；思南县 1946 年水灾③；遵义 1946 年水灾④；1947 年铜仁、思南水灾⑤；1949 年，铜仁水灾至惨，思南遭水灾，沿河居民十四户，全被波浪所吞没，五十三口灾民，生活无着，叫苦连天，接着又是连天大雨，民屋农作被冲洗者，殆难以数字计；务川淫雨为灾，禾苗被冲⑥。

从上述材料看，明代至民国，与凤、湄相邻的今遵义市所属县区水灾 40 次（不含凤冈、湄潭，下同）、铜仁所属县区共 54 次，以铜仁为最。在遵义市所属县区中，又以今播州区（原遵义县）为最，共 19 次，其次是绥阳县和务川县，各有 8 次，正安县 3 次，其余各县 1 次；在铜仁市所属区县中，思南县次数最多，为 24 次，其次是今碧江区 19 次，再者是石阡县 13 次，德江县 8 次，其余各县 2 次。铜仁之所以水灾较遵义次数多，主要是因为铜仁地处云贵高原向湘西丘陵、四川盆地过渡的斜坡地带，大部分区域位于武陵山区，由于海拔的高低不同和高大山脉对大气环流的影响，区内各地的小气候多样，山地气候明显；另外，春秋两季，来自西伯利亚的冬季风和青藏高压冷气团，与来自西太平洋的夏季风和西南低涡湿热气团，往往在这里进行拉锯式交锋，如果冬、夏两季风在这里达到“力量”均衡，形成静止气团锋面，很容易造成长时间的阴雨天气或多雷雨天气，因而，这里又是全国的多雨地区⑦。思南县之所以水灾较多，主要是该县位于乌江干流的中下游，水流量大，再加上受季风环流和地形的影响，降雨时间多集中于夏季，区域多集中于本县西北和东南部高山地区的

---

① 《力报》（贵阳）1945 年 7 月 6 日，第 3 版。

② 《中央日报》（贵阳版）1945 年 7 月 6 日，第 3 版。

③ 《力报》（贵阳）1947 年 2 月 26 日，第 1 版。

④ 《中央日报》（贵阳版）1946 年 3 月 22 日，第 3 版。

⑤ 《中央日报》（贵阳版）1947 年 4 月 26 日，第 3 版。

⑥ 《贵州民意》1949 年第 6 卷第 3 期，第 4 页。

⑦ 殷福保、刘龙骥主编：《可爱的铜仁》，贵州教育出版社 1992 年版，第 6 页。

南侧①，故而容易形成水灾。遵义所属播州区之所以水灾最多，主要是因为该区域地处季风气候带内，受东南海洋暖湿气流的影响，5-9月春末秋初，热量足，气温高，雷雨天气多，湿度大，这段时间的降水量占全年的66.85%，其中5月和6月又是全年降水集中的月份；同时该区降水量受地形影响大，特别是夏季，受到西太平洋副热带西侧偏南高压气流控制时，常出现高温雷雨天气②，因此，该区域容易出现水灾。就危害程度而言，轻重不一，严重者如明朝嘉靖十二年（1533）思南水灾，“旬余方退，民舍禾苗漂没殆尽”；万历三十三年（1605）绥阳大水，“至七月初四日雨始止，田禾尽没”，整整持续了两个半月之久；清朝康熙十七年（1678），遵义县水灾“坏民田四千余亩，各里淹没无算”；光绪十三年（1887）五月务川水害“冲去民房数百间，淹毙人畜数百，北门城垣与东门城垣皆冲决”；光绪二十五年（1899）遵义连日雨水，致使秋季歉收，斗米值制钱千余，此后再次淫雨连绵，造成斗米二两五钱，物价飞涨；1925年3月，绥阳县雨灾以致“哀鸿遍野，饿殍载途，全家俱尽者有之”；1935年6月29日，铜仁一、二、三、四、五各区水灾，受灾面积达到一千四百七十余亩。

从前述材料可知，凤、湄一带水灾不少而且危害也不小，究其原因，主要是由于该地地处西南、东南季风的迎风面上，每年进入夏季后，太平洋高压活动与南下空气相遇，均可造成大强度降水。如前所述，仅在民国时期的1932年夏，县北绥阳一带遭大水灾，洪渡河及其支流猛涨，冲毁田园2000余亩，当年稻谷仅收一半；1933年6月14日，县境普降大雨，溪河猛涨，山洪冲垮县城南门城墙，冲走房屋100余间，淹死百余人；1946年，全县普遭水灾，大部地区粮食减产，局部地区收成不足50%。1950年至2007年共计发生水灾47次，发生率为81%，平均1.23年出现一次，其中1953、1957、1964、1977、1991、1993、1997、2000、2002、2004等年度受水灾严重。就水灾的分布区域看，洪灾中心多出现在北部永安、绥阳

① 思南县地方志编著委员会办公室编：《思南县志（1978—2010）》（上卷），方志出版社2011年版，第54页。

② 《遵义县综合农业区划》编写组：《遵义县综合农业区划》，贵州人民出版社1989年版，第14页。

一带，其次是花坪、龙泉及六池河、蒲水河流域。简要回顾自20世纪70年代以来凤冈出现的主要水灾情况：1977年7月中旬，县城以北地区连降暴雨5小时，雨量最多地区为320毫米，河水猛涨，毁田土8万多亩、水库5座、小水电站37座，116公里交通线路被淹，为数十年所罕见；1980年6月12日，县城降雨2小时，百货公司、纺织品公司等被水淹；1985年7月5日至7日，船头、大堰、石径等12个乡分别遭暴雨袭击，48个村111个村民组受灾；1986年7月，琊川、龙潭、永安、龙泉等地连续3天暴雨；1989年8月27日，县城及北部地区普降暴雨，其中，花坪河水上涨5米至7米，淹没农田1400公顷，成灾853.3公顷，绝收253.3公顷，死亡2人，损失房屋72间；1997年6月6日至8日，县境两次遭暴雨袭击。其中：龙泉、石径、花坪、何坝、绥阳5个乡镇受灾最重，农作物受灾面积16.7万亩，不能恢复的有3万亩；受损房屋1200间；3所学校课桌被洪水冲走，近20所学校因灾停课；6座小水电站被淹，22处提水设施受损；100多公里输电线损坏，乡镇电话中断，工业因缺电停产半月之久；死亡3人，伤2人；两次洪灾造成经济损失高达1.1亿元；1998年6月23日，县境普降暴雨，12小时内降雨量148毫米。受灾人口5.8万人，毁损房屋728间，农作物受灾1793.3公顷，冲毁水利工程10处，损失103万元；2000年6月23日至25日，县境连续3天暴雨，其中，县城3天降雨量222毫米，个别乡（镇）降雨量为250毫米，山洪暴发，河水猛涨，农作物受灾面积5666.7公顷，成灾2666.7公顷，冲毁农田1000公顷，房屋受损500余间；2002年6月7日，县境两次暴雨，降雨量为212毫米。造成死亡6人，重伤2人，县乡公路塌方100余处，毁损桥梁8座，10所小学被迫停课，受灾人口27.5万人，1.2万人因房屋被毁居住困难，水稻受灾10000公顷，玉米受灾4333.3公顷，冲毁农田813.3公顷，安山、珊塘水电站被冲毁，通信、交通中断，直接经济损失约1亿元；2004年9月6日，县境普降暴雨，24小时内降雨量165毫米，公路被冲毁20余处，部分输电线路停电；2005年6月1日，县城及部分乡（镇）暴雨，造成水稻秧苗、烤烟和油菜受灾，直接经济损失约373万元；2006年6月5日，王寨乡、蜂岩镇、进化镇、天桥乡遭水灾，毁损房屋59户239间，受灾农户3745户14892人，造成直接经济损失696.8万元。2014年7月13-18日，凤冈持续普降大暴雨（即“7·15”洪灾），直接经济损失2亿多元，2人失踪。①

专家分析，凤冈暴雨地区的分布与水灾有直接关系，与年降雨量相吻合，由东南向西北随地势升高而雨量增大，暴雨量级也增大。② 由上述材料看，自 20 世纪 70 年代以来，凤冈的水灾不仅发生的频率高，而且范围广、危害大，有时候是全县受灾，有时是绝大部分乡镇受灾，很多时候农作物受灾面积超过上千公顷、受灾人口超过万人、经济损失达百万元甚至上亿。这些数字和文字，真切、形象地记述了当时水灾给人民生活带来的严重危害，使我们对修建防洪工程的重要性和加快防洪工程建设的必要性有了更加充分的认识。

2019 年夏玛瑙山村暴雨　郗玉松　潘特立 摄

---

① 凤冈县人民政府网 http：//net. gzfg. net/t521-1。

② 本节内容主要引自贵州省凤冈县地方志编纂委员会编：《凤冈县志》，贵州人民出版社 1994 年版，第 107 页；《凤冈县志 1978—2007》，方志出版社 2011 年版，第 64-65 页，除有特殊需要，一般不再一一标注。

2019年6月22日，凤冈多地遭受暴雨，课题组成员在调研中恰逢玛瑙山山洪暴发，被困在山上，正在危难之时，时任文体广电局局长的薛维同志打电话联系当地政府寻求援助，在当地村委协助下课题组成员及时走出困境。玛瑙山当地村民讲到，这是三十年未遇之大雨。

三、风雹

风雹即冰雹与雷暴大风结合形成的自然灾害。冰雹是在对流云中形成的，当水汽随气流上升遇冷凝结成小水滴时，如果温度继续降低，达到摄氏零度以下时，水滴就凝结成冰粒，在上升运动过程中，冰粒会吸附其周围小冰粒或水滴而逐渐变大，直到其重量无法为上升气流所承载时即往下降，形成冰雹，常伴有大风出现，故而又称风雹。风雹主要特点是突发性强、危害时间短、危害范围小、破坏性大。由于雷暴大风的移动速度快，往往云到风雹到，顷刻之间狂风大作，冰雹倾砸，大雨滂沱，来势凶猛，一般持续仅几分钟，很少超过半小时，宽度大约1-2千米。万历《贵州通志》记载："（隆庆）己巳春，大雨雹如鸡子，坏民舍，震死人畜。"[①] 由文字内容看来，此次冰雹危害较大，竟然"震死人畜"。康熙《湄潭县志》曰："康熙二十五年（1686）丙寅闰四月初三日夜，大风雹。此百年未有之风雹。"[②] 此句中使用了"百年未有"，表明此次冰雹之严重，尽管没有关于危害的记录，但从"百年未有"已经让人感受到此次冰雹的危害不言而喻。光绪《湄潭县志》称：同治戊辰年（1868）七月十三日，"启一甲黄都坝蛤蟆洞大风雨雹，拔木损舍。"光绪十五年（1889），"经四甲大风雹，山粮山蚕皆损。"光绪二十五年（1899）三月初六日，"启一甲土溪大雨雹，罂粟山粮皆损。"[③] 上述文字中的"拔木损舍""山粮山蚕皆损""罂粟山粮皆损"等均直接明确了冰雹的危害程度。通过耙梳，我们目前见到文献记载的历史时期凤、湄一带的冰雹共有6次，就时间分布情况看，

---

① （明）江东之修：万历《贵州通志》卷17《石阡府·祥异》，书目文献出版社1990年版，第390页。

② （清）杨玉柱纂修：康熙《湄潭县志》卷2《灾疫》，载段志洪、黄家服主编：《中国地方志集成·贵州府县志辑》（第33册），巴蜀书社2006年版，第618页。

③ （清）吴宗周修、欧阳曙纂：光绪《湄潭县志》卷1《天文志·祥异》，载黄家服、段志洪主编：《中国地方志集成·贵州府县志》（第39册），巴蜀书社2006年版，第410-411页。

元代1次、明代1次、清代4次，显然清代出现的次数最多。

风、湄相邻县域也经常出现冰雹，如思南县，嘉靖《思南府志》记载：嘉靖五年（1526），思南府“雨雹，民有中雹而毙者”。嘉靖十四年（1535）七月，“雨雹”①。《贵州历代自然灾害年表》整理的资料表明：嘉靖十六年（1537）夏四月，思南“雨雹如卵”；万历二十年（1592）三月十四日，夜，思南“大风雹如拳，如梅，折文庙古柏”；顺治十八年（1661），思南“雨雹，大风偃木，屋瓦乱飞”；1925年，思南县所种小麦复遭冰雹打坏②。就文献记载的历史时期，思南县的冰雹灾害，目前见及的也有6次，相对较多，这主要是因为思南县在春夏之交或是盛夏时节，地面的高温与较强的南下冷空气相遇，造成强烈的对流，使上升气流顶部的冰晶逐渐增大并降落到地面，形成冰雹。

当代凤冈的风雹成灾在县境局部地区每年均有发生。1978年至2007年，发生风雹灾害的年份约占70%，其中1978、1985、1986、1991、1995、1998、2002、2004等年份风雹灾最为严重。农作物受灾严重的年份是：1978年3533.3公顷，1991年5333.3公顷，1992年11333.3公顷，1995年3333.3公顷，1998年4166.7公顷，2002年7973.3公顷。风雹灾害多发生于春夏之间，且风灾与雹灾并发，集中于每年3月至4月。风灾县境皆有，雹灾则分布不同，县境冰雹路径为：由田坝、龙山东北方向至土溪、关坝一带；由湄潭永兴沿何坝、龙泉偏东向至花坪一带；由进化、大堰、红安偏东北向至永和、双山、青滩；由余庆县境沿大都、龙凤偏东向至天桥、漆坪、王寨等地③。据气象资料记载：1983年4月25日至26日，永和等地连续两次遭风雹灾害，毁损禾苗无数；是年5月13日，蜂岩亦遭重雹袭击；是年9月2日，花坪、青滩等地遭8级大风夹冰雹袭击；是年，伤4人，死耕牛数头，损坏房屋5781间；1986年7月2日，龙潭、琊川、绥阳、永安、龙泉等地遭9级大风袭击，毁损农房958间，玉米受灾1746.7公顷；是年8月8日，龙潭、琊川、花坪、永和、蜂岩等8个区

① （明）钟添纂、田秋删定、洪价校正：嘉靖《思南府志》卷7《拾遗志》，天一阁藏嘉靖刻本，上海古籍书店1962年版，无页码。

② 贵州省图书馆：《贵州历代自然灾害年表》，贵州人民出版社1982年版，第144、148、150-151、188页。

③ 贵州省凤冈县地方志编纂委员会编：《凤冈县志》，贵州人民出版社1994年版，第38页.

（乡）13 个村遭风雹灾害，毁损农房 1410 间，农作物受灾 422.06 公顷；1989 年 4 月 20 日凌晨，永和乡鱼塘村 72 户遭风灾袭击，房屋均受不同程度损坏；是年 4 月 27 日下午，王寨乡桐林村、蜂岩乡花屯村等地同时遭风雹袭击，损失严重；花屯村两人合抱的一棵古树被吹倒，桐林村王顺良家砖房被吹倒一堵墙，伤 1 人；1990 年 8 月 31 日，县境中部、南部遭风灾，风力 5 级至 7 级，毁损房屋 3280 间，重伤 2 人，10 万余棵大树被吹倒折断，直接经济损失约 100 万元；1991 年 3 月 26 日晚，县城及琊川、蜂岩、绥阳、永和等地降雹 10 分钟，雹粒直径约 1 厘米至 6 厘米，地面积雹厚 15 厘米，油菜、小麦等农作物受损，桃坪一村民在路途中被冰雹打死；是年 5 月 22 日 17 时至 18 时 30 分，双山、漆坪、天桥、田坝、崇新等地遭雹灾，最大雹径约 7 厘米，县境 32 个村 72 个村民组 2422 户受灾，农作物受灾面积 5333.3 公顷，毁损房屋 140 余间；1995 年 4 月 16 日，琊川、进化、王寨、蜂岩遭风雹袭击约 1 小时，损坏已播水稻杂交种 7500 公斤、玉米杂交种 6000 公斤、烟苗 312 万株，夏收作物受灾 3333.3 公顷，成灾 1000 公顷；是年 5 月 9 日，绥阳、永安、永和、新建等地遭风雹灾。绥阳镇属永盛、红星、平阳等 13 个村受灾严重，毁损水稻秧田 38 公顷，玉米受灾 1066.7 公顷，烟苗 920 万株；1997 年 6 月，县两次遭冰雹、大风、暴雨袭击，县属 14 个乡（镇）不同程度受灾；1998 年 4 月 10 日，琊川、蜂岩、天桥等乡（镇）分别遭狂风、冰雹、洪水袭击，43 个村 370 个村民组 10638 户，47878 人受灾，其中，重灾区 19 个村 177 个村民组 9055 户，造成农作物受灾 4166.7 公顷，绝收 880 公顷，村民房屋、牲畜圈受损 53590 间，4500 多间烤烟房被毁，10 万余棵树木被折断，死 3 人，伤 20 人。2000 年 7 月 19 日，新建乡 7 个村遭风雹袭击，最大风力 10 级，最大雹径约 2 厘米，树木折断 2 万余棵，7 个村输电线路被毁，农作物受灾 153 公顷，成灾 104 公顷，绝收 40 公顷，损坏房屋 140 间；2002 年 4 月 23 日，绥阳、花坪、王寨、永和、石径等乡（镇）遭受不同程度的冰雹袭击，最大雹径约 5 厘米，受灾面积 3466.7 公顷，绝收 1466.7 公顷，玉米苗损坏 313.3 公顷，烤烟苗损失 2000 余万株，1200 间房屋受损，3 所小学被迫停课，重伤 1 人；是年 5 月 5 日，进化、蜂岩、王寨、永和、永安、琊川、绥阳、何坝等乡（镇）遭风雹袭击，农作物受灾 4506.7 公顷，绝收 800 公顷，损失房屋 82 幢 246 间，重伤 2 人，打伤牛 10 头，直接经济损失

2200万元；2003年3月3日，花坪镇、龙泉镇遭受冰雹袭击，最大雹径4厘米。农作物受灾906.7公顷，损坏地面卫星收转站设施60余个，房屋受损100余间；2004年4月1日，花坪镇等地发生特大雹灾，房屋受损100余间，损坏地面卫星收转站设施60余个，农用薄膜受损6.5万公斤；是年6月13日，花坪镇辖关口、东山村遭冰雹、大风及洪水袭击，16个村民组1150户受灾；房屋受损772间；农作物受灾306.7公顷；高压输电线路受损750米；乡村公路被毁20余公里；造成直接经济损失612.2万元；2006年，蜂岩镇桃坪村遭冰雹、大风袭击。① 由上述材料看，尽管风雹过程的时间短，但其危害的严重性一点也不能低估，因为其强度大、来势猛、时间促，几乎不能给人以防备的机会，因此，它不仅经常造成农作物严重受害，而且给人民的生命和财产带来严重损失。

另外，凤冈县风雹具有很强的连续性，如1983年4月25日至26日，风暴灾害发生在永和镇，5月13日又发生在蜂岩镇，9月2日又发生在花坪、青滩等地，也就是说，一年发生3次风雹灾害；再如1986年7月2日、8月8日，相隔不到一个半月，在龙潭、琊川等地连续出现2次风雹灾害；再如1989年4月20日、4月27日，仅仅一周左右就发生2次风雹灾害；1991年3月26日、5月22日，不足2月连续2次风雹灾害；1995年4月16日、5月9日，不足1月发生2次风雹灾害；2002年4月23日、5月5日，间隔不到半月发生2次风雹；2004年4月1日、6月13日，间隔2个多月发生2次风雹灾害。就发生的区域看，绥阳镇、琊川、蜂岩、花坪、永和等镇是风雹发生的重点区域。这种极强的连续性对农作物和百姓的生产生活造成了极大危害，因此，今后应该善于从历史时期风雹发生的频率、时间点和重点区域进行总结，及早做好预防准备，争取把风雹灾害降低到最低限度。

① 贵州省凤冈县地方志编纂委员会编：《凤冈县志（1978—2007）》，方志出版社2011年版，第66-67页。

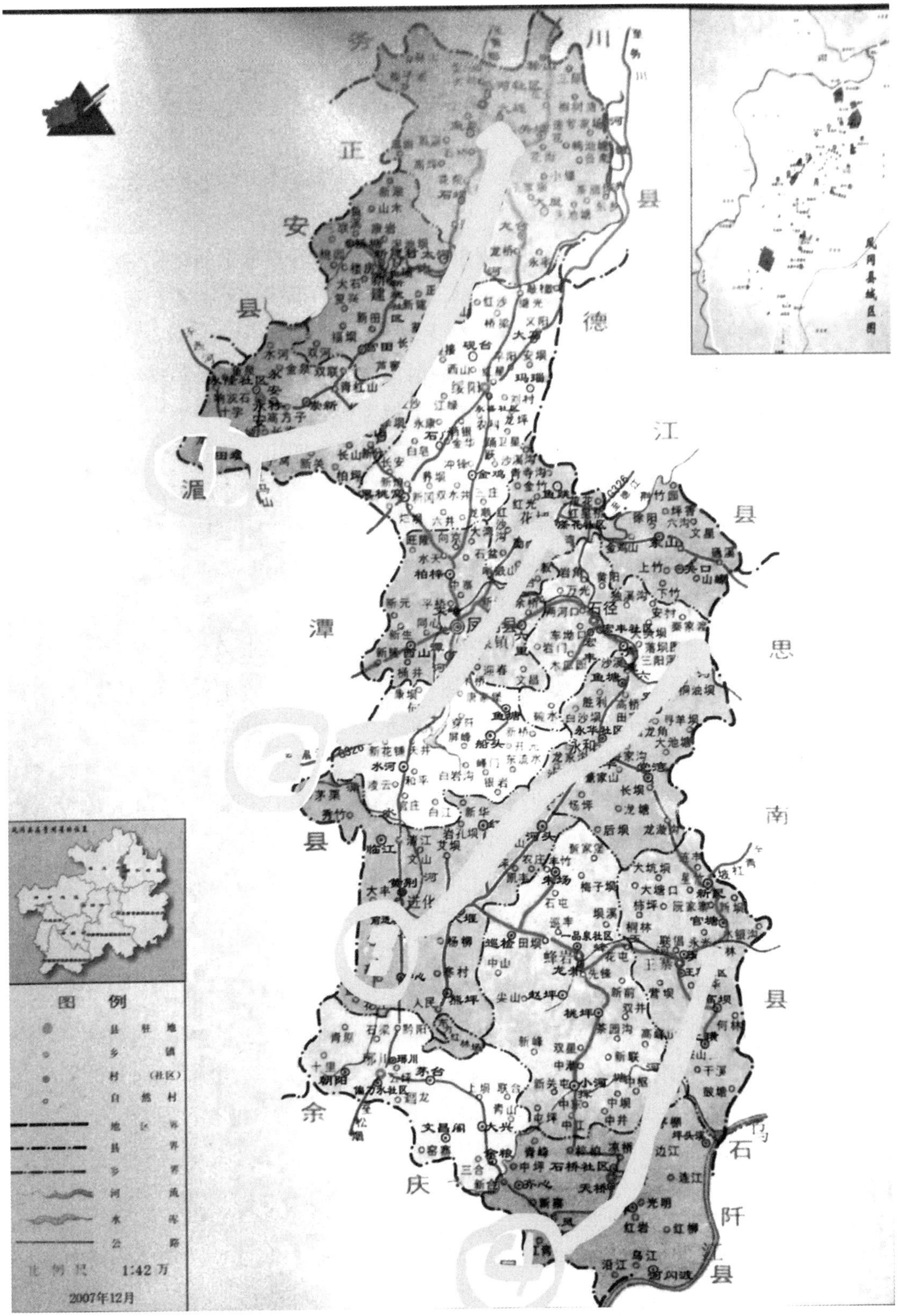

凤冈县风雹路径示意图：图中画线部分即风雹路径，共4条，大致是：（1）由田坝、龙山东北方向至土溪、关坝一带；（2）由湄潭永兴沿何坝、龙泉偏东向至花坪一带；（3）由进化、大堰、红安偏东北向至永和、双山、青滩；（4）由余庆县境沿大都、龙凤偏东向至天桥、漆坪、王寨等地。

四、地震

地震是地壳运动的一种自然现象，是地壳快速释放能量的过程中造成震动的自然现象，又称地动、地震动，以地震波的形式向外传播；它是一种常见的自然现象，地球上每年发生大大小小的地震可达500万次。[①] 与其他自然灾害相比，它最大的特点是瞬时间能造成巨大的危害和灾难，破坏性极强。据资料记载历史时期的凤冈县域也曾有过地震的发生，但是据现代科学技术发现凤冈不在地震带上，很有可能是四川、云南或者其他地方发生地震时的震感。光绪《湄潭县志》记载：光绪五年（1879）五月二十四日黎明，“地动门壁震响有声。”光绪二十年（1894）七月二十五日午刻，“地动，妇孺惊啼”。[②] 从“妇孺惊啼”看，此次地震影响不小。除此之外，未见其他文献记载凤、湄之地有明确地震的文字，这表明在光绪年间，西南是地震高发期。现代科学技术表明邻近地区的地震会对本地产生不同程度的影响。《贵州历代自然灾害年表》等相关文献有凤、湄周边县域在古代和近代多次地震的记录，如元朝至大元年（1308）六月初三日，石阡等处军民长官司地震；明朝弘治八年（1495）冬十一月，播州（今贵州遵义市播州区）地震；嘉靖十五年（1536）二月壬子，思南（今贵州思南县）夜地震；明嘉靖十五年（1536）三月，播州地震有声；嘉靖十五年（1536）七月，思南复震；万历四十六年（1618）二月，遵义府地震有声，自西而南；崇祯十三年（1640），思南地震；乾隆三十四年（1769）四月初三日，思南府（治所在今贵州思南县）地震；清朝乾隆五十一年（1786）四月，遵义府地震；嘉庆二十四年（1819）七月二十五日，遵义府、正安州（今贵州正安县）寅刻地震，思南府地震；咸丰三年（1853）二月十五日，铜仁地震微有声，约半日震止；咸丰六年（1856）四月既望，正安西北地震；咸丰十年（1860）十二月，绥阳县地震；同治元年

---

① 李金镇、赵体群、陈志强主编：《地球颤抖：地震》，山东科学技术出版社2016年版，第2页。

② （清）吴宗周修、欧阳曙纂：光绪《湄潭县志》卷1《天文志 · 祥异》，载黄家服、段志洪主编：《中国地方志集成 · 贵州府县志》（第39册），巴蜀书社2006年版，第410-411页。

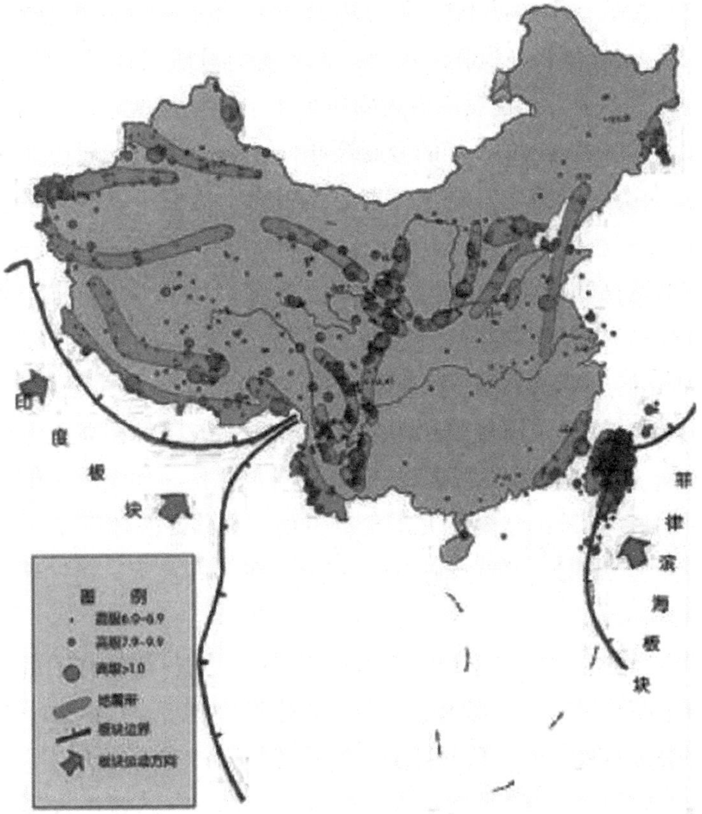

中国强震及地震带分布图①

(1862) 十一月，绥阳地震；同治十二年（1873）闰六月初六日，铜仁府地震；光绪二年（1876）六月，绥阳地震，务川午刻地震；光绪三年（1877）五月二十四日，绥阳午未时地动，门壁震响有声；1936 年 5 月，德江城中地震数秒钟。② 由上述资料看，凤、湄一带地震次数最频繁的是在光绪年间，共有 2 次。就其周边地区情况看，今遵义市所辖地区有 10 次，铜仁市所属地区有 9 次，两者基本持平。就每个市内部情况看，遵义的绥阳县次数最多，有 4 次；铜仁的思南县最多，有 5 次。另外，纵观凤

① 图片源于李金镇、赵体群、陈志强主编：《地球颤抖：地震》，山东科学技术出版社 2016 年版，第 53 页。

② 贵州省图书馆：《贵州历代自然灾害年表》，贵州人民出版社 1982 年版，第 1、3、6、10、14、15、19、20、22、23、26、30 页。

冈当代方志文献，不管是1994年版还是2011年版的《凤冈县志》，基本都没有关于1950年以来地震的记载，说明我们对地震有了更科学的认识，了解此地几乎不会发生地震，多为周边大小不同地震的余波影响。从元朝至大元年（1308）至1936年的600余年间，凤、湄及其周边地区地震记载仅有10余次，概率非常之低，主要是因为本区域不在地震带上，故而如此。

除了上述自然灾害外，文献所见凤、湄境内还有雪灾。据记载，咸丰十一年（1861）冬，“雪深三四尺，冰厚六七寸，刀斧不能破，行人苦之。”① 但是冬季雪灾现象不时常发生。再有是雷电，道光二十六年（1846），“雷击宝洞，顾姓槲树木屑插入地内，若麻林，高六七尺，纵横数十丈。”② 另外还有多种强烈天气相伴而生的气候，如同治十年（1871），“腊月晦辰刻，大风；巳刻，大雷雨；午刻，大晴，寒燠不常，一日备四时之气。”③ 显然在这短暂的时间内，既有大风又有大雨，雨过天晴是炎炎烈日。

上述古今自然灾害现象均能在当代资料中找到科学解释，由于凤冈县属亚热带湿润季风区，地形地貌复杂，立体气候明显，雨量的季节分配不均匀，一般是春夏充沛，秋冬稀少，气候变化大，自然灾害时有发生，有“无灾不成年”的说法，自然灾害中的水灾、旱灾、风雹灾害等不仅在当代常见，在古代也时常发生。

五、其他灾害

除上述灾害之外，凤冈还有一些自然和人为灾害，尽管它们在古代文献中少有记载，但同样对当地民生影响很大。一是倒春寒，凤冈当地人亦称“反春”，发生时间一般在每年的3月至4月之间，主要表现是持续低温6日以上，且温度在10摄氏度以下，主要原因是来自北方西伯利亚的冷

---

① （清）吴宗周修、欧阳曙纂：光绪《湄潭县志》卷1《天文志·祥异》，载黄家服、段志洪主编：《中国地方志集成·贵州府县志》（第39册），巴蜀书社2006年版，第410页。

② （清）吴宗周修、欧阳曙纂：光绪《湄潭县志》卷1《天文志·祥异》，载黄家服、段志洪主编：《中国地方志集成·贵州府县志》（第39册），巴蜀书社2006年版，第409页。

③ （清）吴宗周修、欧阳曙纂：光绪《湄潭县志》卷1《天文志·祥异》，载黄家服、段志洪主编：《中国地方志集成·贵州府县志》（第39册），巴蜀书社2006年版，第410页。

空气入侵，导致原来已经回暖的天气温度日均下降10摄氏度，甚至伴有降雪或降雨（又称“春绵雨”）。凤冈从1959年至2004年的气象统计资料显示，共出现倒春寒天气91次，每年平均发生1.98次，其中重倒春寒（即持续低温6日以上且温度在10摄氏度以下）天气50次，每年平均发生1.09次，一般倒春寒（即持续低温3日至5日且温度在5摄氏度以下）天气41次，每年平均发生0.89次。倒春寒天气对农作物（油菜结荚）春播和小麦扬花影响极大，还容易导致玉米、水稻烂种烂秧。还要说明的是，由于地势海拔高度不同，倒春寒危害的轻重程度也不同，一般而言，海拔越高，危害程度越大。资料显示：1972年3月底至4月初，县境出现重倒春寒天气，当年油菜减产约100万斤以上，水稻种损失50余万斤；1985年3月30日，全县降大雪，出现重倒春寒，致使桃木李果、油菜、莜麦遭受严重损失；1987年3月下旬，永安、绥阳、蜂岩、漆坪等地下大雪，大麻窝、大营坳高山处积雪数日；1991年5月6日晚，县南部天桥、漆坪、龙凤等地普降大雪，35%的禾苗被冻死，次日下午，桥塘等地降雪30余分钟，积雪厚6.6厘米，80%的禾苗被冻死，141户遭雪灾；1993年3月17日至19日，县境两次降雪，油菜受灾6666.7公顷；1996年3月中旬，3摄氏度的温度持续10余天，造成禾苗冻死，油菜小麦受灾。① 从上述数据看，倒春寒对农作物的危害十分严重，需要做好预防工作：一是通过气象资料，掌握倒春寒发生的规律，同时要注意及时收听天气预报，抓住天气演变过程中的“冷尾暖头”，抢晴播种；一般当日平均气温到达12摄氏度、最低气温不低于5摄氏度、播种后有3-5个晴天（每天日照在3小时以上）就有利于早稻播种育秧；二是加强田间管理，改善农田小气候条件，对早稻秧田进行科学排灌，在倒春寒到来时进行深水护秧方式，采取“夜灌日排”“晴排雨灌”，调节秧田水热状况；三是尽可能采取温室蒸汽或无土育秧方式，使整个早稻育秧过程完全在人工控制下，保证培育适龄壮秧。②

凤冈还有一种称之为“秋风绵雨”的自然灾害。秋风是在夏末秋初季

① 贵州省凤冈县地方志编纂委员会编：《凤冈县志1978—2007》，方志出版社2011年版，第67页。

② 资料源于“天气网”（http://www.tianqi.com/news/131449.html）。

节出现的一种受冷空气入侵所造成的持续性降温天气过程；秋绵雨是指 9-11 月份连续 5 天或以上逐日降雨量≥0.1 毫米的持续阴雨天气。在秋绵雨的影响下，轻者使水稻、玉米成熟期延长，重者使秋粮作物倒伏，谷粒生芽，或影响田间生产活动的进行，不能及时收获，已收获的也不能脱粒晒干入库而变质，或使秋耕秋种难以进行，影响播种质量，导致出苗不齐和幼苗细弱①。凤冈县秋绵雨主要发生在夏末秋初，表现为连续 3 日以上且日均气温低于 20 摄氏度的天气，并常常伴有绵绵细雨。秋绵雨对农业生产有一定影响，尤其是对海拔 1000 米以上的高山温凉区，容易造成水稻空壳率上升，在一定程度上影响秋播的正常进行。秋绵雨与秋风都会对农作物带来危害，但二者仍有区别：前者往往发生在整个秋季，而后者仅出现于夏末秋初，时间比秋绵雨早些。如 1974 年 8 月下旬，凤冈县海拔 1000 米以上的地区有 21 个村的 1.3 万余亩水稻受到秋风危害，其中有 1000 亩水稻颗粒无收，6000 亩减产五成以上，6000 亩减产三至五成②；2002 年 8 月 9 日至 15 日，县境连续 7 天阴雨绵绵，平均气温低于 20 摄氏度，造成水稻结实率下降。根据多年的气象观察，县境内秋绵雨和秋风多发生在大堰、红安一带高山地区；柏梓、金鸡、花坪一带的山地；龙山、龙台、土溪、桥塘一带高山地区。③ 实际上，上文关于水灾中的记载：光绪七年（1881）秋，“淫雨五旬”。光绪十五年（1889）秋，“淫雨坏谷”④。从时间上看，这次水灾发生在秋季，时间很长，故而，这两次降雨实际上也是秋绵雨的表现。由此可知，凤、湄一带的秋绵雨从古至今都时有发生，是常见的自然灾害，应该引起相关部门的高度重视。另外，滑坡、泥石流、崩塌、岩溶塌陷、雪凝（冻害）、雷击、蝗灾、鼠害、稻飞虱病害以及其他病虫害等都时有发生⑤⑥，同样也需要重视，最大限度地减少自然灾害带来的损失。

---

① 罗宁主编：《中国气象灾害大典·贵州卷》，气象出版社 2006 年版，第 215 页。

② 罗宁主编：《中国气象灾害大典·贵州卷》，气象出版社 2006 年版，第 222 页。

③ 贵州省凤冈县地方志编纂委员会编：《凤冈县志 1978—2007》，方志出版社 2011 年版，第 67 页。

④ 清·吴宗周修、欧阳曙纂：光绪《湄潭县志》卷 1《天文志·祥异》，载黄家服、段志洪主编：《中国地方志集成·贵州府县志》（第 39 册），巴蜀书社 2006 年版，第 410-411 页。

⑤ 贵州省凤冈县地方志编纂委员会：《凤冈县志》，贵州人民出版社 1994 年版，第 110 页。

⑥ 贵州省凤冈县地方志编纂委员会：《凤冈县志 1978—2007》，方志出版社 2011 年版，第 67 页。

历史时期凤冈时常发生疫灾，主要是瘴疠，即疟疾。明代弘治年间，就有“瘴疠弃医专事鬼，波涛触石不通舟”[①] 的诗句，说明本地区瘴疠出现的历史非常悠久；康熙二十年（1681），“辛酉，大疫，二十一年（1682）壬戌，岁荒”[②]。“大疫”说明疫情之重，另从第二年“岁荒”看，再次说明了疫灾危害和严重性。如此大的疫情，一般也只有传染病才能造成；康熙二十年（1681），“滇黔底定，正际升平，有天灾流行死亡之苦”。康熙二十一年（1682），“值牛瘟，倒毙以致失耕，又有饥馑为臻之苦”[③]。该段文字中的“天灾流行死亡之苦”应该是传染病，而且造成人口死亡；又从“值牛瘟”看，不仅人有传染病，而且牛也因传染病而死亡，给生产带来了巨大的损失。还有，光绪二十二年（1896），“全境大饥，穷民锄蕨根为食”[④]。这个“大饥”是什么原因造成的，并没有相关说明，很是模糊，但可以肯定的是，自然灾害是主要的原因。古人讲，“大灾之后有大疫”，在救灾能力和医疗水平很低的情况下，自然灾害后往往伴随疫情（指具有传染性的疾病）和饥荒，继而往往引起社会动荡。而由王朝地方官主导编纂的志书中，一般是不会把人为灾害写进志书的。

改革开放以来，由于政府社会治理水平大大提高，凤冈灾后疫情预防工作得到重视和落实，很大程度上阻止了疫情的发生与传播；政府和社会对灾民的援助救济及时实施到位，灾后及时重建家园，恢复生产，历史上“饥荒”现象已一去不复返。

历史对现实具有警示意义，我们应该“牢记历史经验、历史教训、历史警示，为推进国家治理体系和治理能力现代化提供有益借鉴”[⑤]。

---

① （明）沈庠修、赵瓒纂：弘治《贵州图经新志》卷6《石阡府》（弘治刻本），载段志洪、黄家服主编：《中国地方志集成·贵州府县志辑》（第1册），巴蜀书社2006年版，第74页。

② （清）杨玉柱纂修：康熙《湄潭县志》卷2《灾疫》，载段志洪、黄家服主编：《中国地方志集成·贵州府县志辑》（第33册），巴蜀书社2006年版，第618页。

③ （清）杨玉柱纂修：康熙《湄潭县志》卷3《革弊条议》，载段志洪、黄家服主编：《中国地方志集成·贵州府县志辑》（第33册），巴蜀书社2006年版，第632页。

④ （清）吴宗周修、欧阳曙纂：光绪《湄潭县志》卷1《天文志·祥异》，载黄家服、段志洪主编：《中国地方志集成·贵州府县志》（第39册），巴蜀书社2006年版，第411页。

⑤ 习近平：“在中共中央政治局第十八次集中学习时的讲话”，载《人民日报》，2014年10月14日01版。

第三章　地貌和土壤

第一节　地　貌

地貌是地球岩石圈表面起伏形态的总称，是内、外力相互作用下的产物，是人类所处地理环境的组成部分，是人类繁衍生息的场所。地貌由于其形态、成因、作用的不同，其类型千变万化、千姿百态，我国地形地貌多样，类型齐全，山地、高原、丘陵、盆地、平原、戈壁、沙漠、洞穴无不典型壮观。凤冈县境内有高大的山脉、有低矮的山地丘陵、有千奇百怪的洞穴，还有地势高寒的草甸和四面环山的盆地等。

从古代文献看，凤、湄一带主要有山或岭（山脉）、箐（峡谷）、坝子或坪（平地）、崖或岩，以及神奇的喀斯特地貌，构成了一幅叠岭层峦的自然地理景观。

一、山或岭或峰（即山脉）

在古代，山或岭或峰都表示山脉的意思。弘治《贵州图经新志》："高山环绕，流水萦回。"[①] 说明该地区域以山脉为主，甚至城门外就是连绵不

---

① （明）沈庠修、赵瓒纂：弘治《贵州图经新志》卷6《石阡府》（弘治刻本），载段志洪、黄家服主编：《中国地方志集成·贵州府县志辑》（第1册），巴蜀书社2006年版，第66页。

断的山脉，“（龙泉城）自南门起至东门一带，城垣跨山，人烟稀少”①。“山岩重叠，崎岖险阻，田园绝少”② 是该地的真实写照。

明《贵州图经新志》记述了的山或岭有：东山，“在龙泉司东三十里”；军牙山，“在龙泉司北”；牧羊岭，“在龙泉司北”；石笋峰，“在龙泉司北”。该志记述最多内容的是鸡翁山：“在龙思泉司西北二十里”，除此之外，还专门把知府余志描述该山的诗列出来：“嵯峨高岭号鸡公，势自昂葳气自雄。五鼓已阑声即动，三啼未毕白升东。挑都信著知时候，函谷关开见大功。一字长鸣经伐复，至今山石尚穹崇。”③ 从诗中透露的信息看，该山高大巍峨，颇有气势，作者将其与函谷关相比，可见非同一般，实际上，唐武德四年（621）就在此山之下置鸡翁县，属夷州（治所即今凤冈县绥阳场），由此可见，此山不仅雄伟高大，更有着深厚的历史底蕴。从弘治志记载的情况看，以龙泉县城为中心，北边山脉最多，有东山、军牙山、牧羊岭和石笋峰，西北方向只有鸡翁山。嘉靖《贵州通志》记载龙泉县主要山脉仅有绥阳山、东山、鸡翁山，其中绥阳山，“在司治西北”，东山，“在司治东二十里”，鸡翁山，“在司治西北二十里”，石笋峰，“在司治北”④。很明显，与弘治志相比，嘉靖志有关山脉的记载少了军牙山、牧羊岭，但多了绥阳山。万历《贵州通志》记载龙泉县的山脉，尽管有弘治志、嘉靖志所载山脉，但方位等信息不一，而且增加了新的山脉名称，故一一列出，供读者细酌：“绥阳山，司治西北；东山，司治东六十里；鸡翁山，司治北二十里；石牛山，司治东五十里，上有巨石如卧牛状，安康诗云：‘丙吉忧时难问喘，牧童笑指不能鞭。’”“石笋峰，司治北。”⑤

---

① （明）郭子章：万历《黔记》卷5《舆图志二》，万历三十六年（1608）刻本，载黄家服、段志洪主编：《中国地方志集成·贵州府县志辑》（第2册），巴蜀书社2006年版，第114页。

② 李树屏：《呈为匪猖獗请准予格杀令以维地方而苏行政》，载贵州省凤冈县军事志编纂委员会编纂：《凤冈县军事志》（内部资料），2007年印刷，第255页。

③ （明）沈庠修、赵瓒纂：弘治《贵州图经新志》卷6《石阡府》（弘治刻本），载段志洪、黄家服主编：《中国地方志集成·贵州府县志辑》（第1册），巴蜀书社2006年版，第67页。

④ （明）谢东山修、张道纂：嘉靖《贵州通志》卷2《山川》（嘉靖三十四年刻本），载段志洪、黄家服主编《中国地方志集成·贵州府县志辑》（第1册），巴蜀书社2006年版，第254页。

⑤ （明）江东之修：万历《贵州通志》卷17《石阡府·沿革》，书目文献出版社1990年版，第380页。

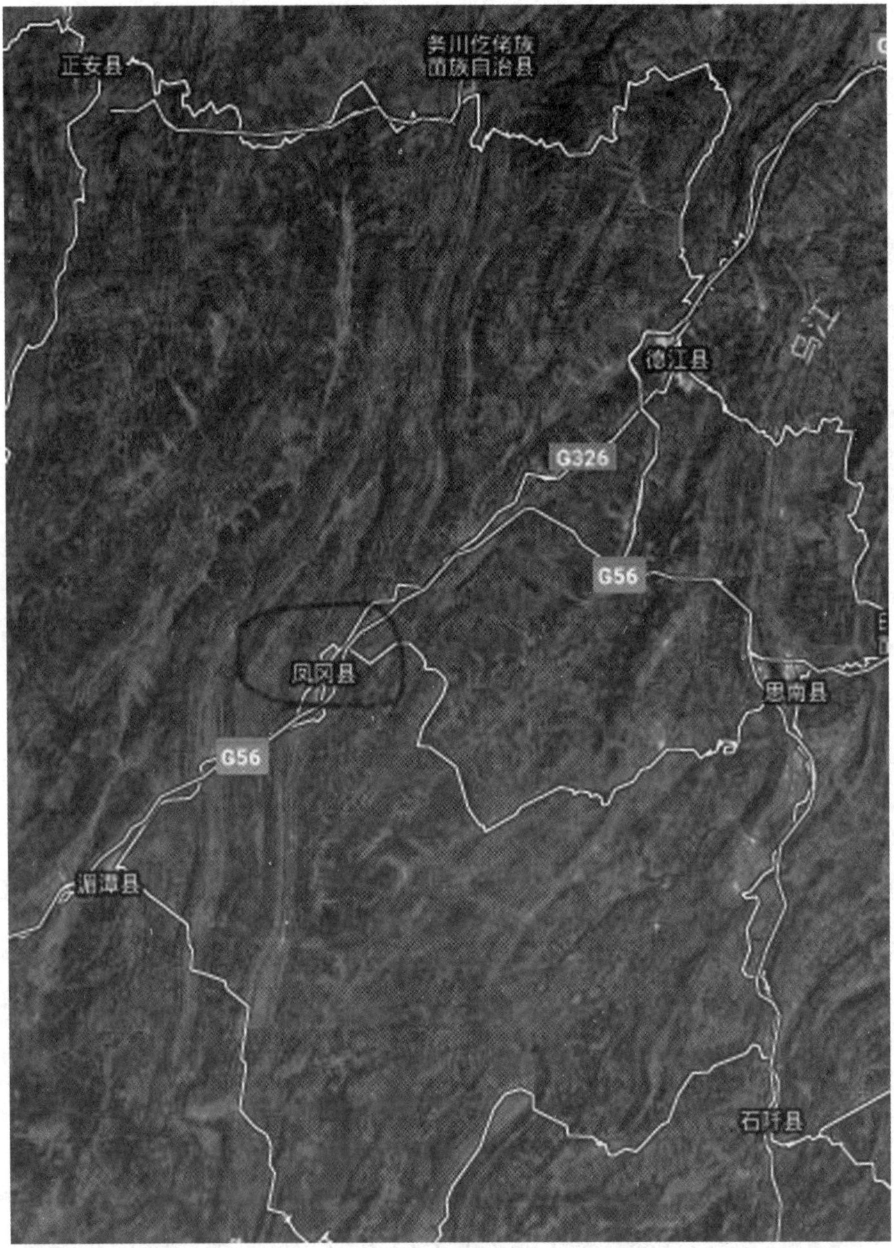

凤冈县地貌示意图 （示意图来源于谷歌地图。）

仔细对比，不难发现，万历志多了石牛山的记载。实际上，石牛山不管是在弘治年间、嘉靖年间，还是在万历年间，肯定都是实实在在存在的，尤其是绥阳山，文献记载："废绥阳县龙泉司西北，《唐史》云，县有绥阳山。"① 这说明唐代即有绥阳山之名称，但弘治志未能记录。与此同时，弘治志记载的"军牙山"牧羊岭"在嘉靖志、万历志中却没有了，这颇是奇怪，留待今后探讨②；另外要注意的是，"鸡翁山，司治北二十里"，与弘治志记载的在"司西北二十里"有偏差。就万历志所记山脉而言，以县城为中心，东部有石牛山、东山，西北部有绥阳山，北部有鸡翁山、石笋峰。万历《黔记》记载："龙泉东南有玉泉山，山中有泉出石隙，洁白如玉，县以玉泉名也。"③ 说明县城东南有玉泉山。

康熙《湄潭县志》，记有中华山："县北十五里，大山绵亘中岳一峰，高八里许，上有石刹名中华寺。"④ 此中华寺在今凤冈县王寨镇境内，当时湄潭管辖范围包括有龙泉县，故而可以认为，此中华山应属龙泉县之山脉。

康熙《龙泉县志草》对龙泉县山脉有较多信息："义阳山，在县东二十里，唐义州故址；绥阳山，在县西北十里，唐绥阳县故址；凤凰山，在县城治堂左腋，形如飞凤展翼因（名），八景凤冈拥翠如此。""东山，在县东五十里；鸡翁山，在县北二十里，唐鸡翁县故址；石牛山，距县五十里，上有巨石如卧牛状，武康诗云：'丙吉忧难问喘，牧童笑指不能鞭。'"⑤ 据上述资料与前述龙泉县诸山对比，不难看出有这样的变化：一是山与县城的距离，如东山，弘治志和万历志云"在司治东三十里"，

---

① （明）江东之修：万历《贵州通志》卷17《石阡府·古迹》，书目文献出版社1990年版，第389页。

② 康熙《湄潭县志》云："《黔记》曰，环城皆山，原无名称，数十年来，风气开而文明著，好音之士冥搜极讨，宜山林之胜相与奋远踊跃而前，特录其最名者。"载段志洪、黄家服主编：《中国地方志集成·贵州府县志辑》（第33册），巴蜀书社2006年版，第604页。这也许能为我们提供一点分析线索。

③ （明）郭子章：万历《黔记》卷5《舆图志二》万历三十六年（1608）刻本，载黄家服、段志洪主编：《中国地方志集成·贵州府县志辑》（第2册），巴蜀书社2006年版，第115页。

④ 康熙《湄潭县志》，载段志洪、黄家服主编：《中国地方志集成·贵州府县志辑》（第33册），巴蜀书社2006年版，第604页。

⑤ （清）张其文纂修：康熙《龙泉县志草》（不分卷），康熙四十八年（1709）稿本，载黄家服、段志洪主编：《中国地方志集成·贵州府县志辑》（第38册），巴蜀书社2006年版，第652页。

而此处则变为“县东五十里”。众所周知，山脉的地理位置几乎是不会改变的，换言之，如果此处所记正确，那么改变位置的只能是龙泉县的城池，但鸡翁山、石牛山距县城的距离又和万历志所记一样，这说明城池位置没变，既然城池位置未变、山脉位置也没变，变的只有文字表述的数字“五十”，那就意味着此数据可能有误，正确的当是“司治东三十里”而不是“五十里”。二是人名和诗句有误，万历志记石牛山时，引用的是“安康”的诗“丙吉忧时难问喘，牧童笑指不能鞭”，而《龙泉县志草》称其为“武康”的诗，且内容变为“丙吉忧难问喘，牧童笑指不能鞭”。查阅万历《黔记》以校对，万历志所记为实[①]。由此而言，不管古今，治学如不严谨，会给读者留下很大的困惑。康熙《龙泉县志草》颇为详实地描写了中华山，“在县东九十余里，路径深邃幽静，山岩崇峻秀霭，建有古刹一所，门前宽垣，周围皆石，大小高低错落，入古（刹）当面一石如盘，约高二丈，大如之，亦极古雅，石脊石麓多古梅古树，番上亦多镌游人诗，初春游此，梅香扑鼻，令人尘嚣都捐，门外一望秀壤，平畴郁葱可爱，刹后右侧一石山，高数十丈，僧天隐刻‘万古徽猷’四字于顶，知县张其文匾其刹曰‘居然文华’。”[②] 由这段文字可知，相对于其他山脉，中华山距县城最远，约九十里，也正因为远，再加上山岩崇峻，所以人迹罕至，深邃幽静，尽管如此，山上仍建有古刹一所，里面有古梅古树，有字有匾，既古色古香又文化深厚。如今，由于年久失修，中华寺仅存遗址，但天隐和尚的故事还在民间广为流传，据说这位天隐和尚是明代跟随永历帝南走入黔的一名姓卢的官员，他见中华山环境幽静，便削发为僧，称天隐和尚；他忠于南明小王朝，热爱自己的事业，也深爱中华山，为此，书刻“万古徽猷”四字，既表达自己对永历皇帝和南明王朝的忠诚，又表达了对中华山和佛教事业的热爱之情。“万古徽猷”四字，虽经历了数百年

① （明）郭子章：万历《黔记》卷 10《山水志下》，万历三十六年（1608）刻本，载黄家服、段志洪主编：《中国地方志集成·贵州府县志辑》（第 2 册），巴蜀书社 2006 年版，第 244 页。

② （清）张其文纂修：康熙《龙泉县志草》（不分卷），康熙四十八年（1709）稿本，载黄家服、段志洪主编：《中国地方志集成·贵州府县志辑》（第 38 册），巴蜀书社 2006 年版，第 651 页。

的风雨侵蚀，至今字迹仍然“万古”，十分清晰；在雨后初晴、天高气爽、风和日丽、能见度较好的情况下，即便十里之遥，依然能看到这四个大字。

总体来看，康熙《龙泉县志草》所记龙泉县山脉共有 7 座山，其中县东有 4 座，即东山、义阳山、石牛山和中华山，县北有鸡翁山，县西北有绥阳山，县城内东北有凤凰山，由此可见，龙泉山脉主要分布于县东一带。

清代爱必达在《黔南识略》中尤为详细地记述了龙泉县的山脉：“凤凰山在城内，为县之镇山，下有龙泉自洞中流出，灌溉一邑，县之得名以此。又有卓笔峰。东山在城东二十里。石牛山在城东五十里。中华山在城东九十里，上多古梅。将军山在城东南五十里，宋绍兴间，任正隆之变，都督安文誓师于此，因名。义阳山在城东二十里，唐义州故址。绥阳山在城西北三十里，唐绥阳县故址。鸡公山在城北二十里，唐

王寨镇中华山　汤权 摄

鸡翁县故址。”[①] 这里除了前述文献已记载的凤凰山、东山、义阳山、鸡翁山（此段表述为鸡公山）、绥阳山、东山、石牛山外，多了卓笔峰、将军山。将军山在乾隆《石阡府志》中被称为将军岭：“宋绍兴间，任正隆之变，都监（安）文誓师于此，因名。”[②] 嘉庆《重修大清一统志》记载，龙泉县山脉除了义阳山、鸡翁山、将军山、凤凰山、绥阳山、东山外，又多了如下山脉：“卧龙山，在龙泉县东五十里，上有卧石如龙，长三丈许，腹下出水，为菖蒲溪之源，相近有石牛山，高数仞，上有巨石如卧牛。”“石伞山，在龙泉县西，《府志》：上有石高十余丈，端圆如伞。”“石笋山，在龙泉县北，其峰尖耸如笋。”“军了山，在龙泉县北二十里，明正德六年（1511），蜀寇方仕之变，三省合兵征剿，营于此，因名。”[③] 上述材料记载的卧龙山，在县东五十里，而据前述记载可知，东山在县城东五十里，照这样推算，东山和卧龙山重叠，显然不可能。嘉庆志记载东山：“在龙泉县东北三十里，有东山寨，秀丽独出，并峙者为金鸡山。”[④] 这里不仅记述了东山上有寨子，而且透露了龙泉县境内还有金鸡山。最令人感兴趣的是东山的方位问题：弘治志和万历志称其“在司治东三十里”，康熙《龙泉县志草》记载为“县东五十里”，《黔南识略》说是“在城东二十里”，此处却变为“县东北三十里”，究竟是在县东五十里、城东二十里、还是县东北三十里？这里面当有一个是正确的。根据实地调查，仅有花坪镇下辖的东山村与德江县接壤处有一座山曰“东山”，位于县城东北方向，距凤冈县城 19 公里，如果是此地方，则嘉庆《重修大清一统志》所记东山方位可能正确。所以，历史研究更多的是需要实地考察，结合文献资料，才能得出可靠的结论。

---

① （清）爱必达、张凤孙等修撰：《黔南识略》，载黄家服、段志洪主编：《中国地方志集成・贵州府县志辑》（第 5 册），巴蜀书社 2006 年版，第 452 页。

② （清）罗文思：乾隆《石阡府志》卷 2《地舆志・形胜》，载贵州省地方志编纂委员办公室辑：《贵州历代方志集成》（第 39 册），中国文史出版社 2016 年版，第 400 页。

③ 清仁宗敕撰：嘉庆《重修大清一统志》卷 505《石阡府・山川》，中华书局 1986 年版，第 32 册，第 25543 页。

④ 清仁宗敕撰：嘉庆《重修大清一统志》卷 505《石阡府・山川》，中华书局 1986 年版，第 32 册，第 25543 页。

由上述材料可知，古代文献关于龙泉县的山脉记载莫衷一是，或有或无，不知所终，那么，今凤冈县境内究竟有哪些山脉呢？梳理如下：

县境有大小山峰 333 座，统属大娄山山脉，海拔在 1000 米以上的有 213 座。根据县内地形地貌和山脊走势，可分为玛瑙山、大营坳山、万佛山、乌江山，这 4 条山脉构成全县山体骨架。

玛瑙山山脉位于县境东北，主峰坐落于绥阳镇境内，高 1350 米，东邻德江县界。有 1000 米以上山峰 43 座，其中帽子山、映尖山、烂木岩、大顶山、贾角山、雾毛盖、盖阳山、黄金岭、望东岩、盖坪、火石岩、土地坳、吴家山、柏梓顶、毛鸡山、大顶、岩上口、庄房顶、大营山、阳灵山等山峰均在海拔 1100 米以上，分布于官田、龙台、金鸡、新冈、柏梓、绥阳、茶花、关口等地。绥阳镇主要山脉有毛鸡山、落面山、良银坳、尖子堡、六尺顶、营盘坡、红沙岭、梗子上、大顶、狮子岩、鸡爬坎等，其中位于镇东的狮子岩最高，主峰 1324 米。

绥阳镇雾锁盖阳山　汤权 摄

大银坳山脉位于县境西北，主峰坐落于永安境内，高1433.7米，千米以上山峰有44座，其中大银坳、桂家大顶、尖峰山、楼子顶、高皮山、黄蜡顶、燕子窝、分水垭、大顶、大坡、老鹰山、江家山、仙人顶、轿顶山、绥阳山、黄山头、大岩顶、黄家坪、大坡、金顶池、水洋坪、黄家坳、雪岭山、大面坡、狮子口、顺山堡、青龙山、和尚坡、石笋坡、扁桶山、山台31座山峰均在1100米-1350米之间，分布于新建、官田、龙山、田坝、土溪、永安、桥塘等地。

永安镇茶海之心 罗逸

万佛山山脉横亘县境中偏南部，主峰海拔 1406 米，坐落于琊川镇、进化镇与蜂岩镇接壤处，全山脉有 1000 米以上山峰 62 座，分布于琊川、蜂岩、红安、大堰、大都、水河、船头、河头、进化、朱场、桃坪等地。其中万佛山、大顶、大山、大坡、白雀寺、大坳顶、大沙沟、甲子山、箭杆坪、老鸦山、雷打坟山、扁担山、猫头山、佛顶山、茅盖山、营盘、萝卜顶、斑鸠岩、殷家坡、万丈岩、八卦顶、中山、大尖山、雷打顶、大顶山、宝子顶等 27 座山峰均在 1100 米以上。

乌江山山脉，主峰坐落于凤冈南部乌江北岸，海拔高 1259 米，整个山脉处于县南段东半部。有 1000 米以上山峰 21 座，分布于天桥、漆坪、龙凤、星竹、土璜、党湾、小河等地。

唢呐之乡天桥镇石林　王险峰 摄

相比于古代典籍，当代文献对山脉的记载要翔实得多，反映了人类科学技术和对自然环境认识的巨大进步。

天桥镇三跌水瀑布　汤权

何坝镇夜郎古甸石刻　汤

凤冈县山、山峰分布图①

山、山峰名称	所在乡镇	备注
一把伞 马嘴 大关 蜂包营 高梁山 箭杆坪 大尖峰 后头坪 尖山 老林顶 李家大坡 跳嘴山 白家山 大坡饶家坳口 葛林山	河坝乡	1000 米以上的山峰有 7 座。最高峰位于船头村箭杆坪 1113.8 米。
老林顶 大垭口 海椒坳　土地坳 吴家山 柏梓顶 换香岭 李家大坡 大堰口 南门坳 万家山 尖山子 将军山 大毛坡 老鹰嘴 长岗岭 大坡 后登坡 凤凰山 老风坳 茶山 何家坡 冒火山	龙泉镇	1000 米以上的有 10 座，最高峰位于柏梓村吴家山，高 1135 米。柏梓山顶建有电视传播塔，六里村南门坳有山隘。
独山 三角庄 雷打顶 大顶山 大尖坡 宝子顶 茶笈山 木瓜园 火把山 柏杨林 茅坪 岩后头 斑鸠岩 望哨山 辛亥营 马桑坪 潘家坳 鹿池顶 周家坡 郭家坪 走马山 孙家坡 哨山 千佛山 尖峰顶 对插山 金钟岩 风簸山 风洞岩 秦家大坡 太平山 大顶 白雀寺 王家岭岗 观音台 大岩顶 朝天嘴 鸡公山 大尖山 大山 营盘山 后头坡 大坳顶 石碑岭 大坡 苟家槽 马鞍山 亭子山 映红山 大沙沟 老虎顶 帽盒山 天台山 万佛山 关门岩 尖山子 大营上 高家山 候村山 凤朝营 老鸭山 陈家山 排山坳 铜罗垭 高坡顶 大营 宋家坡 大尖山 白头寺	进化镇	1000 米以上的高峰 32 座，最高峰是在大堰万佛山 1406.1 米。宝子顶，高 1167 米，为进化与湄潭县界山。茶笈山山顶有消坑，高 875 米；大堰村风洞岩、王家岭岗、观音台有山隘。
尖山子 东瓜山 帽子顶 风神洞 高坡顶 王家岭岗 甲子山 轿顶山 大坪山 大尖峰 余家坡 哨山 薄刀岭 三角山 杆子坡 牧羊屯 尖峰顶 雷打坟山 扁担山 猫头山 五山 张家坡 胡子岩 营坪山 佛顶山 茅盖山 营盘 罗家岩 笔架山 萝卜顶 斑鸠岩 殷家坡 徐家坳口	琊川镇	1000 米以上的 22 座，最高峰是佛顶山，高 1263 米。王家岭岗、徐家坳口有山垭口，营坪山有山隘。

① 资料来源于凤冈县人民政府编：《贵州省凤冈县地名录》，遵义市人民印刷厂 1984 年印刷，第 205-215 页。

续表

山、山峰名称	所在乡镇	备注
雾毛盖 盖阳山 黄金岭 望东岩 毛鸡山 落面山 良银坳 尖子堡 六尺顶 营盘坡 红沙岭 梗子上 大顶 狮子岩 鸡爬坎 大顶 盖坪 尖山 大山 梁山 大面山 尖平山 火石岩 雷冲岩 金鸡山	绥阳镇	绥阳镇有 24 座山，1000 米以上的 23 座，最高峰是狮子岩，高 1324 米。
贾角山 锅厂坪 汪家山 荒土湾 独山 黄山头 大青面 大岩顶 黄家坪 大坡 大脑山 金池顶 水洋坪 黄家坳 雪岭山 高壁山 大面坡 狮子口 大鹿池 帽子山 映火山 大山 烂木岩 大顶上 河村坝 一把伞 白岩寺	土溪镇	1000 以上的 16 座，最高峰为大顶山，高 1350.2 米，是关坝与务川县交界山。
江家山 仰天窝 仙人顶 轿顶山 绥阳山 张家山 马鞍山 大面山 马桑椏 顺山堡 朱家坡 青龙山 尖山 马鞍山 和尚坪 花园虹 大湾 大营坳 大顶 大顶大坡 老鹰山 八角山 映消坪 水爬岩 天子坪 中子营 飞风坎 矿山	永安镇	1000 以上山峰有 20 座，最高峰仙人顶 1249 米，为田坝与崇新的交界山；轿顶山，高度 1134 米，是田坝与湄潭县交界山。老鹰山山峰高度 1242 米，为龙山公社与湄潭县交界山；中子营山峰高度 1165 米，为崇新村与官田村的交界山。
朝天咀 黄腊顶 艾子窝 老鹰山 分水垭 高皮山 桂家大顶 羊蹬 尖峰山 田堡 马脑壳 大面山 楼子顶 后朝坡 石笋坡 老鹰嘴 扁桶山 岩上口 丝栗坪 戴头山 山台 分水垭	新建乡	1000 米以上的山峰 19 座，最高峰是岩上口，高 1326 米。
岩上口 尖峰岭 对门岭 仙人山 燕子台 月亮岩 金鸡山天鹅池 望中垭 老虎坪 大岩阡 庄房顶 大营山 阳灵山头老山	花坪镇	1000 以上山峰有 10 座，最高山峰是大营山，高度 1198.6 米，为关口村与德江县界山。
黄家山 黄阳屯 雷公营 麻池 分水丫 高梁山 马鞍山 白马山 铁山 老鹰岩 五头山 唐家坳口	石径乡	902 米以上山峰 5 座。最高峰是雷公营，高 956 米。

续表

山、山峰名称	所在乡镇	备注
大门岩 大毛坡 大石头 冒二顶 佛顶山 大坳口 董家山 沙帽山 小山 范家山 马鞍山 大山 拖船垭 毛狗顶 岩阡垭 尖峰岭 大坪上 大山 漆树岭 青石岩	永和镇	1000 以上 4 座。最高峰为党湾漆树岭，高 1054 米。大石头 782 山口，大坳口 837 山隘，751 董家山山隘，拖船垭 628 山隘岩阡垭 680 山隘
湾猫山 七龙山 猫猫岩 大岩坪 红杆垭 对门坡 马鞍山 夏家山 岩腊坪 大梁子 癞子山 马鞍山 张家山	王寨乡	1000 米以上山峰 5 座，最高峰为马鞍山，高 1089. 3。
老鸦山 紫竹顶 葛藤坡 灯龙山 大佛山 八挂顶 黄龙山 中山 大尖山 中心银 蜂岩坳 水塘山 黄平山 箱子山 万丈岩 任五山 土地山 中岗岭 蜂岩子 高峰山关口 大岩顶 屯坪 曾家岭 四顶	蜂岩镇	1000 米以上山峰 14 座，最高峰是八卦顶，高度 1279（米）。蜂岩坳有山垭口，蜂岩子、高峰山有山隘，关口有山垭口。
莲花山 大麻窝顶 陈面坡 望乡岩 大岭岗 大面坡 青山岩 狮子岩 梁岗上 廖家岭 马老山 大山 大金山 岩高上 桑树湾	天桥乡	1000 米以上山峰有 13 座，最高峰是龙凤村大金山，高 1259 米。狮子岩有山隘，岩高上有山垭口

在县境高地陡立的山边分布有崖或岩，当地人常常称之为山岩、悬崖、崖谷、崖壁等。弘治《贵州图经新志》以“崖”或“岩”为名的相关信息有：山羊崖，“在龙泉司东”；青竹崖，“在龙泉司北”；马脑崖，“在龙泉司东”；野鬼崖，“在龙泉司”；中宗崖，“在龙泉司。”① 本段资料表明龙泉县东崖较多，有山羊崖和马脑崖；野鬼崖和中宗崖方位不明确。嘉靖《贵州通志》记载有山羊崖、青竹崖、马脑崖和中宗崖，但少了野鬼崖②。万历《贵州通志》记载龙泉县的崖只有山羊崖和青竹崖，其他 3 个崖未进入编纂者的视野。康熙《龙泉县志草》则增加了不少关于崖或岩的

---

①（明）沈庠修、赵瓒纂：弘治《贵州图经新志》卷 6《石阡府》（弘治刻本），载段志洪、黄家服主编：《中国地方志集成·贵州府县志辑》（第 1 册），巴蜀书社 2006 年版，第 68 页。

②（明）谢东山修、张道纂：嘉靖《贵州通志》卷 2《山川》，嘉靖三十四年（1555）刻本，载段志洪、黄家服主编：《中国地方志集成·贵州府县志辑》（第 1 册），巴蜀书社 2006 年版，第 254 页。

记录："镌字岩，有二，一在县城南二十里，上刻'夜郎古甸'四字，相传唐李白经此，后人纪焉；一在县城北里许，上刻'天河洗甲'四字，明帅刘綎平播凯旋经此，后人勒石，八景之一。""夜郎岩，在县西。李白手书'夜郎岩'三字，今求其迹而不得。"① 《黔南识略》记有山笔岩，"在城东五里，上有'山笔岩'三字，传系唐人书。"夜郎岩，"在城西十里，上刻'夜郎古甸'四字，传唐李白曾经此"；洗甲岩，"在县城三里，明将刘綎平播凯旋，勒'天河洗甲'四字"。很显然，康熙《龙泉县志草》所记"镌字岩"即是夜郎岩和洗甲岩的总称。按康熙志记载，夜郎岩应该县在城南二十里，但在《黔南识略》中却记为"在城西十里"，不管是方向还是距离，相差甚远。此外，《黔南识略》中还记载有龙穿径，"在城北二十里，危岩双峷，中通一线。"② 由此看，龙穿径也是一悬崖。

何坝镇太极洞全球最大的单个字体摩崖石刻 罗逸 摄

① （清）张其文纂修：康熙《龙泉县志草》（不分卷），康熙四十八年（1709）稿本，载黄家服、段志洪主编：《中国地方志集成·贵州府县志辑》（第38册），巴蜀书社2006年版，第651页。

② （清）爱必达、张凤孙修撰：载《黔南识略》，《中国地方志集成·贵州府县志辑》（第5册），第452页。

其实凤冈岩或崖不计其数，能够载入历史记忆的石崖一定是形胜之地。如今被当地人最为称道的还有两处“灵”崖，一处是前面述及的明朝天隐禅师书写的“万古徽猷”石刻；另一处是世界上最大的单个摩崖汉字大‘凤’，这里是我国重要的角砾石结构地质遗产奇观，有道教遗址太极洞，有奇特的洞穴奇观“七窍天开”’和物化了的动物奇观“龟山”，龟山演绎了“百鸟朝凤”千年不变的神话。

琊川镇白云山石刻①

二、洞穴、峡谷和箐

洞穴通常由水的侵蚀作用，或是风与微生物等其他外力的风化作用形成。贵州喀斯特地貌广布，形成了千姿百态的溶洞。凤、湄一带不仅有此类溶洞，也有不少非溶洞类的洞穴。古代文献记载该地洞穴的内容较少，目前见有康熙《龙泉县志草》相关记载：野人洞，“在县南里许，八景野

① 凤冈县文体广电旅游局编：《历史的记忆——凤冈县第三次全国文物普查成果汇编》（内部资料），遵义德堡印务有限公司2013年印刷。

人诞雏即此，传闻义不涉正且荒唐无谓，故去不入景。”腾云洞，“一名太极洞，在县南三十里，乾溪地方，左右有五石，顶有文类太极图，八景太极腾云即此。”兑溪洞，“在县西九十里，洞中宽阔，外壁峻峭，非悬梯引絙不能上，土人避兵其中，水流出灌溉田亩。”① 由此可见，康熙年间，当时人们熟知的龙泉县主要洞穴有3个，分别是野人洞、腾云洞和兑溪洞，主要分布在县城之南。《黔南识略》有相关记载：“腾云洞在城南二十里，又名太极洞，左右有五石，石顶有文，类太极图。野人洞在城南。兑溪洞在城南九十里，内坦外险，土人常避兵其中，洞水可资灌田。”②两相比较，前者记录腾云洞在县南三十里，后者记为“城南二十里”；前者记兑溪洞在县西九十里，后者却记为“城南九十里”。由此看，两书关于腾云洞和兑溪洞的位置明显不同。查阅当代文献，未见有腾云洞和兑溪洞的相关记载，故而无法判断哪部著作的记载为是，只好存疑。事实上，凤冈县绥阳镇玛瑙山也有一巨大的天然溶洞，只是古代文献未加记载，该溶洞可容纳1000人以上，洞内地形复杂，且有不少支洞。据2018年贵州省文物考古所的探测，玛瑙山溶洞有两部分，一部分是中营腹地地下溶洞，洞内较为平坦，宽窄不一，最宽处约35.8米、最高约10.13米，总长度141.65米，③ 由地下溶洞、两个门道和天然竖井组成。溶洞西北侧的门道和溶洞南侧的门道原为一天然溶洞口，人为加工后并配置门框和板门形成门道；溶洞内人为加工形成较为平坦的道路和空间供防御人员退守；另一部分是南营腹部地下溶洞，洞狭窄，长263米，最高11.7米，最宽23米，占地面积约2000平方米，可容纳百余人依次通过，④ 洞内有地下河流，可供玛瑙山营盘防御人员取水。

---

① （清）张其文纂修：康熙《龙泉县志草》（不分卷），康熙四十八年（1709）稿本，载黄家服、段志洪主编：《中国地方志集成·贵州府县志辑》（第38册），巴蜀书社2006年版，第651页。

② （清）爱必达、张凤孙修撰：《黔南识略》，载《中国地方志集成·贵州府县志辑》（第5册），第452页。

③ 李飞：《玛瑙山：考古、文献与口碑》，科学出版社2018年版，64-66页。

④ 何烨：《贵州清代山地军事防御工事：玛瑙山营盘》，中央民族大学出版社2019年版，第51-52页。

绥阳镇玛瑙山营盘遗址中营门洞　罗逸 摄

王寨镇祝家洞　罗逸 摄

何坝镇太极洞　罗逸 摄

当代资料显示，至20世纪90年代，凤冈县已发现有祝家洞、太极洞、无极洞等洞穴86处[①]（见凤冈境内洞穴分布表）。洞穴从土溪镇往南到天桥镇都有分布，东边靠近铜仁市的几个乡镇较多，如绥阳镇、花坪镇、永和镇等。当代学者研究表明：贵州洞穴分布呈西密东疏的分布特征，形成明显的“片状”格局。地层、岩性、构造、气候、水文、海拔等因素主要制约洞穴的分布、数量、空间格局及其发育。全省洞穴分布为遵义—铜仁强影响区、毕节强影响区、黔西南—六盘水强影响区、贵阳—安顺—黔南强影响区、黔东南弱影响区5个区，（参见《贵州范围与洞穴位置分布图》）、《贵州洞穴密布分布图》。遵义-铜仁洞穴群区水系属于外流河水系，绝大部分洞穴分布临河距离较近。[②]

① 资料来源于凤冈县人民政府编：《贵州省凤冈县地名录》，遵义市人民印刷厂1984年印刷，第221-223页。

② 张绍云等：《贵州洞穴空间格局及影响因素分析》，载《地理学报》2016年第11期。

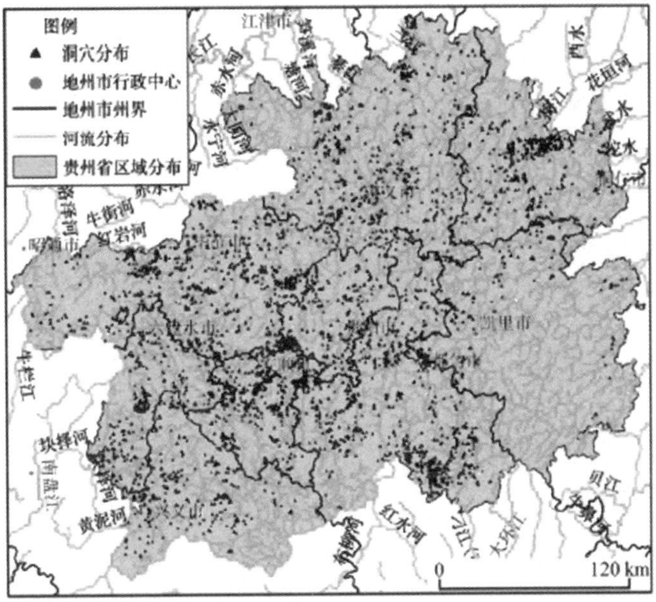

贵州范围与洞穴位置分布图

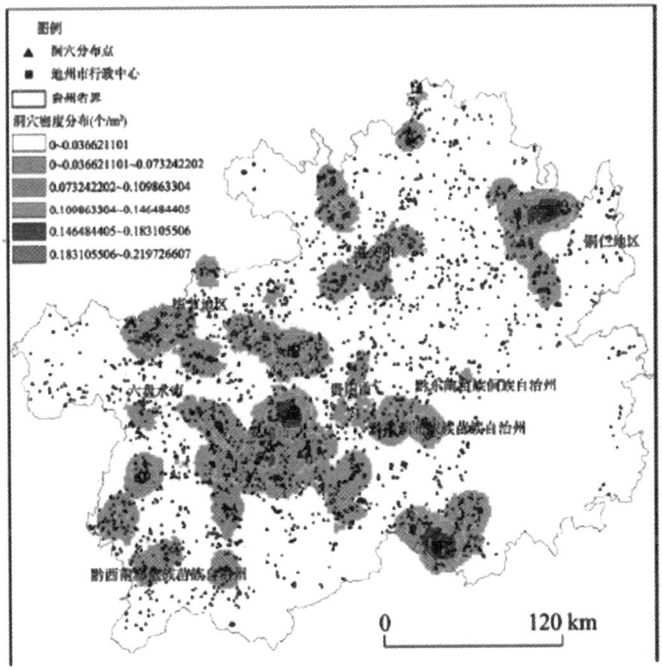

贵州洞穴密布分布图

凤冈境内洞穴分布表

名称	所在镇村	洞高/深度（米）	备　考
太极洞	河坝乡 水河村	3/40	
无极洞	河坝乡 水河村	3/50	
大渗洞	何坝乡 船头村	20/250	
小渗洞	何坝乡 船头村	2/100	
麻湾洞	龙泉镇 西山村	4/40	
麻湾洞	龙泉镇 西山村	4/200	
马鞍山洞	龙泉镇 西山村	6/500	
大麻坡洞	龙泉镇 西山村	6/200	
仙人洞	龙泉镇	5/100	
凉风洞	龙泉镇	3/1000	洞内有水，三条支洞
春其垭洞	土溪镇	4/100	
神仙洞	土溪镇	2/1000	
大银窝	土溪镇 龙台	2/30	
毛家坪洞	土溪镇 龙台	4/300	
高洞	土溪镇 龙台	4/405	
大洞	绥阳镇 金鸡村	4/500	
石板洞	绥阳镇	10/200	
岩蜂窝洞	绥阳镇	5/400	
玛瑙山洞	绥阳镇	6/1000	
打水洞	绥阳镇	2/470	
营盘洞	绥阳镇 新冈	6/400	
舀纸洞	绥阳镇 新冈	3/700	
响水洞	绥阳镇新冈		出水河
凉风洞	绥阳镇 新冈	7/700	
麻湾洞	永河镇 党湾	6/1500	
凉风洞	永河镇 党湾	1.5/400	
秋人洞	永河镇 党湾	3/3000	
大洞	永河镇 党湾	4/1000	
煤洞岩	永河镇 党湾	7/1000	

续表

名称	所在镇村	洞高/深度（米）	备　考
茂溪沟洞	王寨乡 王寨村	3/22	
祝家洞	王寨乡 王寨村	15/150	
观音洞	王寨乡 王寨村	10/80	
千洞	永和镇 双山村	4/1000	
关岩大洞	永和镇	3/5000	
人山洞	永和镇	2/1000	
洞的	永和镇	3.5/1500	此洞由上洞、下洞、稀牙洞组成，统称洞的
大干洞	永和镇	4/500	
小太洞	永和镇	10/700	
鱼潜洞	王寨乡 土璜	10/20	
龙洞口	天桥乡		出水洞
洞湾	蜂岩镇	3/200	
赵家大洞	蜂岩镇	8/350	
观音洞	蜂岩镇小河	8/120	
沙坝洞	蜂岩镇朱场	2/8	
麻烟洞	琊川镇 大都	1/1000	
大龙洞	琊川镇大都	10/60	
风神洞	琊川镇大都	3/100	
石家洞	琊川镇大都	3/300	
麻湾洞	琊川镇大堰	2/150	
洞湾	进化镇	6/200	
消坑洞	进化镇	4/350	
洋叉洞	进化做	4/50	
后洞	进化镇	5/1000	
洞脑壳	进化镇大堰村	8/300	
芭蕉洞	进化镇	5/100	
岗家堡	琊川镇	1.5/35	
佛子洞	琊川镇	2/30	
王岩洞	琊川镇	4/10	

续表

名称	所在镇村	洞高/深度（米）	备　考
响水洞	花坪镇 关口	3/500	
阳井洞	花坪镇关口	3/500	
硝洞	花坪镇关口	10/4000	
氽水洞	花坪镇关口	6/3000	
洋井洞	石径乡青滩	3/500	
大岩洞	石径乡青滩	4/600	
和尚洞	石径乡青滩	3/1000	
太平洞	石径乡	15/1000	
打磨湾洞	石径乡	7/3000	
洞口	石径乡	10/4000	
干田洞	花坪镇茶花坪	6/500	
山王洞	花坪镇茶花社区	6/800	
猪脑孔	花坪镇茶花	4/500	
天眼洞	花坪镇茶花	8/600	
岩灰洞	花坪镇茶花	3. 5/9	
水洞	花坪镇茶花	5/500	
野人洞	花坪镇茶花	5/500	
望东岩洞	花坪镇茶花	4/1000	
洞口	花坪镇茶花	4/500	
白岩洞	花坪镇茶花	8/1500	
麻湾洞	蜂岩镇龙井村田坝	8/100	
穿洞	蜂岩镇龙井村田坝		穿水洞
通大湾	新建乡 桥塘村	2/3000	可容六千人左右，洞内有水
洞口	进化镇	10/300	
国家洞	土溪镇关坝	20/1000	
电光寺洞	土溪镇关坝	4/200	
黄荆洞	永安镇崇新		
吊嘴洞	永安镇新建		

资料来源于凤冈县人民政府编：《贵州省凤冈县地名录》，遵义市人民印刷厂 1984 年印刷，第 221-223 页。

在凤岗山区，还有箐或谷的地貌分布。箐原是指山间的大竹林，后泛指树木丛生的山谷。如关田沟、猫猫湾、水淹凼（山塘）、张坝沟、滑石板沟、杉树坳等。古代龙泉县也有一些以“箐”或“谷”命名的山谷，表明古人已对当地的山谷地貌有了认识。深箐，“在龙泉司，即青竹崖”；黄蜡箐，“在龙泉司东”；穿廉谷，“在龙泉司东”；[①] 嘉靖《贵州通志》在前志基础上，又多了“隘头箐，在司治北”[②] 的记载。《黔南识略》对此做了较系统的总结：“东有青竹崖、玛瑙崖、黄蜡箐，北有隘头箐。”[③] 河流经过的深而狭长的山谷，便称之为峡谷。凤冈最著名的峡谷就是万佛峡谷，从琊川镇万佛山脚下开始，全长约40公里，直到峰岩镇乌江口，两旁峭壁嶙峋，物种丰富，瀑布成群飞流直下，谷中流水清澈透明，可谓原生态的山水秘境。

陈昌霖 摄

汤权 摄

万佛山万佛峡谷

① （明）沈庠修、赵瓒纂：弘治《贵州图经新志》卷6《石阡府》（弘治刻本），载段志洪、黄家服主编：《中国地方志集成·贵州府县志辑》（第1册），巴蜀书社2006年版，第68页。

② （明）谢东山修、张道纂：嘉靖《贵州通志》卷2《山川》，嘉靖三十四年（1555）刻本，载段志洪、黄家服主编：《中国地方志集成·贵州府县志辑》（第1册），巴蜀书社2006年版，第254页。

③ （清）爱必达、张凤孙修撰：《黔南识略》，道光二十七年（1847）罗氏刻本，载贵州省地方志编纂委员会办公室辑：《贵州历代方志集成》（第3册），中国文史出版社2016年版，第110页。

在凤冈县还广泛分布着局部平原，当地人称之为“坝子”。坝子主要分布在山间盆地、河谷沿岸和山麓地带。坝子地势平坦，土地肥沃，是农田、果园、茶园聚集区，对于多山的凤冈来说，坝子具有重要的经济地位。史籍中凤、湄一带也有此类地貌的记载，称其为坪，所谓坪，即平坦的场地。如，乌头坪，“在龙泉司南”；茶坊坪，“在龙泉司北。”① 康熙《龙泉县志草》对中华山有这样的描述：“(古刹) 门前宽垣，周围皆石，……门外一望秀壤，平畴郁葱可爱。”② 由此可见，在中华山的前面，当时是一片平地。尽管古代文献中没有详细记载今凤冈县平地的分布范围，但在田野考察中发现，县境内很多地方都分布有面积大小不一的平地，当地人多称之为坝子，玛瑙山所在的官田寨即在一块面积不小的平坝上。

永安镇飞峰坎远眺 吴应贵

① (明) 沈庠修、赵瓒纂：弘治《贵州图经新志》卷 6《石阡府》(弘治刻本)，载段志洪、黄家服主编：《中国地方志集成 · 贵州府县志辑》(第 1 册)，巴蜀书社 2006 年版，第 68 页。

② (清) 张其文纂修：康熙《龙泉县志草》(不分卷)，康熙四十八年 (1709) 稿本，载黄家服、段志洪主编：《中国地方志集成 · 贵州府县志辑》(第 38 册)，巴蜀书社 2006 年版，第 652 页。

第二节　土　壤

一、光绪《湄潭县志》有关土壤的介绍

土壤是陆地上具有肥力并能生长植物的疏松表层。弘治《贵州图经新志》、嘉靖《贵州通志》、万历《贵州通志》、万历《黔记》、康熙《龙泉县志草》、康熙《湄潭县志》[①]、乾隆《石阡府志》《黔南识略》[②] 等文献几乎未见关于凤冈土壤的记载，唯独光绪《湄潭县志》对该地区土地产量、土地质量、农作物等有部分描述，从中可以领会古人对土壤的认识。本部分即以该志所记相关内容为主略做探讨。

光绪《湄潭县志》云：大竹园，“在两路口场、白岩后，四围皆山，分领为界，惟正北低凹外石椿中间，田不计坵，土不计块，山林不计幅，均业内产，山中出泉可资灌溉，山之麓有壑以消之，诚良田也，每年约出谷百石有奇。”堆塘寺，“亦巨产也，在启里白鹤洞后里许，北面高山数峰，分岭为界，西南二凹，分了为界，惟东越凹循小溪下至罗泉止，界中俱沃田，水出为溪，亦有壑以消之。”此句中的“诚良田也”“界中俱沃田”“巨产也”“每年约出谷百石有奇”等文字，从不同角度说明此地乃是沃壤良田，土壤肥力较高，适宜农作物生长。再如白虎营业，“惟土数幅，出玉蜀黍数斗，田一坵，出谷一挑有零。”由资料看，仅能收获玉蜀黍数斗，稻谷一挑有零，显然产量较低，说明土壤肥力不足。某些土壤与水旱关系密切，如樱桃坪一带，大小水田一百二十二坵、旱地二块，丰年约出谷三百挑，若遇干旱则只能收百余挑、数十挑不等，“盖山高水少也”[③]。显然这类土壤如果没有水，则产出极少，非上等土地。光绪《湄潭县志》对田地还有如下文字：上中下

---

① 康熙《湄潭县志》卷2《月令》（第614页）云：“多种而少获”，说明土壤质量总体上较差。

② 《黔南识略》有“田亩则长碛一带皆山石确荦之地，长水巅一带高下适均，颇称膏腴”之记载。

③ （清）吴宗周修、欧阳曙纂：光绪《湄潭县志》卷3《营建志·公田》，光绪二十五年（1899）初刻、三十年（1904）增补刻本，载段志洪、黄家服主编：《中国地方志集成·贵州府县志辑》（第39册），巴蜀书社2006年版，第466、467、469页。

田、荒熟田、荒芜田、熟田、荒芜山、成熟山、荒熟上田、荒熟中田、荒熟下田、荒熟山田等。这些文字是关于田地质量的划分，实际反映的则是土壤的质量和不同的类型，尽管没有用现代的专业术语。

尽管古代文献中关于土壤的记载与当代不同，但从中也可以看出当时百姓对土壤及其性质已有粗略的分类。光绪《湄潭县志》在有关农桑的部分有较翔实的记载：小土红沙、红油沙、崖粪泥，性煖、耐旱，所种穗大而坚，均为上地；大眼泥、鸭矢泥、白油沙和火石土，性煖、不耐旱，粪之竭力、耕之及时，所种亦穗大而坚，均为中地；大黄泥、白墡泥、豆麵泥蕨巴，泥耕粪不失法，岁亦薄收，是为下地；冷白沙、冷黑沙，虽不失法，薄收亦幸，是为下下地；漕沙泥、黑油沙，不粪自肥，宜菽稷，不可稻；在山坡为上地，地土之宜，刚柔有定，转变不时，惰农矣者。使恶良农，瘠者使肥，是视人力之为。① 此段文字分析了土壤的类型及其质量，即上等土壤为小土红沙、红油沙和崖粪泥，特点是性暖、耐旱，所产作物“穗大而坚”；中等土壤为大眼泥、鸭矢泥、白油沙和火石土，特点是性暖、不耐旱，但如果勤于耕耘、多施粪肥，则所产作物同样“穗大而坚”；下等土壤是大黄泥、白墡泥、豆麵泥蕨巴，这类土地若耕作和施肥得当，也能有微薄的收成；下下等土壤是冷白沙、冷黑沙，如果耕种得好，也会有一点点收成；漕泥沙、黑油沙等土壤，即便不施粪，肥力也较高，但只适宜种菽稷，不适合种水稻，此类土壤的刚柔、美恶、肥瘠等要视人力而定，即付出的人力多，土壤就柔、美、肥，反之则刚、恶、瘠。

该志还有水田、干田、山地，以及土壤施肥等农业知识和经验：水田皆宜稻，干田宜胡豆，山地肥者宜诸豆，高山宜苞谷，山地之新垦者宜小谷，冷湿地宜稗子，干松宜诸菽、米麦，水子稗只宜肥地，包苞、高粱、香麦、小麦、老麦、青稞、爬山豆，种瘠地亦获微收。粪必合土性之寒煖，大粪凉，黄土、红沙地之高燥，宜豕粪同之；马粪热，冷水、冷沙地之卑湿者，宜菜油巴、灰浆泥、大眼泥，宜惟牛粪不择地；柴草灰和溺，宜种高粱、诸豆；石灰、桐油巴，最宜肥瘠田，治田涝、实烂包田，莫煤

① （清）吴宗周修、欧阳曙纂：光绪《湄潭县志》卷4《食货志·农桑》，光绪二十五年（1899）初刻、三十年（1904）增补刻本，载段志洪、黄家服主编：《中国地方志集成·贵州府县志辑》（第39册），巴蜀书社2006年版，第480页。

灰；若胡豆、青（芸薹），性峻，速粪，秧地为上①。

这段文字分析了不同的农作物需要在不同类型的土地上栽种，水田适宜种水稻，干田即旱田适合种胡豆，高山土地宜种苞谷，新开垦的山地则宜种小谷，山地肥者适合种豆类，冷湿地宜种稗子，干松地适宜种豆类和荞麦，水子稗只适宜种在肥沃的土地，苞谷、高粱、香麦、小麦、老麦、青稞、爬山豆等，种在贫瘠土地上都能有微薄的收成。粪肥必须符合土性之寒暖，黄土、红沙土干燥，适宜猪粪与人粪共用，马、羊粪热，适合用于冷水、潮湿的冷沙地、菜油巴（粑）、灰浆泥和大眼泥之类的土壤，牛粪可用于任何土壤，石灰、桐油巴（粑）最能增加贫瘠田地的肥力；如果治理田地伤力、充实烂包田，则可用煤灰喷洒或种胡豆、青芸薹等改善土壤结构。

光绪《湄潭县志》还认为："凡农储粪为至计，来年之粪，来年必先积之。以一屋掘大深坎，瓮以砖石，勿令渗漏。凡牛马粪，悉盛之。又以一屋积灰便，凡埽除之土、烧之灰、糠秕之炱，俱沃之，勿令风雨日星飘落，致散力性。若不胜积，春二月出之，仍坎积，覆以草土，俟以时散。"② 这既表明了积肥的重要性，又说明了积肥的具体方法。土壤可以通过施肥改变结构和肥力，使其更有利于农作物生长，因此，此段关于积肥的方法与土壤有着密切的关系。

光绪《湄潭县志》关于湄潭和凤冈一带土壤的分类、特点的记载十分宝贵，说明当时本地域百姓已经对土壤及其适宜种植的农作物有充分的认识，已经积累了改良土壤的丰富经验。

二、当代凤冈土壤概况

当代资料表明，凤冈土壤共分为 4 个土类，11 个亚类，46 个土属，114 个土种，总面积 179526.7 公顷。4 个土类是：黄壤、石灰土、紫色土、水稻土。若按利用现状分则又可以分为自然土、水稻土、旱作土 3 类。自然土即

① （清）吴宗周修、欧阳曙纂：光绪《湄潭县志》卷 4《食货志·农桑》，光绪二十五年（1899）初刻、三十年（1904）增补刻本，载段志洪、黄家服主编：《中国地方志集成·贵州府县志辑》（第 39 册），巴蜀书社 2006 年版，第 481 页。

② （清）吴宗周修、欧阳曙纂：光绪《湄潭县志》卷 4《食货志·农桑》，光绪二十五年（1899）初刻、三十年（1904）增补刻本，载段志洪、黄家服主编：《中国地方志集成·贵州府县志辑》（第 39 册），巴蜀书社 2006 年版，第 481、482 页。

林地、疏林草地、草地，面积为 116053.3 公顷；水稻土面积 29886.7 公顷；旱作土主要包括粮地、茶园、果园、菜园等，面积为 33586.7 公顷。①

土溪镇官坝村春耕忙　吴应贵 摄

就土壤的分布情况看，A. 黄壤亚类：硅铁质黄壤土属主要分布在龙山、进化、红安、土溪、小河、桃坪、龙凤、天桥、茶花、石径、关口、永和、党湾、星竹、王寨、土璜；黄壤亚类铁铝质黄壤土属主要分布在蜂岩、龙凤、天桥、关口、党湾、永和、龙山；黄壤亚类四系黏土土属分布在永和、六里等地。B. 粗骨黄壤亚类：主要分布在桥塘、新建、天桥、漆坪、关口等地。C. 黑色石灰土亚类：白云岩黑色石灰土属分布在崇新、田坝、新建、桥塘、永安、官田、大堰、大都、进化、琊川、红安、土溪、新岗、桃坪、小河、漆坪、茶花、花桥、石径、青滩、双山、土璜、王寨、永和、西山等地；石灰岩黑色石灰土属分布在新建、龙山、官田、新岗、漆坪、桃坪、茶花、石径、双山、党湾、永和、土璜、王寨、柏梓、何坝、船头、小河、西山。D. 黄色石灰土亚类：黄色石灰土属分布在金鸡、绥阳、龙台、土溪、官田、朱场、花桥、石径、王寨；淋溶石灰土属

① 本部分资料来源于贵州省凤冈县地方志编纂委员会编：《凤冈县志》（1978—2007），方志出版社 2011 年版，第 62-62 页。

分布在龙山、桥塘、新建、进化、土溪、柏梓；硅镁质淋溶石灰土属分布于柏梓、龙泉、双山、星竹、永和、青滩、琊川、大都、大堰、崇新、永安等；淋溶黄色石灰土属分布在柏梓、永和、田坝；黏性次生黄色石灰土属主要分布在柏梓等地。E. 酸性紫色土亚类：酸性紫色泥土属主要分布在进化、琊川、绥阳、新岗、关口、桃坪、小河、船头、水河等地；酸性紫色砂土属主要分布在水河一带。F. 中性紫色土亚类：主要分布在天桥、何坝、柏梓等地。G. 钙质紫色土亚类：钙质紫色土属主要在天桥；钙质紫色砂土属分布在船头、西山、何坝、水河等地。H. 潴育型水稻土亚类：分布在新岗、金鸡、崇新、土溪、水河等局部地区。I. 潜育型水稻土亚类：分布在大都、永和、柏梓、茶花、关口、石径等，其中鸭矢泥土属分布永和、水河、西山等；青紫泥土属分布在青滩、茶花、冷浸田分布于大都、永和、双山、西山、茶花、关口、石径、朱场等地；烂泥田分布在漆坪洼地。J. 淹育型水稻土亚类：面积最大，遍布全县，主要地区为蜂岩、朱场、桃坪、龙凤、龙泉、田坝、崇新、永安、龙山、新建、新岗、绥阳、龙台、土溪、关坝、金鸡、河头、大都、大堰、红安、琊川、进化、永和、双山、党湾、星竹、王寨、土璜、何坝、水河、船头、西山、茶花、石径、青滩等地。

永安镇田坝村茶林相间　汤权 摄

凤冈土壤质地优良，14 个乡镇的土壤富含锌、硒两种元素，土壤每千克含锌 58. 9-120. 3 毫克不等，土壤每千克含硒 0. 07-0. 75 不等，利于发展生态农业，运用现代科学技术与现代管理手段以及传统农业的有效经验，可以获得较高的经济效益、生态效益和社会效益。

就分布特点看，主要由土壤的自然状况及人为因素所决定：林地多数离村较远，地形条件复杂，坡脚为厚层土，坡中为中层土，坡顶多薄层土，村寨附近丘陵缓坡上常有少量林地和牧地；村寨周围的薄层土多灌丛草地；园地多集中于丘缓坡厚土上，稻田聚集在便于灌溉、施肥、耕作、栽培、管理的村寨周围；梯田下部多为朝油泥、油大眼黄泥、油大眼泥，地下水位高，长期渍水，连年泡冬，冷浸水灌溉，地势低洼，排水困难的地方多为青潮泥、鸭矢（屎）泥、冷浸田、烂泥田。排水、灌溉、施肥、耕作较差的离村稍远的地方，多为潮泥、黄泥、大土泥、紫泥。旱作物，根据不同成土母岩形成不同土壤，在村寨周围，坡下部地势平坦，土层深厚，耕作、栽培、管理精细，施肥水平较高，多形成高产型土壤，反之则

土溪镇土溪坝稻谷飘香　罗

是中低产型土壤。[1] 仔细阅读上述资料，我们既能从中看到光绪《湄潭县志》所载有关土壤的内容如鸭屎泥、紫泥，以及不同土壤类型适合不同农作物等信息，又能看到许多新的术语和名词，这表明当代人对凤冈土壤的认识既有继承又有创新和发展。

绥阳镇土地肥沃，雨量充沛，又有黄泥塘水库灌溉之利，农业生产条件较好，主要生产水稻、小麦、小麦、油菜、茶叶、薯类、烤烟等，农民较为富裕。

① 贵州省凤冈县地方志编纂委员会：《凤冈县志》，贵州人民出版社 1994 年版，第 101 页。

下　编

凤冈县历史人文地理

——以玛瑙山为中心

玛瑙山营盘全景　汤权　摄

“人文”一词在我国有着悠久的历史，先秦古籍《易·贲》云：“分刚上而文柔，故小利有攸往，天文也。文明以止，人文也。观乎天文，以察时变。观乎人文，以化成天下。”① 所谓“天文”意即自然规律、自然现象；所谓“人文”即文明文化，是人类改造和征服自然过程中创造的成果。古人将“天文”与“人文”相提并论，就是把自然规律和文明文化合二为一，就是把自然变化的规律和人类活动的规范等同起来看待，表明中国古人已经注意到了人与自然的密切关系。由此而言，我国古代先民很早就重视历史人文地理现象。不仅如此，汉代著名典籍《史记·货殖列传》《汉书·地理志》对战国至西汉以来各地的农工产业、商业贸易、城市交通、民俗风情等人文地理要素及其区域差异，都有极为生动的叙述，既写出了各区域的特点，又阐述了区域之间的联系和影响，同时还分析了各地区经济、文化差异的环境因素和历史渊源。汉代以后的《南齐书·州郡志》《隋书·地理志》《宋史·地理志》《舆地记胜》和《方舆胜览》等文献，不同程度地保留着一些人文地理信息，这既是十分宝贵的历史人文地理资料，也是我国古代重视历史人文地理的具体表现。明代中期以后，随着商品经济的发展和交通贸易的繁荣，地区经济、人文之间的差异日益凸显，学者们对人文地理的现象的注意明显超过以往，邱浚《大学衍义补》、章潢《图书编》、谢肇淛《五杂俎》、顾炎武《天下郡国利病书》、李培《灰画集》、王士性《广志绎》，以及清代刘献廷《广阳杂记》等，无论是资料辑录还是论述都保留了大量历史和当代的人文地理资料②，进一步彰显了历史人文地理的重要价值。由此而言，玛瑙山历史人文地理既能够积累资料还可以丰富相关研究。

历史人文地理是研究地球表面人类活动（精神和物质）或人与环境之间关系所形成人文现象的分布、变迁及其地域差异的一门学问。人类在生产劳动的过程中，必然要从事政治、军事、经济、人口、民族、聚落、商业、交通、文化、旅游、社会生活等多种多样的活动，这些活动与地理环境之间形成的空间分布、变迁及其规律，则是人文地理研究的具体内容③。

本编对玛瑙山历史人文地理的探讨将主要围绕政治、经济、交通、文

① 朱熹注解：《周易》，上海古籍出版社 1987 年版，第 22 页。

② 邹逸麟主编：《中国历史人文地理》，科学出版社 2001 年版，第 10 页。

③ 邹逸麟主编：《中国历史人文地理》，科学出版社 2001 年版，第 10 页。

化、民族、军事等内容展开。

需要说明的是，和上编一样，由于历史时期玛瑙山的资料有限，且现实是历史的延续，当代的人文地理状况一定程度可以反映历史时期的人文地理概貌，故而本编将有一部分的近现代资料作为古代资料的有益补充。此外，由于玛瑙山位于凤冈县绥阳镇，凤冈县和绥阳镇的人文地理状况某种意义上就是玛瑙山的人文地理状况，故而本编亦将引用大量资料介绍凤冈县和绥阳镇相关人文概况。需要强调的是，本编所用资料，除了古代文献外，主要来自《凤冈县志》[①]《凤冈县志（1978—2007）》[②]《凤冈县军事志》[③]《玛瑙山官田寨》[④]，以及部分专家学者们公开发表的文章、文稿或发表的且经过核实的网络资料等。限于篇幅和行文，除非特殊需要，来自三部志书的资料一般不再一一标注。在此，向上述志书的编纂者、组织机构和网络作者表达特别的感谢和敬意。

根据掌握的资料和内容之间的关联度，本编将政治和经济作为一章，民族和文化作为一章，交通和军事作为一章。

绥阳镇玛瑙山金秋　罗逸 摄

① 贵州省凤冈县地方志编纂委员会：《凤冈县志》，贵州人民出版社 1994 年版。
② 贵州省凤冈县地方志编纂委员会：《凤冈县志（1978—2007）》，方志出版社 2011 年版。
③ 贵州省凤冈县军事志编纂委员会：《凤冈县军事志》（内部资料），2007 年印刷。
④ 凤冈县旅游事业局编、吴正光主编：《玛瑙山官田寨》，贵州人民出版社 2008 年版。

第四章　历史时期凤冈县政治和经济的变迁

第一节　历史时期凤冈县政区沿革

一、县域、政区及其沿革

玛瑙山位于凤冈县绥阳镇东北部，隶属绥阳镇玛瑙村管辖，主体在原安坝村，2001年村级机构撤并后归属玛瑙村。玛瑙山距凤冈县城约22公里，距绥阳镇政府办公所在地永盛社区约2公里，与务川县、德江县相连。有学者认为，玛瑙山既可以理解为一个片区的称谓，也可以理解为一座山的名字，其周边主要是钱氏多年居住的若干村寨，统称为官田寨；官田寨既可以理解为以“官田寨”为代表的若干钱氏村寨的统称，也可以理解为对曾经出过许多官员、拥有许多“官田”的一个农村小寨的称呼。[①] 玛瑙山主要组成部分是玛瑙山营盘遗址，该遗址占地面积300余亩，共有大小7座山头构成。

由于玛瑙山属凤冈县及下辖的绥阳镇，故而本节将介绍凤冈县和绥阳镇的有关情况，以增加读者对玛瑙山的理解和认识。

（一）凤冈县域、政区及其沿革

凤冈县位于贵州省东北部，东邻德江县、思南县，南接余庆县、石阡

---

① 凤冈县旅游事业局编、吴正光主编：《玛瑙山官田寨·前言》，贵州人民出版社2008年版，第1页。

县，西邻湄潭县，北接务川县、正安县，县域面积1883平方公里。县政府所在地龙泉镇距遵义市城区110公里，距省会贵阳市274公里①，距湄潭县城40公里，距余庆县城120公里，距务川县城74公里，距铜仁市所属思南县城96公里、德江县城53公里。境内有杭瑞（杭州—瑞丽）高速公路、326国道公路通过，是遵义市东大门。

据凤冈县政府网介绍，凤冈置县前，战国时属楚地，秦为黔中郡地，汉属牂牁，晋属夜郎，隋属明阳县，唐时先后属义州、夷州、智州、思州，唐末陷为“蛮地”，宋属羁縻思州安夷县，元置大保龙泉长官司，治所即今凤冈县，明初属思南宣慰司，后改隶石阡府。明万历二十九年（1601）废龙泉长官司置龙泉县，仍属石阡府，清袭明制未变，历经清代至民国。

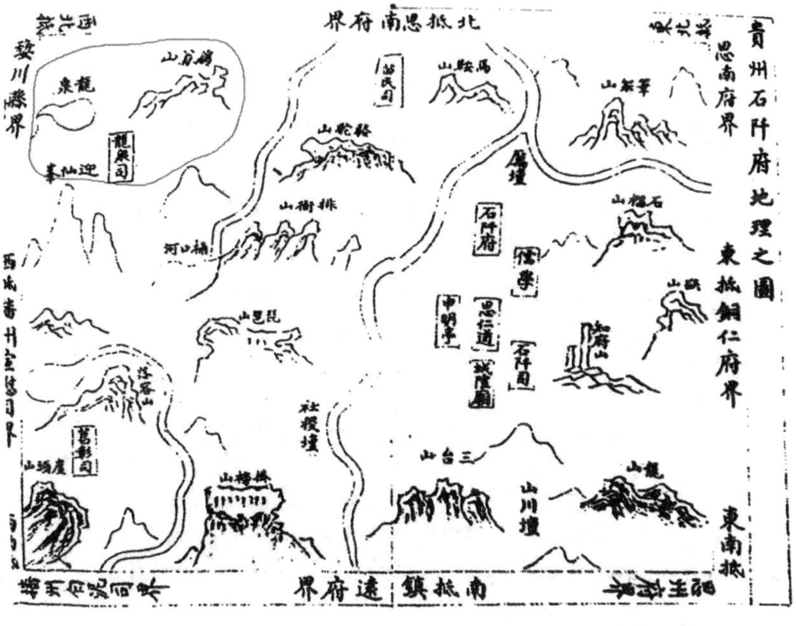

弘治《贵州图经新志》所见龙泉（凤冈）位置示意图②

① 也有资料说全县面积1885.09平方公里，距离贵阳224公里、遵义96公里。参见凤冈县人民政府网·凤冈县地理位置（http://www.gzfenggang.gov.cn/zjfg/dlwz/201707/t20170703_2681708.html）。

② 示意图源自（明）弘治《贵州图经新志》卷5《石阡府》，载黄家服、段志洪主编：《中国地方志集成·贵州府县志》（第1册），巴蜀书社2006年版，第65页。注：图中画圈的标识部分即为今凤冈县大致位置。

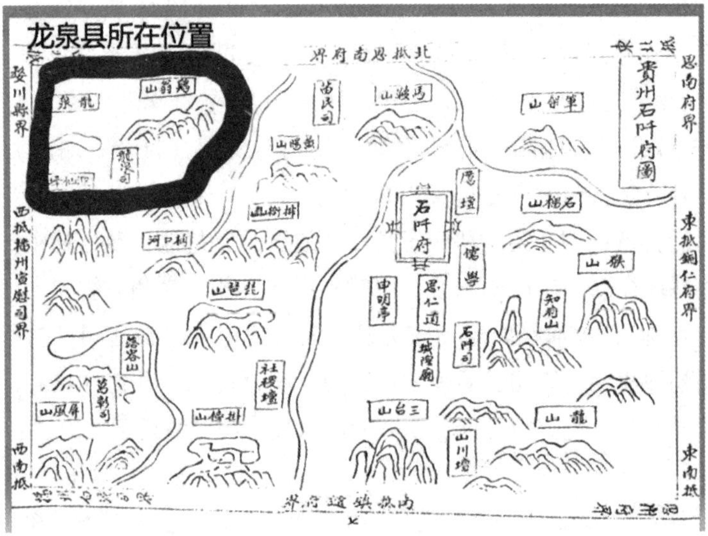

嘉靖《贵州通志》所见龙泉（凤冈）位置示意图①

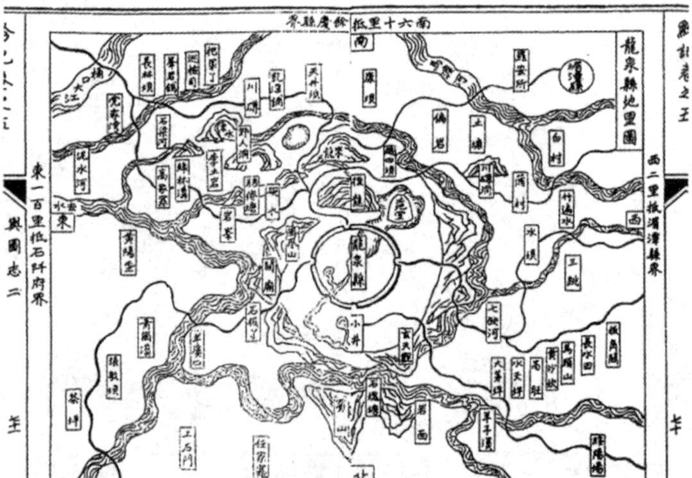

万历《黔记》所见龙泉（凤冈）县地理图②

---

① 示意图源自（明）嘉靖《贵州通志》卷1《地图》，载黄家服、段志洪主编：《中国地方志集成·贵州府县志》（第1册），巴蜀书社2006年版，第201页。注：图中画圈的标识部分即为今凤冈县大致位置。

② 示意图源自（明）郭子章撰《黔记》（万历）卷5《舆图志二》，载黄家服、段志洪主编《中国地方志集成·贵州府县志辑》（第2册），巴蜀书社2006年版，第113页。

《黔南识略》记载："龙泉县在府治西二百四十里，省城东北七百三十里。汉为武陵、牂牁二郡地，隋为明阳郡地，唐为夷州地，宋为珍州地。元于龙泉坪设思州安抚司。明洪武七年（1374）置龙泉长官司，改属思州宣慰司。永乐十二年（1414）改属石阡府，万历二十九年（1601）改为龙泉县，国朝因之。"① 民国二年（1913）9 月更名凤泉县，属镇远道（亦称黔东道），民国十九年（1930）更名凤冈县，民国二十四年（1935），贵州省设 11 个行政督察区，县属第六行政督察区，专员公署设于思南，民国二十六年（1937）划入第五行政督察区，专员公署设于遵义，至民国三十八年（1949）12 月前未变更。1949 年 12 月 1 日，凤冈县人民政府（简称县政府或凤冈县政府）成立，隶属贵州省遵义地区行政公署（1997 年 6 月，经国务院批准，撤销遵义地区行政公署，设立地级遵义市人民政府；1997 年 12 月 18 日，遵义正式撤地设市）。1958 年 12 月，撤销凤冈县建制并入湄潭县，1961 年 8 月 16 日恢复凤冈县制，隶属遵义地区行政公署。1997 年至今，隶遵义市人民政府②。

历史时期的凤冈曾名龙泉县，一度归属思州宣抚司、石阡府、湄潭县管辖。明代弘治《贵州图经新志》曰："龙泉坪长官司，在府城北一百七十里。"③ 据康熙年间成书的《龙泉县志草》云："龙泉县，东至安化县（即今贵州德江县）界三十里，西至湄潭县界三十里，南至余庆县界三里，北至务川县界五十里④。" 乾隆《石阡府志》曰："龙泉坪长官司，在府西一百二十里。" ⑤又据嘉庆《重修一统志》卷 505《石阡府·建制沿革》记载："龙泉县，在府城西二百五十里，东西距六十里，南北距一百里，东至思南府安化县界三十里，西至平越州湄潭县界三十里，南至平越州余庆

---

① （清）爱必达、张凤孙等修纂：《黔南识略》，载《中国地方志集成·贵州府县志辑》（第 5 册），巴蜀书社 2006 年版，第 452 页。

② 凤冈县人民政府网·历史沿革（http://www.gzfenggang.gov.cn/zjfg/lsyg/201707/t20170703_2681700.html）。

③ （明）沈庠修、赵瓒纂：弘治《贵州图经新志》卷 6《石阡府》（弘治刻本），载段志洪、黄家服主编：《中国地方志集成·贵州府县志辑》（第 1 册），巴蜀书社 2006 年版，第 72 页。

④ （清）張其文纂修：康熙《龙泉县志草》，康熙四十八年（1709）稿本，载黄家服、段主编：《中国地方志集成·贵州府县志辑》（第 38 册），巴蜀书社 2006 年版，第 650 页。

⑤ （清）罗文思：乾隆《石阡府志》卷 2《舆地志·图考》，载贵州省地方志编纂委员办公室辑：《贵州历代方志集成》（第 39 册），中国文史出版社 2016 年版，第 399 页。

县界五十里，北至思南府务川县界五十里，东南至本府界一百二十里，西南至遵义府遵义县界一百一十里，东北至思南府印江县界五十里，西北至遵义府正安州界一百里①”。对比上述文字中关于龙泉县的四到八至，明显不同有两处：一是乾隆《石阡府志》记载龙泉坪长官司在府西一百二十里，嘉庆《重修一统志》称龙泉县在府城西二百五十里，看起来出入很大，经过仔细推敲，我们认为其中的原因大概是前者所说距离是两个行政区域临界的距离，后者可能是政府驻地之间的距离。另一个显著不同的是《龙泉县志草》称“南至余庆县界三里”，与嘉庆《重修一统志》所说“南至平越州余庆县界五十里”出入颇大，相差四十七里。即便政区调整剧烈，也不至于如此，况且均是清代文献所记。在我们看来，嘉庆《重修一统志》所记五十里当是正确的，因为县城与邻县之间的距离不至于会如此之近。当然，与当代凤冈与周边县级政区的距离相比，数据之间的差距同样不小。众所周知，凤冈所处的地理位置是固定不变的，之所以四至八到有所变化，主要是因为时人根据县城的不断扩大以及实际需要调整了版图的结果。另据嘉庆《重修一统志》所记，龙泉县城修建于明万历十二年（1584），当时的县城面积大约“二里有奇”，约相当于今 0.6 平方公里，或是 900 亩左右。有意思的是，乾隆《石阡府志》称：“龙泉司治，永乐十一年建，今废。”②历史时期的龙泉坪司治所即今凤冈县城，此句中的“今废”或许被读者理解为今凤冈县城在乾隆年间被废掉，实则不然，此语所谓“今废”应是指龙泉坪司的官府衙门不存在了，因为万历二十九年（1601），龙泉坪长官司裁撤，归为龙泉县③，故而官府衙门亦被废掉。《黔南识略》云：龙泉县，“其境东至思南府安化县属黄泥堡界三十里；西至平越直隶州湄潭县属黄沙界三十里；南至平越直隶州余庆县属松烟铺界七十里；北至思南府务川县属茅笼界五十里；东南至本府黄心树界五十里；西南至遵义府遵义县属黄家坝界一百一十里；东北至思南府印江县属朱家

---

① 清仁宗敕撰：嘉庆《重修大清一统志》卷 505《石阡府·关隘》，上海书店影印四部丛刊本 1984 年版，无页码。

② （清）罗文思：乾隆《石阡府志》卷 2《舆地志·沿革》，载贵州省地方志编纂委员办公室辑：《贵州历代方志集成》（第 39 册），中国文史出版社 2016 年版，第 399 页。

③ （清）罗文思：乾隆《石阡府志》卷 2《舆地志·沿革》，载贵州省地方志编纂委员办公室辑：《贵州历代方志集成》（第 39 册），中国文史出版社 2016 年版，第 406 页。

场界五十里；西北至遵义府正安州属河包场界一百里。广袤约三百里。县城为明万历三十二年（1604）建，周一里三分，计三百六十一丈，高一丈八尺，瓷以石，门四。”[①] 此段文字较为详细地记述了龙泉县的四到八至，尤其是关于县城城墙的信息，最为全面。

据凤冈县汤权先生所著《凤冈历史沿革初考》研究，凤冈县域古属“西鄙”之地，隋始建明阳郡，下设明阳县、绥阳县；唐置夷州，先后下设明阳、绥阳、鸡翁、都上、珊川、芙蓉、胡刀、绥养、宁夷等县，唐末陷为“蛮”地；宋初为“羁縻”思州安夷县，后为安夷堡直至元；明洪武七年（1374）始置龙泉长官司，隶石阡府；明万历二十九年（1601）建龙泉县，民国二年（1913）更名凤泉县，民国十九（1930）更名凤冈县沿袭至今。地方学者对凤冈政区沿革的梳理，记述了凤冈有着悠久的历史，建县已有四百多年。

殷周时期，今黔北皆地处西南蛮夷之地。春秋时期，凤冈位于鳖国中心（今遵义老城一带）略偏东位置。战国时期，今黔北地处濮人（仡佬族先民）所建的大夜郎国之东北角。秦汉时期，统一的多民族国家形成，废分封，行郡县制，今黔北仍处于“化外”蛮夷之地。隋朝设置明阳郡，今凤冈县境属于该郡，有学者认为该郡治所在今绥阳镇场集旁之绥阳二小，旧称“城址”的地方，至今还能见到数百米丈余宽的夯土城墙与城沟遗迹。此即凤冈境内设置行政机构的开端，距今1400多年。这一时期，今凤冈地域多属明阳郡所辖之明阳县辖地（明阳县治所与郡治同地）。唐朝将隋明阳郡原领绥阳县地置夷州，领辖绥阳（州治绥阳县，今凤冈西北）、都上（今凤冈、湄潭间）、义泉（今绥阳县东南边境）、洋川（今绥阳县北）、宁夷（今凤冈东南边境）五县[②]。据唐代著名学者李吉甫《元和郡县图志》卷30《江南道六》载：夷州，“本徼外蛮夷之地，自汉至梁、陈并属牂牁郡。历代恃险，多不宾附。隋大业七年（611）置绥阳县，属明阳郡，唐武德四年（621）改为夷州，唐贞观元年（627）废，四年（630）于黔州都上县（治所位于今凤冈县珊川镇大都坝）复置。州境：东

① （清）爱必达、张凤孙等修纂：《黔南识略》，载《中国地方志集成·贵州府县志辑》（第5册），巴蜀书社2006年版，第452页。

② 何柱承、谢尊修：《遵义地区志》，贵州人民出版社1992年版，第3-4页。

西二百九十里，南北二百九十里。八到：东北至上都取江陵路四千一百五十五里，北取当州路三千七百里。东北至东都二千九百四十五里，西南至播州二百四十里，东北至涪州四百里，北至黔州五百八十里，东至费州三百里。贡、赋：开元贡：斑布。赋：粗布。元和贡：葛粉三十斤。管县五：绥阳、都上、义泉、洋川、宁夷。绥阳县，中下。郭下。本汉牂牁郡地，隋大业十二年（616），巴郡丞梁粲招慰所置。绥阳山，在县北二十九里，县以为名。都上县，中下。西北至州五十里。本汉牂牁郡地，隋大业十二年（616）招慰所置。其处是酋豪首领都集之所，因以为名。义泉县，中下。东北至州一百里，隋大业十二年（615）招慰所置，以带山泉为名，属义州。武德中于此置牢州，贞观十七年（643）州废，以县属夷州。洋川县，中下。东至州一百里，武德二年（619）于今县东北置，属牢州，贞观十四年（640）于今理置。宁夷县，中下。西北至州一百九里，隋大业八年（612）置，属明阳郡，武德四年（621）属夷州，永徽后废。”① 此段文字是较早较为翔实记载与凤冈和绥阳镇有关的文字，辑录于此，便于读者对凤冈和绥阳镇悠久历史的了解。

玛瑙山距绥阳镇仅 2 公里，故而绥阳镇的政区变迁史一定意义上就是玛瑙山政区的变迁史。据《元和郡县图志》所载，时在今琊川镇境地置琊川、胡刀县，在今永和镇境地鸡翁山下置鸡翁县，在今永安镇境地绥阳山下置绥阳县，这是今凤冈县境内置中央王朝统管下的郡、州、县行政机构最早繁盛阶段。唐时绥阳县辖今凤冈县大部，正安县、绥阳县、湄潭县、务川县之一部分。有学者认为治所曾位于今永安镇田坝村土城，今还保存有上百米土夯城墙，其西数里为唐“绥阳山”高峰，海拔 1270 米，唐时绥阳县因山而名。

唐末五代，夷州再次陷入地方少数民族豪酋之手。乾隆《贵州通志》载：“贞观四年（630）所置夷州也。唐末，复陷为蛮夷，宋初为羁縻夷州”。北宋初期，夷州属羁縻夷州，朝廷对其地实施羁縻笼络政策，即由地方土著首领执掌政权，对朝廷纳贡效忠。北宋中后期，在置（羁縻）安夷州，属思州地。《贵州古代史》记载：“公元一一〇七年（宋徽宗大观元年），土著首领田祐恭入朝。公元一一一八年（宋徽宗重和元年），以其地

① （唐）李吉甫撰、贺次君点校：《元和郡县图志》，中华书局 1983 年版，第 739-740 页。

置思州，置领务川、邛水、安夷三县。公元一一二二年（宋徽宗宣和四年），废州县，其地以务川城、邛水堡、安夷堡为名，拨属黔州。公元一一三二年（南宋高宗绍兴二年），复置思州三县，以田祐恭为守令，治务川，为羁縻州。务川县，并非隋唐旧地，乃是田氏故居所在，指以为州治，而用隋、唐县名，即今务川。安夷县为唐宁夷县旧地，在今凤冈东南。邛水县，在今石阡西南部。”① 上述资料表明，在宋徽宗大观元年（1107），今凤冈县曾改名为安夷县，隶属思州；宋徽宗宣和四年（1122）又以安夷堡之名归属黔州，绥阳县改隶珍州。宋高宗绍兴二年（1132），又复名安夷县，由思州管辖。也就是说，包括玛瑙山在内的凤冈县在宋代反复被划拨属地，变动频繁。

元朝建立后即在西南推行土司制度，凤冈之地逐渐演化为土司统治区域。据嘉靖《思南府志》、嘉靖《贵州通志》等资料记载：原思州于至元十四年（1277）置新军万户府，随即改为思州军民安抚司，治所自务川徙于龙泉坪，即今德江县龙泉乡小谷庄。后因司治毁于火，又徙治都坪清江城。至元十八年（1281），思州军民安抚司升为思州宣慰司。乾隆《石阡府志》收录的《龙泉坪长官司考》云：“隋为义泉县，属明阳郡。唐武德二年（619）改属义州，贞观十一年（637），改智州为牢州，徙治龙泉坪。宋为珍州地，元置大保龙泉长官司，属思州宣抚司，永乐十一年（1413）改属石阡府，万历二十九年（1601）裁，龙泉坪长官司为龙泉县，仍属于府，编户一里。”②此段文字说明了龙泉坪长官司和龙泉县之间的关系，即龙泉坪长官司治所在龙泉县，即今凤冈县城，管辖龙泉县，后裁撤与龙泉县合二为一。又据清道光《安化县志》及今《贵州古代史》载：“思州宣慰司领一宣抚司（思州）、二府（镇远府、黎平府）”。③ 时凤冈承袭宋为思州宣慰司辖地，隶思州宣抚司领属安化蛮夷司。时思州宣慰司治与思州宣抚司治同地，即都坪清江城（今岑巩旧城）。

明朝建立之初，在西南仍袭元朝旧制，继续推行土司制度。随着政权的逐渐巩固，明朝在元朝土司制度的基础上“大为恢拓”，而“法始备

① 周春元编著：《贵州古代史》，贵州人民出版社1982年版，第149−150页。

② （清）罗文思：乾隆《石阡府志》卷2《舆地志·沿革》，载贵州省地方志编纂委员办公室辑《贵州历代方志集成》（第39册），中国文史出版社2016年版，第399页。

③ 周春元编著：《贵州古代史》，贵州人民出版社1982年版，第158页。

焉”，对土司的控制更加严密和完备。据《明太祖洪武实录》载：“洪武七年七月戊辰（初五）（1374 年 8 月 12 日）置思州龙泉坪长官司”。[①] 司治即今凤冈龙泉坪，隶思州宣慰司。

明永乐十一年（1413），贵州思南宣慰使田宗鼎与思州宣慰使田琛，因争沙坑地，发生战争，明朝廷屡禁不止，命顾城率兵讨伐。“十二年（1414）遂分其地为八府四州，贵州为内地，自是焉。两宣慰废，田氏遂亡”。[②] 在思州、思南分设四州八府基础上设立了贵州布政使司，“而以长官司七十五分隶焉，属户部。置贵州都指挥使，领十八卫，而以长官司七隶焉，属兵部”[③]。“龙泉坪”长官司改隶贵州布政使司领下之石阡府属“龙泉”长官司；明万历二十九年（1601），龙泉长官司被改为龙泉县，隶属石阡府，此为凤冈县建县之开端。贵州行省的建立在贵州历史上具有划时代的意义，标志着贵州与内地一样的治理体制，有利于贵州经济文化的发展，有利于贵州各族人民与中原的联系。内地人民大量移居贵州，带来了先进的生产技术，与贵州人民一道共同发展生产，促进了贵州经济文化的进一步发展。建省前贵州大多是土司统治区，朝廷把贵州作为经略西南的重要地带，所以在贵州建省，随着朝廷“土流并治”的加强和若干土司被逐步改土归流，中央政府的权力不断深入贵州。龙泉县的建立亦具有历史进步意义，此时的安氏为土县臣，已无实权，地方政权已收归中央管辖。

清代仍为龙泉县，属石阡府。

---

① 转引自贵州省民族研究所编：《明实录贵州资料辑录》，贵州人民出版社 1983 年版，第 10 页。

② （清）张廷玉等撰：《明史》卷 316，列传第 240《贵州土司》。中华书局，2000 年版，第 5476 页。

③ 周春元编著：《贵州古代史》，贵州人民出版社 1982 年版，第 218-219 页。

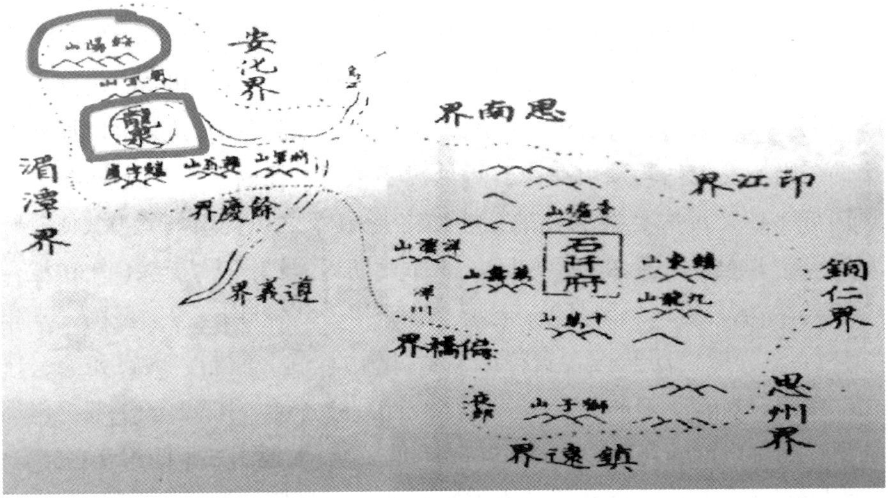

清嘉庆《重修大清一统志》所载龙泉县位置示意图①

光绪《湄潭县志》所载绥阳镇位置示意图②

---

① 示意图源自（清）嘉庆《重修大清一统志·石阡府》。图中圈出来的即是今凤冈县所处位置，另一处“绥阳山”即是今绥阳镇及玛瑙山所在的大致位置。

② 示意图源自（清）吴宗周修、欧阳曙纂：《湄潭县志》（光绪）卷1《地理志·舆图》，载黄家服、段志洪主编：《中国地方志集成·贵州府县志》（第39册），巴蜀书社2006年版，第414页。注：图中画圈的标识部分即为今绥阳镇大致位置。

民国年间，调整县治版图，划进划出频繁。民国二年（1913），废府州建置后，改“龙泉县”为“凤泉县”（取县城处“凤凰山下龙泉畔”之意），隶贵州黔东道。民国五年（1916），废除里甲团总制，县设立11个行政区，下设13个团防区。民国十二年（1923）直隶贵州省。民国四年（1915），凤泉县与邻县两次相互调整插花地，互相拨出、拨入，时原属湄潭的绥阳场（包括玛瑙山在内）等处拨入凤冈；民国三十一（1942年），凤冈与邻县又再次互拨插花地，才使之形成今之凤冈县行政区划疆域。1926年，凤泉县设置8个行政区、11个团防区。民国十九年（1930年），“凤泉县”更名为“凤冈县”，至此，“凤冈”一名沿用至今。民国二十年（1931年），撤销团防区，实行区、乡（镇）、间、邻制，增设龙泉、琊川、绥阳、永隆（乏永安）镇，县设8个区87个乡936间4681邻，玛瑙山所在的绥阳镇成为新增设的基层行政机构之一。民国二十四年（1935），

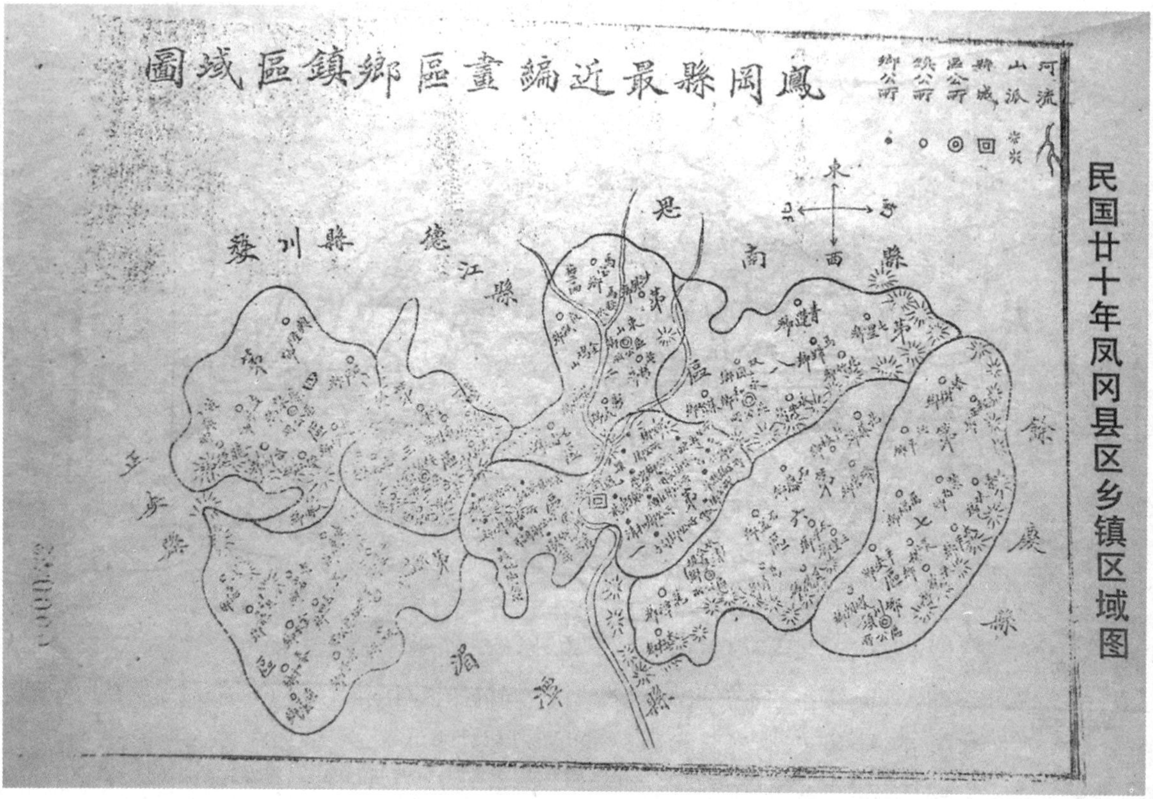

民国廿十年凤冈县区乡镇区域图

省设立行政督察区，凤冈县设 4 个行政区，辖 33 个联保，210 个保，2231 个甲。民国三十年（1941 年），撤行政区和联保，将原来 33 个联保撤并为 17 个，即龙泉、花坪、向石、向新、石潭、会龙、积福、绥江、永安、龙凤、星竹、花屯、万太、大甘、治经、琊川、黄荆树。民国三十二年（1943），贵州实行新县制，联保改称为乡（镇），凤冈领 17 个乡（镇）。

综上可知，民国时期凤冈行政区划演变较为频繁，不时地进行调整，政区的稳定性不强，其中绥阳镇亦时而设置时而废除，这不可避免会影响到其所辖玛瑙山行政区划的稳定。

中华人民共和国成立初期，1949 年 12 月，凤冈县设三个区 17 个乡（镇）公所，其中第三区区公所设在绥阳镇，属遵义地区。1950 年 4 月，由 3 个区分设为 6 个区，是年 7 月再次扩建为 8 个区，其中第三区仍设在绥阳。1952 年 6 月至 1953 年 11 月，将 17 个乡（镇）扩建为 80 个乡（镇），其中三区辖驻地依然在绥阳镇。1958 年 12 月，撤销县置并入湄潭县，原 7 个区撤并为 6 个人民公社、59 个管理区。有凤冈公社、琊川公社、绥阳公社、花坪公社、永和公社、蜂岩公社，其中绥阳公社辖官田等管理区。

清末～1958 年凤冈县城及近郊示意图　　绘图　汤天生

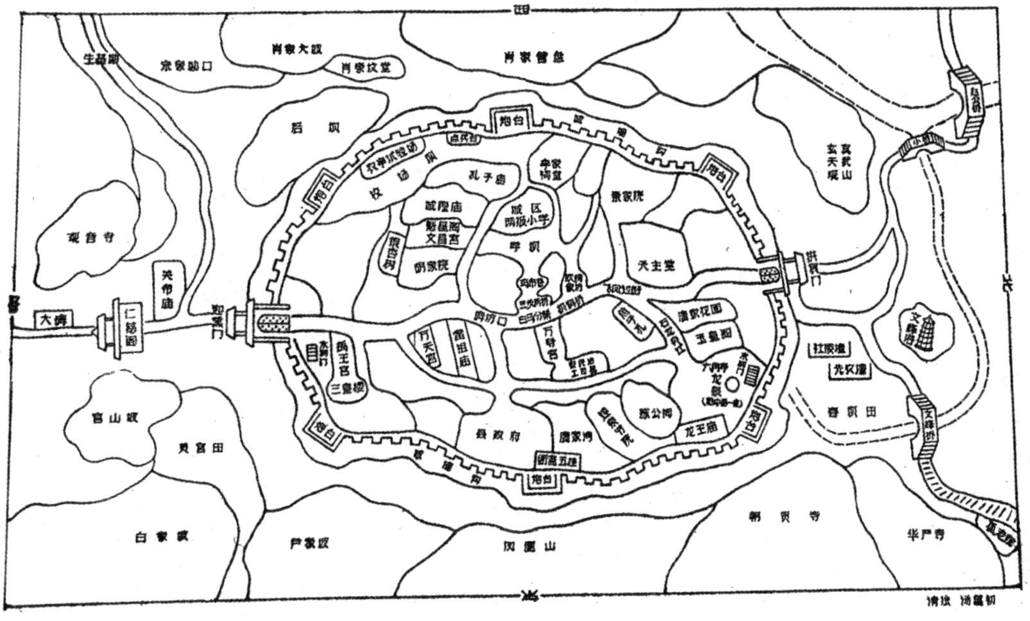

清绘　汤耀初

1961年8月，恢复凤冈县建制，设7区56个公社。1978—1983年，凤冈县设立7个区、1个乡级镇、44个人民公社。绥阳区（区公所设在绥阳场），下辖6个公社管委会，其中绥阳公社管委会管辖有玛瑙山所在之官坝（1983年更名关坝公社）。

1984年7月，凤冈县撤销政社合一的人民公社体制，分别建立乡（镇）人民政府，下设村民委员会、村民组。共设八个区镇，即龙泉镇、龙潭区、琊川区、绥阳区、永安区、花坪区、永和区、蜂岩区，四十三个乡镇，绥阳区辖6个乡（镇）驻地绥阳场。1984年12月，调整个别乡镇所辖村，县增加5个村，其中绥阳镇从安坝村分设玛瑙村。

1992年7月，根据省政府相关文件，凤冈县撤销原龙泉、龙潭、琊川、绥阳、永安、花坪、永和、蜂岩区（镇）及43个乡（镇），合并建立9镇5乡、43个管理区。2006—2013年，县辖9镇5乡（即龙泉、绥阳、土溪、永安、进化、琊川、蜂岩、永和、花坪9个镇，天桥、王寨、石径、何坝、新建5个乡）、86个村（社区）、790个村民组。2014年1月，凤冈撤乡设镇，共13镇1乡，即龙泉、绥阳、土溪、新建、永安、何坝、进化、琊川、天桥、蜂岩、王寨、永和、花坪13镇，石径乡1乡，仍然管辖14个乡级行政单位。直至目前，行政区划未有变更。

凤冈县政区图

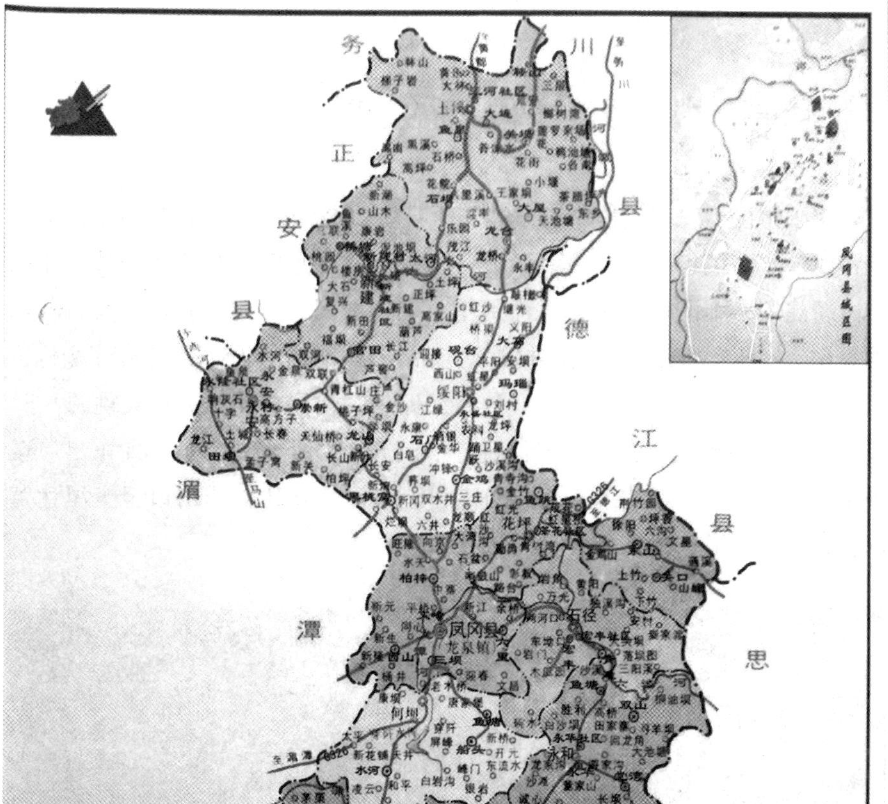

凤冈县政区图（2007 年）①

① 地图源自贵州省凤冈县地方志编纂委员会编：《凤冈县志（1978—2007）》，方志出版社 2011 年版，第 1 页。

（二）绥阳镇及玛瑙村疆域、政区及其沿革

1. 绥阳镇

绥阳镇位于凤冈县境中部偏北，距县城20公里，东与铜仁市德江县相连，西抵永安镇、新建镇，南靠湄潭县和凤冈县龙泉、花坪2个镇，北邻县内新建镇、土溪镇，全镇目前下辖金鸡、新冈、石门、砚台、大石、玛瑙等6个村和永盛社区，行政村管辖包括玛瑙山在内的57个自然村（村民组），总面积150.1平方公里。① 凤桃公路（凤冈至务川至彭水县桃源）和绥土（绥阳到土溪）公路穿境而过，形成五个对外交通出口，即东出口至务川，南出口至县城达遵义，西南出口至永安、新建，北出口至土溪达黄都；县道、乡道、村道公路呈网状分布。

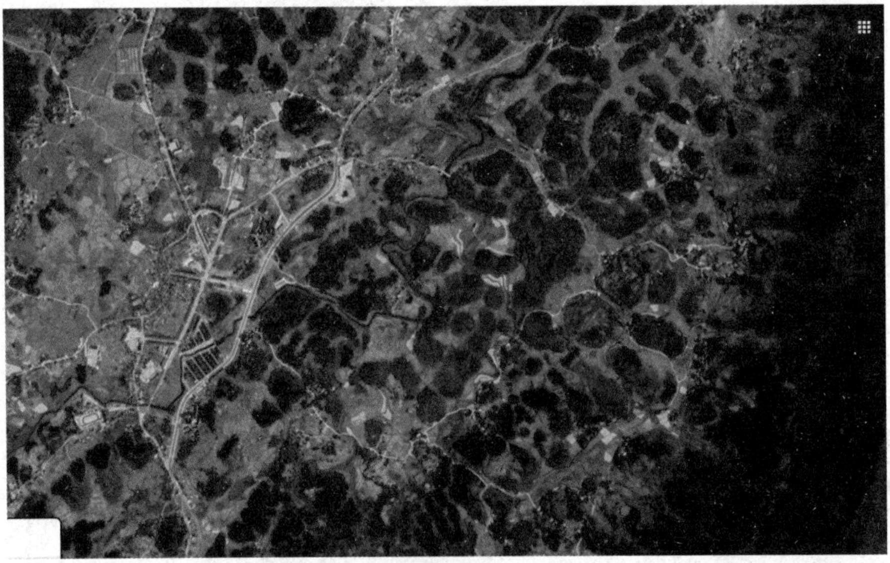

绥阳镇 Google 地图

史料记载，绥阳镇原名永盛场，隋代曾为明阳郡绥阳县治所，唐时为古夷州治所，所辖范围甚广，上文所引唐代李吉甫《元和郡县图志》有关夷州的文字即是明证。南宋时属思州（治今贵州岑巩县），元代为思州石

① 见绥阳镇人民政府网·绥阳概况(http://www.charmsy.gov.cn/Company.aspx)。载《凤冈县志》(1978—2007)，方志出版社，2011年版。

阡地，清代归属龙泉县管辖。民国初期龙泉改名凤泉，后又改为凤冈，绥阳即归凤冈所管。

1949年中华人民共和国建立，凤冈县人民政府所辖3个区，其中第三区驻地即绥阳镇，辖绥阳镇（驻地绥阳场）、三合（驻地土溪）、德隆（驻地朱家场）、新冈（驻地青杠园）、永安（驻地新街）。1950年4月，凤冈县第三区驻地仍设在绥阳。1952年6月至1953年11月，凤冈第三区辖绥阳镇、盐井、大屋、东乡、骡马、金鸡、黑溪、官坝（今关坝村）、石坝、大水、大石、龙台、土溪、砚台、莲花等。1955年8月，凤冈县行政区划有所调整，但绥阳区继续保留。资料显示，1955年8月，绥阳区辖绥阳镇、土溪、金鸡、龙台、关坝、石门、大屋、大水、大石、砚台、石坝。1962年1月，绥阳区辖绥阳、三合、新建、新冈。尽管此后政区不断调整，但绥阳作为乡镇一级机构始终未变，只是所辖行政村有所变化。1978年至1983年，绥阳区区公所住址为绥阳场，辖6个公社管委会，即绥阳辖胜利（刘村）、联丰（晒银）、农科、红星（永盛）、中心（砚台）、继光（大石，今仍沿用"继光"地名）、和平（平阳）、同心（安坝）、江绿、柏坪（敲木鼓）、桂花（西山）、红旗（义阳）、高峰（桥梁）、新华（红沙）、迎接；新冈辖新燎、金华、白皂、永康、前进（荞坝）、胜利（烂坝）、先锋（核桃窝）；金鸡辖冲锋、三庄、先锋（双水井）、卫星、踊跃、和平（龙顺）、新六（六井）；龙台辖先锋（龙桥）、大屋、红旗（天池塘）、东乡、茶腊坪、迎丰、新联（王家坝）、和平（八里溪）、小堰、永丰、茂江；土溪辖红旗（土溪）、石东乡、茶腊坪、迎丰、新联（王家坝）、和平（八里溪）、小堰、永丰、茂江；土溪辖红旗（土澳奚）、石坝、大林（当地仍用"大连"地名）、幸福、青山（梯子岩）、林山（当地仍用"连山"地名）、石桥、乐园、黄乐、跃进（黑溪）、东风（花院）、高坪；官坝辖新花（花街）、莲花、三层、延安、八一（榔树湾）、五星（罗家场）、新华（鸭池塘）、鞍山。

1984年7月凤冈建立乡（镇）人民政府，下设村民委员会、村民组。绥阳区时辖6个乡（镇），其中绥阳镇驻地在绥阳场，总面积76.1平方公里，辖永盛、刘村平阳、农科、晒银、西山、砚台、江绿、敲木鼓、义阳、安坝、大石、桥梁、红沙、迎接、龙坪、红星村及109个村民组。其他5个乡分别是：新冈乡，驻地青杠园，总面积43平方公里；金鸡乡，驻地漆树湾，总面积31平方公里；龙台乡，驻地龙背台，总面积64.5平方公里；土溪乡，驻地土溪场，总面积95平方公里；关坝乡，驻地关坝，总面积45平方公里。

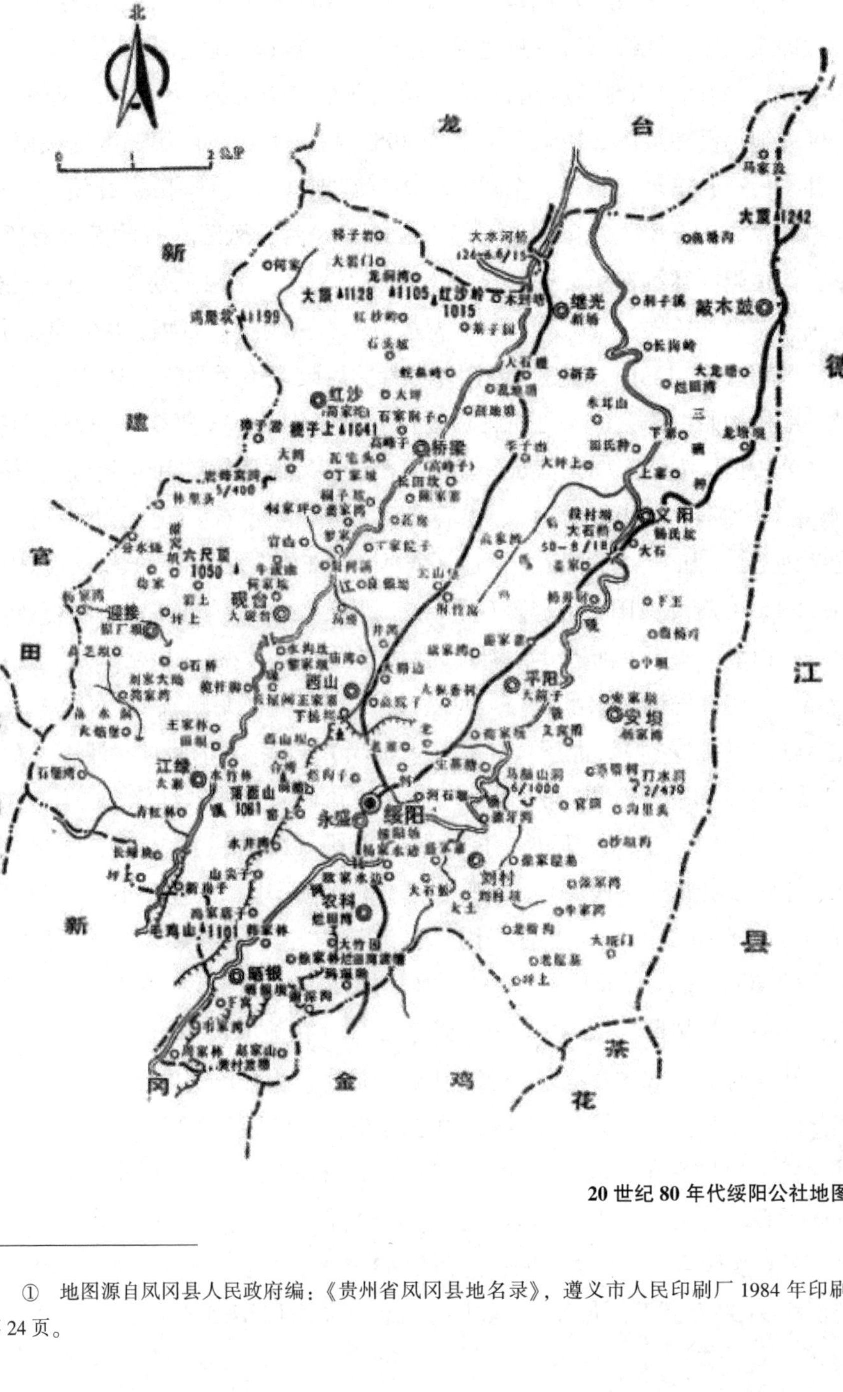

20世纪80年代绥阳公社地图①

① 地图源自凤冈县人民政府编：《贵州省凤冈县地名录》，遵义市人民印刷厂1984年印刷，第24页。

1992年7月，绥阳镇由原绥阳镇、金鸡乡、新冈乡合并建立，镇驻地绥阳场，面积150.1平方公里，辖永盛居委会、龙顺村、六井村、双水井楞、三庄村、冲锋村、卫星村、踊跃村、新燎村、核桃窝村、白皂村、长安村、烂坝村、荞坝村、金华村、永康村、晒银村、江绿村、迎接村、红沙村、桥梁村、砚台村、安坝村、玛瑙村、龙坪村、刘村村、大石村、义阳村、平阳村、敲木鼓村、永盛村、红星村、西山村、农科村及210个村民组。需要说明的是，此处的玛瑙村不是玛瑙山，玛瑙山为其中的安坝村所辖。2002年3月，凤冈县再次调整乡镇行政区划，合并行政村，绥阳镇仅保留金鸡村、新冈村、石门村、砚台村、玛瑙村、大石村等6个行政村和永盛社区，其中玛瑙村包括了合并前的安坝村、玛瑙村、龙坪村、刘村村，玛瑙山即在此时的玛瑙村管辖范围内。

2. 玛瑙村

玛瑙山所在的玛瑙村，位于绥阳镇东面，距绥阳镇政府所在地2公里，距凤冈县城约22公里，与务川、德江相连。本村大约形成于明代，属石阡府迎仙里；清代为龙泉县西山马脑乡②；民国十九年（1930）为凤冈县第五区马脑乡，民国三十二年（1943）为凤冈县绥阳镇第八保第八甲；中华人民共和国成立后，改为凤冈县绥阳镇第八村第八组，1982年改为凤冈县绥阳区绥阳公社安坝大队官田小队，2002年

绥阳镇及玛瑙村（玛瑙山）地理位置示意图①

---

① 示意图由凤冈县文物管理所周志龙、李永凤 汤权、马志军等于2009年8月绘制。

② 玛瑙山和官田寨的后山像马脑壳，因建马脑乡。

改为凤冈县绥阳镇玛瑙村①。玛瑙村目前辖区内有国家级重点文物保护单位，即玛瑙山营盘遗址，包括钱青云墓、官田寨、盛家寨风雨桥等，这些不可移动文物大多数保存较好。2009 年 10 月，玛瑙村被贵州省人民政府公布为贵州省第一批历史文化名村。

二、社会治理的变迁

1. 从羁縻制到土司制

就目前所见资料而言，凤冈及玛瑙山政治地理主要是通过社会治理表现出来。社会治理是政治的重要功能；只要有人、有组织的地方就需要社会治理。历史时期的凤冈自唐宋以来，随着中原王朝对西南控制的强弱变化，时而为中原王朝直接管理，时而为羁縻州、长官司，由当地土官管理。自元朝开始，推行行省制，在行省下实行路、府、州、县四级制，但是在实际运行过程中互有交叉，十分复杂。元朝在西南少数民族地区改变了唐宋以来的羁縻制，实行土司制度，设立了许多宣慰司、宣抚司、安抚司、诏讨司、长官司等，各司下面又设有万户所、千户所、白户所等，把边远少数民族地区纳入了地方行政管理体系中，实行对土司的任命由中央政府负责；对土司的管理由行省负责的双轨制。元朝在凤冈建龙泉坪长官司，隶属思州宣抚司（隶湖广行省）。

明代承元制，“土官之名，多仍元旧”，但是管理更加严格，制度更加完备。对土司的官职、品阶、员额、承袭、进贡、赋税、差役、供输、征调、守土、奖惩等都做了更为明确规定，而且明朝对土司的犯科，处置非常严厉，反叛必诛，有罪职除。元、明王朝除了政治上和军事对土司设官封爵之外，封建统治者同时还十分注重“蛮夷教化”，在土司地区施行文治教化，以完善其民族统治政策。作为文治教化措施的一项重要内容，就是大力设置学校，推行汉文化和儒家的封建礼仪思想，利用封建伦理纲常来笼络规范民族地区人民的思想，此方针客观上提高了土司地区各民族的文化水平，特别是土司及其子弟中提高较快，土司文化素质的提高必然促进南方各民族文化教育的发展。

明弘治《贵州图经新志》云：“吏于是者无迎送之劳、无催征之迫，

---

① 凤冈县旅游事业局：《玛瑙山官田寨 · 前言》，贵州人民出版社 2008 年版，第 4-5 页。

无狱讼之扰”。这表明弘治年间及其之前，凤冈一带的社会便于治理，究其原因，是“地阻而僻，其民朴而少争，贡赋易完，宾客罕至”，“民乐耕稼，士知问学，顽横之俗变为衣冠礼乐久矣”①。此段文字表明，当时社会治理情况良好的原因，主要在于当地民风淳朴，人与人之间很少有利益之争，比较好地完成了政府征收的贡赋，再加此地山高路险，官府很少去干扰，但此段文字中的“顽横之俗变为衣冠礼乐久矣”表明古代凤冈在中原文化的影响下，在安氏土司治理下，在明代逐渐成为耕读文化鲜明之地域，形成崇尚读书的风气。

根据龚荫先生考证，明代凤冈境内土司有龙泉坪长官司安氏、龙泉坪副长官司副长官朱氏、龙泉土百户冉氏、龙泉土百户何氏。分述如下：

> **龙泉县土司长官司安氏，治所为今凤冈县龙泉镇。**安德麟，龙泉司人，“洪武初，父怀信以大潼长府内附，率所部蛮兵绝伪夏粮道，升镇远同知。(德) 麟，以功授思州镇抚宣抚，废，改葛彰长官。兄德芳，授偏桥司长官。安永和，男（儿子）永和，永乐元年功升随司办事长官，十一年改随府办事，十七年保任龙泉司正长官。历安克敬、安纪、安演、安廷爵、安琺、安民志。万历二十八年，播酋杨应龙突犯龙泉，民志率兵与战，死之。播平，录民志一子。议龙泉近苗，土司例不设。城难守，改司为县，以民志子世袭县丞”②。
>
> **龙泉县土县丞安氏。**龙泉县土县丞，治所即今凤冈县龙泉镇。“明万历二十九年，改龙泉长官司为龙泉县，以长官安民志子为土县丞”③。(安民志子何名不详，传袭无考。仅知一代末代土县臣安师弼)。
>
> **龙泉坪副长官司副长官朱氏。**龙泉坪副长官司，治所即今凤冈县龙泉镇。土司的授职及其传袭情况：“朱旺。思州宣慰司头目。洪武二十五年，功升思州千户所镇抚。朱泽保。宣德七年，男泽保任本司

---

① （明）沈庠修、赵瓒纂：弘治《贵州图经新志》卷6《石阡府》(弘治刻本)，载段志洪、黄家服主编：《中国地方志集成·贵州府县志辑》(第1册)，巴蜀书社2006年版，第70页。

② （明）郭子章撰：《黔记》卷58《土司土官世传·石阡府属土司》，万历三十六年(1608) 刻本，载《中国地方志集成·贵州府县志辑》，巴蜀书社2006年版，第3册，第393页。

③ （明）郭子章撰：《黔记》卷58《土司土官世传·石阡府属土司》，万历三十六年(1608) 刻本，载《中国地方志集成·贵州府县志辑》，巴蜀书社2006年版，第3册，第393页。

副长官。历朱澄、朱廉、朱应爵、朱贤。朱承勋。今（注：万历时）朱承勋。司改为县（注：万历二十九年），副长官改主簿”。[①]

龙泉县土主簿朱氏。龙泉县土主簿，驻地即今贵州凤冈县城（龙泉镇）。具体承袭情况不详，（仅知一代朱籲）。

龙泉土百户冉氏：龙泉土百户，“冉文虎。前元思南水特江司长官冉才智子，吴元年（1366）归附，洪武等年奉征古州铜关铁寨龙里，二十六年功升世袭土百户。历冉思忠、冉淮、冉纲、冉观斌、冉观阳。今（注：明万历时）冉克明”[②]。

龙泉土百户何氏：龙泉土百户，“何嗣昆。前元石阡司长官。洪武十五年，同颖国公征古州、铜关、江南，改任土百户。历何珪、何德政、何文斌、何俸金、何俸科，今（注：明万历时）何良弼”[③]。

2. 清代改土归流

清初，为了尽快平定明朝残余势力，扫除进军西南的阻力，急切招降笼络各少数民族首领，继续推行土司制度。顺治五年（1648）皇帝下旨：“各处土司，原应世守地方，不得轻听叛逆招诱、自外王化。凡未经归顺、今来投诚者、开具原管地方部落、准与照旧袭封。有擒执叛逆来献者、仍厚加升赏。已归顺土司官、曾立功绩及未经受职者、该督抚按官、通察具奏。论功升授。”[④] 我们看到，元、明、清王朝建立和推行土司制度的原因在于国力还不能在边远少数民族地区推行像内地一样的郡县制，是为了暂时安定边疆地区的一种权宜之计。正如雍正时任云贵总督鄂尔泰疏言：“臣思前明流土之分，原因烟瘴新疆，未习风土，故因地制宜，使之向导弹压”[⑤]。土司制度作为时代和历史发展的产物，应当用历史唯物主义的观点去看待它。它在一定的历史时期为当地社会发展所起的积极作用，应实

---

① （明）郭子章撰：《黔记》卷58《土司土官世传·石阡府属土司》，万历三十六年（1608）刻本，载《中国地方志集成·贵州府县志辑》，巴蜀书社2006年版，第3册，第393页。

② （明）郭子章撰：《黔记》卷58《土司土官世传·石阡府属土司》，万历三十六年（1608）刻本，载《中国地方志集成·贵州府县志辑》，巴蜀书社2006年版，第3册，第393页。

③ （明）郭子章撰：《黔记》卷58《土司土官世传·石阡府属土司》，万历三十六年（1608）刻本，载《中国地方志集成·贵州府县志辑》，巴蜀书社2006年版，第3册，第393页。

④ 《清世祖实录》（第三册），中华书局1985年版（影印本），第330页。

⑤ （民国）赵尔巽：《清史稿》，中华书局1977年版，第10231页。

事求是地加以肯定。在土司制度开创的初期，确实起到了安定地方的作用。南方各民族首领被封为土司土官后，在一段时期中与中央王朝保持了相对和平友好的关系，而地方上也出现了相对安定的局面和环境，有利于南方各民族社会的发展。迄今，土司研究学界大多学者认为，土司制度是治理边疆、维护地方安定的制度，应给予充分肯定。“但是，毋庸讳言，土司制度是元、明、清中央王朝对西南民族地区采取的一种过渡性统治措施，就其本身来说有着许多不可避免的弊端，特别是随着历史的向前发展，土司制度所产生的弊端，使土司制度固有的落后性更加突出，因此废除土司制度成为历史发展的必然趋势”。①

土司制先天不足，在实行过程中，其弊端不断显露出来。“今历数百载，以夷制夷，即以盗治盗，苗、倮无追赃抵命之忧，土司无革职削地之罚。直至事上闻，行贿详结，上司亦不深求，以为镇静，边民无所控诉”② 尽管鄂尔泰的观点带有王朝统治阶级的偏见，但是我们从中也看到土司地区的矛盾冲突。土司制与内地还有一个根本不同，这就是世袭制。土司可以世代承袭，由此土司真正地成为一独立“王国”，国家无法真正掌控，尽管明清对承袭有严格的规定，但是世袭制决定了土司的家天下。

自秦以降，概行郡县制，以至今日，证明此制是不可废的千古不易之制。在一些王朝中，如汉，如晋，如明，都曾在内地封过同姓王、异姓王，几乎没有一个不引发动乱、不引起战争的。就连唐代藩镇，虽不属封王，却因其权势过大，中央控制衰弱，于是，“藩镇之乱”终于爆发。

历史证明，土司制注定不可能行之久远，至清代终于走近尽头，被改革、被废除，乃是历史的必然。在经历清初西南反复动乱之后，清朝终于找到解决土司问题的有效办法：改变元明所定“以夷制夷”之策为国家“治夷”，实行“大一统”，即由国家直接管理各土司之民。历史已证明：土司制不适应中国历史的发展，土司制的弊端，是西南地区致乱之源，已引起当地土民包括土司的部民的强烈不满。朝野改革土司的呼声日益高涨。改革土司制势在必行。

---

① 陈季君：《播州土司制度的形成和历史作用》，载《贵州民族研究》，2006（6），第153－154页。

② （民国）赵尔巽：《清史稿》，中华书局1977年版，第10230页。

早在清朝入关前，以清太宗为代表，首创“满，蒙，汉一体”的方针，即表明华夷一体对待，一体管理，一体生存。这是对秦汉以来“华夷之辩”的传统民族观念的一次重大突破，已反映出不分内外华夷为一家的新的民族观，由此改变并确立一种新的民族格局。

入关后，继续贯彻并不断发展新的民族观。以新的“大一统”的民族观来处理边疆民族问题，真正解决历代所未实现的各民族“大一统”。按照清朝新“大一统”的理念，西南地区的土司制的“以夷制夷”“土司世袭制”，皆与其“大一统”格格不入，或者说，两者不兼容。其结果，由清朝为主导，改革土司制就不可避免。康熙初年，开始废除云贵地区的部分土司制，设置如同内地的府县州管理机构。

龙泉县土县丞安思弼。“清康熙二十三年为议叙土司等事，不准承袭。”[①]“龙泉土主簿朱籲，清康熙二十三年为议叙土司等事，不准承袭。”[②] 其后土百户冉焞，未准承袭。康熙二十三年裁。[③] 其后，土百户何其仁，未准承袭。康熙二十三年裁。[④] 自此，凤冈几大土司全部终结。“改土归流”是一场地方社会的重大变革，开辟了凤冈与内地“一体化”的历史进程，推进并加速这一地区的社会发展，是对当地各民族政治与经济的一次解放。所以，改土归流的社会意义巨大，不可低估。

3. 改土归流以来的社会变迁

万历年间杨应龙叛乱，对龙泉安氏土司实施报复，血洗龙泉，致使大量百姓死亡或者逃离；清初，南明政权残余势力进驻龙泉，龙泉一带战事频仍，再次导致当地人口锐减。战争平息后，大片田地荒芜，政府只有招徕流民耕种，大量外来流民多来自江西、四川等地，他们逐渐在此定居下来。由于风俗各异，民风不纯，人口剧增，社会治理出现危机。

---

① （清）张其文纂修：《龙泉县志·土司志》，康熙四十八年（1709）稿本，载《中国地方志集成·贵州府县志辑》，巴蜀书社 2006 年版，第 38 册，第 654 页。

② （清）张其文纂修：《龙泉县志·土司志》，康熙四十八年（1709）稿本，载《中国地方志集成·贵州府县志辑》，巴蜀书社 2006 年版，第 38 册，第 654 页。

③ 原文为“土百户何其仁、冉焞，俱未承袭。”（清）张其文纂修：《龙泉县志·土司志》，康熙四十八年（1709）稿本，载《中国地方志集成·贵州府县志辑》，巴蜀书社 2006 年版，第 38 册，第 655 页。

④ （清）张其文纂修：《龙泉县志·土司志》，康熙四十八年（1709）稿本，载《中国地方志集成·贵州府县志辑》，巴蜀书社 2006 年版，第 38 册，第 655 页。

清康熙二十六年（1687），时任湄潭县令的杨玉柱曾有过一篇内容颇为翔实的专论：

为固地方，以期永安事。窃照湄潭界连四川遵义、偏桥屯卫，乃五方集处之所也。自万历庚子年平播之后，改县设流，附入版图者八十余年矣，只缘风土恶毒，杀戮殆尽，并无土著土人，亦无苗仲彝蛮，其后招集流民，多系江广四川之人，人民杂漓，风俗刁险，素称难治，所以随田派丁、随粮当差，载在全书由单，故相田土之高下，定里甲之头人，相沿至今，业称古制。官斯土者，硁硁遵循，尚难免道路之途说，又何敢更张八十余年之程规乎？叠奉宪檄绘图保路取结一案，责令彝目分认地方之大小道路之卫僻，此法一行，不惟宵小彝人闻知，不敢睨视其虚实，即或有一二不经之辈，亦可潜消于未萌矣。在别属有苗彝之地方，行之宜急，而湄邑在襟集之处者，行之更宜急，何数月来并不见一保路之甘结到官？岂当事者之犹未立行欤？总缘无所责成，以致法有难施也。检查原行令彝司所以分认保护地方者，以其彝人中有力者加以彝司之名色，巡查道路，是一弭盗之良法也。但彝人之性梗难化，然非以彝目之威权摄之，则彝人之梗性终难骤化，况彝人繁庶不识、生意不肯，远行除耕耨之期外，余尽皆鼠窃狗盗之日也，岂可缓此绘图保结之一法乎？然湄邑固在襟处之地，而湄民虽有刁悍之名，乃江广川蜀之流裔，不过心与口违，游移浮沉已耳，终非梗顽之苗彝可比也，况湄邑百姓止有八百余家，每月协济平越加夫一百二十名，逐日更替，年复二周，小民奔命之不暇，又谁代为之保护地方乎？即如设立保甲，必素日品行稍优恬澹醇厚者，方可举行，只好责令稽查相安于无事则可，谁岂肯甘彝人之后裔担保路之重任，势必责成于里甲头人，而湄邑里排照粮摊当者已久，并无一定之头人，亦鲜终年之头人，或数月而一换者，或一月而数换者，更换靡常，碍难责成。况湄邑僻处山陬，目今夏秋炕旱，凡江广游手无籍之徒，诚恐伏莽于山林草野之间，而绘图保结安缉弭盗之策又不可不亟为之讲也。然四川遵义尚有边界可分，犹易稽查，最难清者偏桥卫四十八屯、兴隆卫虎皮抄纸等屯，加以龙、务寄庄思石等司，俱插在湄潭界内，而湄邑之头人因非本县不敢伸言，湄邑之官吏因其隅属又不敢过问，而若辈之行藏举动，又出入不离湄地，假令偏桥卫之本官到彼，以隔七八日程途。之官吏问从不识面，之百姓又未免不影射湄民也，种种积弊，互相掣肘。倘有踈虞纵将各官，严行处分，究何稗于地方。伏恳宪台恩威，念湄邑界在川广襟集处之地，移会城守平越营，将添拨目兵分防湄潭或拨兵百名，或拨兵数十名，凡经上省上府大路往游思石、四川，经道或十里或五里，于要隘处所设一塘铺，每塘设兵或三名或五名，仍候宪台不时稽查，庶么么不致窃发而地方得以安缉。若谓此等流棍非严稽窝藏之家，祸根终须难除，伏恳宪台大张告示，仍移回偏桥等卫，将偏桥卫插界湄潭四十八屯、与兴隆卫虎皮抄纸等屯，或令本卫官每年秋冬亲身赴屯稽查，责令屯头绘图保护地方，或令卑县就近取结，互相稽查，如有抗违不遵者，移关详解，以窝贼论罪。至于湄潭本县，或令里排具结团练、村寨保护地方，或令乡约保甲每月各村寨取结稽查地方，或另立彝目保护地方之处统候宪台裁夺，即如夜行更宜严禁。凡江广无籍之辈，俱宜逐出境外，如犯者，拿解治以窝贼之罪，使匪类闻风知儆，县卫互相稽查，庶可弭盗于未然，但卑县官小职微，何敢擅自轻率隔属取结，理合报明宪台，转详批示，以便遵行可也。①

这段文字对当时包括凤冈在内的湄潭县社会治理的分析颇有代表性：首先是指出了当时当地的社会背景状况，一是所处地理位置的特殊，即“湄潭界连四川遵义、偏桥屯卫，乃五方集处之所也”，这就是地处交通要道，“五方杂处”，管理相对薄弱，很容易出现“藏污纳垢”的现象；二是所处人文环境的特殊，表现有四点，其一是“人民集漓，风俗刁险”；其二是“彝人之性梗难化、繁庶不识、生意不肯”；其三是区域插花地现象严重；其四是县城与卫所之间距离太远，官员难以见面，又互不相识。这些原因既增加了治理的难度，又削弱了保护地方的力量，正因为此，此地“素称难治”。然而，杨县令并没有因此而懈怠工作，而是提出了若干治理的意见，主要有：移会城守平越营（即今贵州黔南州福泉市），拨百名或

① （清）杨玉柱纂修：康熙《湄潭县志》卷3《甲子孟春条议》，载段志洪、黄家服主编：《中国地方志集成·贵州府县志辑》（第33册），巴蜀书社2006年版，第641-643页。

数十名士兵加大湄潭的兵防力度[①]；在重要的道路的要隘处，或十里或五里设驻有三名或五名兵士的塘铺；出台制度，严惩窝藏流棍之人和家庭；把行政中心仍移回偏桥卫（治今贵州施秉县），在插花地区域加大巡查力度，责令屯头绘图保护地方，各行政区域之间互相稽查，对违法分子就近处理，如有抗违不遵者，以窝贼论罪；在湄潭本县，每个里甲都要办好团练、每个村寨都要保护地方，每月各村寨要稽查地方，或另立彝目保护地方；严禁居民夜间外出（类似宵禁）；凡外来身份不明的流民，一概逐出境外，如果不遵从，就以窝贼之罪论处。杨玉柱县令采取的上述举措，真可谓全方位、立体化、拉网式，为治理好当地社会状况、“以期永安事”确实是殚精竭虑，值得称道。杨县令的意见在后来应该是得到采纳的，据嘉庆《重修大清一统志》载：“张教坝关在龙泉县东，又有天井关、竹坝平关，俱为戍守处。”“平水口关在龙泉县西八十里。”“青龙关在龙泉县北十五里。”“虎踞关在龙泉县北三十里，一名虎跳关，林菁幽深，明万历中设有哨兵防御。”“县前铺在龙泉县治前，又有乾溪铺、峰岩铺、长林坝铺、桶口铺、塘头铺，俱本朝乾隆三年设。”[②]《黔南识略》云：“城北有九抒关，与务川县分界，最为扼要。设二十五塘，大道十五，僻路十。城中驻扎石阡营分防把总一员，兵凡三十名。又偏刀水场，分防外委一员，兵十八名。无驿递，设铺司六。由桶口渡历黄心树，为赴川通衢；出湄潭而通开州，为赴省捷径，惟界连石、思等府六州县，近城数里之地，即隶他县，而远隔他县数百里之外，转属龙泉，鞭长莫及，风气各殊，邑之所由难整齐者此也。”[③]上述设置的这些关、铺、塘，实际就是杨玉柱所说的塘铺，派兵驻守，以维护当地社会治安。

民国时期，凤冈社会治理状况依然不容乐观：“即有无赖土匪之糜烂，又加散乱溃兵之蹂躏，破产之象日形于重。萑苻遍地，人民不惟遭其杀

---

① 资料显示，明代守备龙泉的只有守备1员、红兵40名。见（明）王来贤等纂修：《贵州通志》（万历）卷17《石阡府·兵防》，书目出版社1991年版，第382页。“守备龙泉。守备一员，红兵四十名”。

② 清仁宗敕撰：嘉庆《重修大清一统志》卷505《石阡府·关隘》（第32册），中华书局，1986年版，第25553页。

③ （清）爱必达撰，罗丽丽点校：《黔南识略》，载贵州省文史研究馆编：《续黔南丛书》（第二辑上册），贵州人民出版社2012年版，第160页。

害，未受破家之惨者几希。”[①]萑苻，春秋时期郑国的泽名，曾是盗贼窝。由此可见，此时的凤冈之地是兵荒马乱、土匪猖獗，盗贼出没，造成了严重的社会问题。

中华人民共和国建立后，新生的人民政权也花费了相当大力气才肃清了当地的匪患，最终营造了一个民众安居乐业的社会环境。

第二节　历史时期凤冈县经济变迁

一、历史时期凤冈县经济概况

1. 人口数量和分布

人口既是生产力最活跃的、最重要的因素，也是经济发展的最基本要素。在生产力落后的古代社会，人口数量的多少在某种意义上就代表着经济发展程度的高低，因此，探讨经济状况，首先需要弄清楚人口数量。明代弘治《贵州图经新志》载：龙泉坪长官司“编户一里”[②]。万历《贵州通志》云：龙泉坪长官司“编户一里一图”。该志同时又记载：龙泉司，“二百二十四户，三千七百四十一。”[③]古代实行编户制度，主要是用作征税的依据，不同时代编户标准不一，如春秋战国时期，五家为一轨，十轨为一里；明代以一百一十户为一里，每百家为一图。据此可知，弘治年间，今凤冈县约有一百一十户，万历年间则有二百一十户。这虽与万历《贵州通志》所记二百二十四户有出入，但差距不大。乾隆《石阡府志》记载：龙泉县“编户二里”“八百一十七丁”[④]。清代实行“摊丁入亩”，

---

① 李树屏：《呈为匪猖獗请准予格杀令以维地方而苏行政》，载贵州省凤冈县军事志编纂委员会编纂：《凤冈县军事志》（内部资料），2007年印刷，第255页。

② （明）沈庠修、赵瓒纂：弘治《贵州图经新志》卷6《石阡府》（弘治刻本），载段志洪、黄家服主编：《中国地方志集成·贵州府县志辑》（第1册），巴蜀书社2006年版，第72页。

③ （明）江东之修：万历《贵州通志》卷17《石阡府·沿革》，书目文献出版社1990年版，第378、381页。

④ （清）罗文思：乾隆《石阡府志》卷2《舆地志·沿革》，载贵州省地方志编纂委员办公室辑：《贵州历代方志集成》（第39册），中国文史出版社2016年版，第399、462页。

户籍不再作为征税的依据。由此看，乾隆《石阡府志》记载龙泉县“编户二里”应是以明代的标准，即二百二十户。由此看，乾隆年间记载今凤冈县的户数当是二百二十户、“八百一十七丁”。又据康熙《贵州通志》载：龙泉县户口原额七百三十二户，人丁原额五百八十四丁，内除三十一（1692）、三十五（1696）两年清编抵补外，尚逃亡人丁一百七十三丁，旧征差人丁三百八十丁；三十一年增一十丁，三十五年增二十一丁[①]。本段文字中的“户口原额七百三十二户，人丁原额五百八十四丁”不是万历年间的人口数据，从万历年间的二百四十户，到七百三十二户，增长了3倍多，速度很快。康熙《贵州通志》成书于康熙三十六年（1697）看，这个数据应该是明末清初龙泉县的人口数。乾隆《贵州通志》记录：龙泉县原额户口七百三十二户，新增户口三百一十户。乾隆《贵州通志》成书于乾隆六年（1741），因此这个数据当是康熙末年、雍正时期的龙泉县户数，即一千零四十二户。

《凤冈县志》（1994年版）记录了民国时期凤冈县的人口数：民国二十一年（1932）为23404户、95543人；民国二十五年（1936）为25616户、143909人，比二十一年增加近5万人；民国二十八年（1939）减至21944户、129612人，比二十五年减少14000多人。造成如此现象的原因应与当时国内和贵州形势有关，因为此时正是抗战的关键时期，政府需要大量的兵员，贵州作为后方重要的兵员供应地，自然要抽调大量的劳动力支援抗战前线，这就造成人口的减少。民国三十年（1941），人口比1939年增加约36000余人，当时是23278户、163838人。这是因为1941年日本把主要兵力用于对付共产党领导的敌后抗日根据地，并把注意力转向太平洋地区，并未将包括贵州在内的西南地区作为主要的攻击对象，这就使贵州有相对稳定的生活环境，所以人口数量能够增加。此以，凤冈县人口均有较大的波动，到民国三十六年（1947）时，户数虽有25788户，人口却仅有144748人，后两年略有回升。

历史时期凤冈人口数量的变化，从某种意义上说就是该县经济发展的变化。历史上凤冈人口的编户与当地百姓生儿育女的观念非常密切。凤冈

---

① （清）卫即齐修、薛载德纂：康熙《贵州通志》卷10《户口·龙泉县》，据康熙三十六年（1697）刻本影印，凤凰出版社2010年版，第168页。

民众几乎都信奉“养儿防老”“不孝有三，无后为大”“早栽秧早挞谷”的生育观，故而早养、早婚等现象极为严重。农村较为现实的情况是：不能生育的夫妇千方百计想办法生孩子，甚至求神拜佛；能生育的夫妇则是“儿女不嫌多”，生多少是多少，几乎没有节育观念，更无节育措施。但也不得不说的是，在社会动荡、经济不发达、生活窘迫、医药卫生条件极差的农业社会，人口出生率高，死亡率也高，因此，人口增长较为缓慢。

1949 年 12 月 1 日凤冈县人民政府成立，此后到 1958 年人口出生率、成活率逐渐上升；从 1949 年到 1957 年的 9 年间，凤冈人口增到 226300 人；从 1958 年冬起，人口开始下降，到 1960 年降到 165013 人，与 1957 年相比减少 61287 人；自 20 世纪 60 年代初，人口出生数量开始回升，到 1966 年增到 201706 人，1980 年增到 305693 人，15 年间，全县净增人口 103000 多人；至 1990 年第四次人口普查时，全县总人口为 336945 人；1992 年末人口为 348197 人，总户数达 87328 户；2018 年 2 月，总人口为 440000 人①。

凤冈县人口分布有个有趣的现象。坊间传闻说，凤冈境历来有“张杨安邵李、何阮谢朱陈”十大姓氏之称，其中张杨二姓尤多，故有“满天张，遍地杨”的顺口溜。此外，王姓不少，又有“旮旯角角都是王”的说法。历经多年的人口发展，这种姓氏人口数量状况有较大改变，据 1991 年人口普查资料显示，任、吴、周、何、田等姓氏人口均在 5000 人以上，尤其以任、吴二姓氏为最，多达 8000 多人，已经改变了历史时期以张、杨二姓为多的局面。此外，根据普查结果，凡千人以上姓氏均分布全县大部分乡镇、村寨，5000 人以上姓氏则每乡都有。境内居民历来有群居生活习惯，形成寨子，而每个寨子都有占较大比重的某个姓氏，甚至形成占有 90%以上的“强宗大姓”，故有“家族寨”之说法，但不论“大姓小姓”，均和睦相处。

就人口分布情况看，古代文献几乎没有关于此类的信息；从当代人口统计资料看，全县人口分布历来中部和西部平坝丘陵地区较之集中，南北两端山区稀少，这是因为中部和西部平坝丘陵地区的土地面积相对

---

① 凤冈县人民政府网（http://www.gzfenggang.gov.cn/zjfg/fgjs/201707/t20170703_2681695.html）。

较大，也便于耕作，更适于农业生产。从全县的人口密度情况看，民国三十四年（1945），全县每平方公里为120人，至1982年，人口密度达每平方公里164人，之后逐年增加，到1987年为172.4人，1990年为178.66人，1992年为185人。其中，人口最稠密的区域在县城，每平方公里为8500人；此外，乡镇人口密度高的是龙泉镇，每平方公里309.7人，琊川镇、绥阳镇、花坪镇平均密度在每平方公里200人以上，密度低的天桥乡为每平方公里133.3人。人口密度是衡量经济发展的重要标志，凤冈县不同乡镇之间人口分布的差异实际上反映的是凤冈县内部经济发展的不平衡。

就人口结构看，光绪《湄潭县志》记载："男大丁一万五千七百三十八名，女大口一万四千四百五十八口，男小丁一万零四百九十五名，女小口六千四百五十三口。"① 此段关于人口结构的文字，尽管不是专指今凤冈县，但由于当时凤冈隶属于湄潭县，从中亦可以窥探凤冈古代人口结构的大致概况，即成年男性和未成年的男性比例均高于成年女性和未成年女性，尤其是未成年男性的数量较之未成年女性要高约63%。中华人民共和国成立后的人口普查显示：1964年，全县总人口184386人，其中男90170人，女94216人；如果按年龄段统计，则人数最多的是6-12岁，总数为31110人。

就现代凤冈县人口的文化结构和职业结构略来看，文化程度得以逐步提高，文盲及半文盲人口渐趋下降，农业人口仍占多数。据《凤冈县志》记载，中华人民共和国成立前，全县6-60岁的人约90%以上属文盲或半文盲。中华人民共和国建立后，随着经济好转，教育事业相应得到发展，政府多次开展扫盲运动，到1964年文盲及半文盲仅占人口总数的41%，其中具有大专文化程度的127人，是1929年的60倍。1982年人口普查时，文盲及半文盲仅占总人口的32%。1991年人口普查时，文盲及半文盲占总人口的28.78%。2000年，研究生4人，大学本科610人，大学专科2733，中专5469人，初高中86392，小学170949，这表明凤冈教育的巨大发展和人口的文化程度在大幅度提高。从职业结构看，

① （清）吴宗周修、欧阳曙纂：光绪《湄潭县志》卷4《食货志·户口》，载段志洪、黄家服主编：《中国地方志集成·贵州府县志》（第39册），巴蜀书社2006年版，第475页。

90%以上为农林牧渔劳动者，部分农民在农闲时做木、石、竹编、打铁、烧炼等工作，极少数为全年专职，除此，还有部分兼经商和服务性行业；居住县城集镇居民，约30%左右经营商业、运输、饮食及服务行业，这主要是因为凤冈历来以农业为主，农业人口占绝大比重。农民日常从事甜米酒制作、黄糕粑制作、绿豆粉制作、油茶制作等活动，这从另一个层面表明该地农业所占比重之大。

2. 历史时期的凤冈经济变迁

历史时期凤冈经济状况较为落后。首先是土地面积和人口较少。康熙《湄潭县志》载："湄潭县原额上中下三则共田四万七千一百五十九亩八厘"，"龙、务寄庄原额荒熟田一千七百四十七亩六分一厘。"①上述田地数量既有全县总数，也有龙泉即今凤冈田地数量，其中龙泉和务川两地的熟田仅一千余亩，显然数量极少。更糟糕的是，该地"多种而少获"②。在农业为主的社会，土地数量越少，产出就越少，而且单位面积的土地产量极低，农业经济自然就落后。康熙年间湄潭县令杨玉柱曾云："土地全熟者十无一二，总缘土瘠民稀，生聚者寡而开垦者鲜。"此外，康熙十三年(1674)吴三桂在云南叛乱，祸及贵州，"人民先遭荼毒，丁男死徙，妇子流离，弃其庐舍，荒其田亩"，"一户逃亡则荒无一户之田亩，十户逃亡即荒芜十户之田亩"。③ 上段材料说明如下问题：一是土地质量较差，二是开垦的土地数量有限，三是由于战乱的破坏，在数量不多的基础上人口又有大量流失，四是民众逃亡造成大量土地荒芜。这些都严重影响了农业经济的发展。实际上，包括今凤冈在内的湄潭县在明代经济就不是那么景气，如弘治年间任石阡知府的杨荣到任时，"见地皆鞠为茂草"④，显得一片荒凉。此外，古代凤冈人从商的意识淡薄，弘治《贵州图经新志》称"其民

---

① (清)杨玉柱纂修：康熙《湄潭县志》卷1《田亩》，载段志洪、黄家服主编：《中国地方志集成·贵州府县志辑》(第33册)，巴蜀书社2006年版，第606页。

② (清)杨玉柱纂修：康熙《湄潭县志》卷2《月令》，载段志洪、黄家服主编：《中国地方志集成·贵州府县志辑》(第33册)，巴蜀书社2006年版，第614页。

③ (清)杨玉柱纂修：康熙《湄潭县志》卷3《壬戌孟冬条议》，载段志洪、黄家服主编：《中国地方志集成·贵州府县志辑》(第33册)，巴蜀书社2006年版，第629页。

④ (明)沈庠修、赵瓒纂：弘治《贵州图经新志》卷6《石阡府》(弘治刻本)，载段志洪、黄家服主编：《中国地方志集成·贵州府县志辑》(第1册)，巴蜀书社2006年版，第71页。

以耕殖为业。”[①] 康熙《湄潭县志》云：“小民唯知耕田，并无别艺。”[②]俗话说“无商不活”“无商不富”，当地百姓没有商业意识和习惯，自然无助于商品经济的发展。乾隆《石阡府志》云：“户口凋零，土田草窃，贡赋徭役之缩额，视昔径庭城池关梁阙焉，未修亭馆坊市寺观古迹，迁谪流寓询其故处，强半在荒烟野蔓中。”[③]《黔南始略》记载龙泉县“场市十九。木饶桐、茶，兼产土布”[④]。由此可见，凤冈经济不够繁荣和发达。乾隆年间石阡府训导镗徹亦曾言：“阡阳地瘠民贫”[⑤]，这是包括凤冈在内的石阡府全境经济写照，再次表明该地经济的落后。民国时期，凤冈经济依然不容乐观。“山岩重叠，崎岖险阻，田园绝少，人民多耕种为业。间有小贩营生者。每季收获，岁丰尤有不足之虞。”“即有无赖土匪之糜烂，又加散乱溃兵之蹂躏，破产之象日形于重。萑苻遍地，人民不惟遭其杀害，未受破家之惨者几希。”[⑥] 毫无疑问，该时期的凤冈由于自然条件差和土匪溃兵之祸害，民众生活极为困苦。《凤冈县志》（1994 年版）记载，在漫长的封建社会和国民党统治时期，县内农民深受地主阶级地租、雇工、高利剥削，以及兵、匪、官、绅的敲诈勒取，农民和大部分城镇居民缺吃少穿，生活贫困，50%的人家住茅屋，或穴居山洞，吃树皮革根，尤其在“青黄不接”之时和天灾人祸之年，约 50-60%的人口忍饥挨饿，或逃荒要饭，或鬻儿卖女，流离失所，挣扎在死亡线上。

其次是生产工具较为落后。传统的耕作农具主要有铧（犁）、耙、锄（分挖锄、薅锄）；收割农具有挞斗、围席、镰刀、晒席、风簸、齿镰、连

---

① （明）沈庠修、赵瓒纂：弘治《贵州图经新志》卷 6《石阡府》（弘治刻本），载段志洪、黄家服主编：《中国地方志集成·贵州府县志辑》（第 1 册），巴蜀书社 2006 年版，第 66 页。

② （清）杨玉柱纂修：康熙《湄潭县志》卷 1《村寨》，载段志洪、黄家服主编：《中国地方志集成·贵州府县志辑》（第 33 册），巴蜀书社 2006 年版，第 606 页。

③ （清）罗文思：乾隆《石阡府志·总论》，载贵州省地方志编纂委员办公室辑：《贵州历代方志集成》（第 39 册），中国文史出版社 2016 年版，第 386 页。

④ （清）爱必达撰，罗丽丽点校：《黔南识略》，载贵州省文史研究馆编：《续黔南丛书》（第二辑上册），贵州人民出版社 2012 年版，第 160 页。

⑤ （清）钟徹：《罗郡尊书院碑记》，乾隆《石阡府志》卷 8《艺文志·记》，载贵州省地方志编纂委员办公室辑：《贵州历代方志集成》（第 39 册），中国文史出版社 2016 年版，第 483 页。

⑥ 李树屏：《呈为匪猖獗请准予格杀令以维地方而苏行政》，载贵州省凤冈县军事志编纂委员会编纂：《凤冈县军事志》（内部资料），2007 年印刷，第 255 页。

架等；运输农具主要是箩篼、背篼、粪筐、畚箕等；加工农具有水碾、碓、磨、筛等；排灌农具主要有龙骨车、戽水兜、竹笕、木笕、水车等。粮食加工主要靠擂子、碓窝、水碾、水磨；油脂加工靠撞榨、猪槽榨、千斤榨、夹板榨、七星榨、牛尾榨。这些生产工具数百年来一直沿用，没有太大的改进。就手工业情况看，清代，县内有手摇或脚踏绞花、手工纺纱、织布、土法印染、手工缝纫和缫丝等家庭手工业，少数乡镇有私人开办的煤窑。民国初年，有联户办水碾、开榨房、开矿、造纸和运输等工业企业；民国二十年（1931）水河坝长安寺开办私营造纸厂、石灰厂、柞蚕缫丝厂；三十三年（1944），西山乡杨光乾开办煤厂，雇工 7 人，年产煤 80 吨，此年有轧花机、纺纱机、织布机等共 1.28 万架，水碾 684 间，纸槽 132 间，油榨 70 间。全县从事矿业的有 141 人，从事织布、竹编、造纸有 9960 户、14990 人，年产值 26.68 亿元（当时的法币）；民国三十七年（1948），私营工业发展到铁器加工、采掘、五金、竹器、木器、陶器、缝纫、印染、砖瓦、造纸、酿酒、雨伞、榨油、碾米、修理等多种产业，生产的锄头、钉耙、柴刀、菜刀、凉席、围席等产品除满足当地外，还销售外地。清代，县内开始出现小煤窑，民国时期，琊川、水河、西山、柏梓、龙台、官坝等地均有数户联合开采的小煤窑。

自古以来，县民穿衣均为手工缝纫，到清代开始出现缝纫业。民国初年，城乡均有个体手工裁缝职业；民国十年（1921），县城开始使用缝纫机缝纫；民国三十八年（1949），农村始有少量用缝纫机做衣服的营业活动。

就个体商业看，民国三十七年（1948），坐商开设店铺 18 家，赶场设摊、走村串寨的行商有盐商 148 人、油商 110 人、摊布商 14 人、杂货商 80 人、米粉和果商 80 人、饮食商 81 人、烟草商 53 人、山货商 36 人、屠宰商 85 人、医药商 18 人、菜商 222 人、旅栈商 40 人。[①] 就集镇建设看，自唐宋以后，境内便开始出现集市贸易场镇。《凤冈县志》（1994 年版）称：县内最早形成的集镇除龙泉外，还有绥阳、琊川（即偏刀水）、蜂岩，古称“四大场地”。场镇名称及其数量随历史发展有所变化，如万历《贵州

① 贵州省凤冈县地方志编纂委员会：《凤冈县志》，贵州人民出版社 1994 年版，第 504 页。

通志》载："府前市、绥阳市，去府三百里；司前市，（在）龙泉司"①。这说明，万历年或者之前，龙泉县即有3个集镇。此后，集镇有增加，如古潭、三合、治经、黄家池（今石径）、万太、天桥、黄荆树、花坪、永和、永安、新岗、德隆、星竹等。康熙《湄潭县志》记载场市有"河包场、聚宝场、永兴场、永盛场、后坝场、猪场、牛场"②。光绪《湄潭县志》记有"永兴场、流河渡场、天成塘场、锡落坪场、二渡场、舆隆场、偏刀水场、落花屯场、乾溪场、毛坪场、石冷水场、牛场、窑上场、高台场、新场、接龙场、猪场、木引槽场、袁家渡场、凉水井场、黄家坝场、梭米孔场、关堰场、鱼泉沟场、洗马场、西山了场、中和场、南截坝场、万盛场、梅子场、杨家山场、杨家坪场、两路口场、七里霸场、绥阳场、龙背台场、土溪场、黄都坝场、石坝子场、鞍子囤场、官田坝场、太和场、河包场、聚宝场、马头山场、随阳山场"③。尽管目前无法分清楚场市的具体分布位置，但从中可以看出场市数量和名称是一个变化的过程。民国时期更有增多，二十八年（1939）曾发展到56个，场市交易物资繁多，主要有粮食、棉花、猪肉、禽畜、油料、生漆、中药材、山货以及土纱、土布、土酒、竹木器、铁制农具等农副产品和手工业制品及小百货等。

就财政收入情况看，明代财政主要来源是按地计征、按人计粮的田赋。弘治十五年（1502）龙泉司总征收大米219石3斗、银26.63两。万历二十五年（1597）征收粮221.8石，银212.93两。万历四十六年（1618），因为战争的需要，政府又在原基础上加派了"辽饷""剿饷""练饷"等名目，共加征银433.4两。清代沿袭明制，康熙四十八年（1709）征大米129.6石、丁银170.33两。雍正元年（1723）实行"摊丁入亩，地丁合一"的税收制度，增丁不增赋。道光年间，由于与西方列强交战需要军费和战争赔款，政府加重了地丁漕赋征收，每年在原基础上财政均有较高收入，到咸丰年间开征厘金，以价为准，值百抽一，水陆设卡

---

① （明）江东之修：万历《贵州通志》卷17《石阡府·坊市》，书目文献出版社1990年版，第389页。

② （清）杨玉柱纂修：康熙《湄潭县志》卷1《场市》，载段志洪、黄家服主编：《中国地方志集成·贵州府县志辑》（第33册），巴蜀书社2006年版，第611页。

③ （清）吴宗周修、欧阳曙纂：光绪《湄潭县志》卷3《营建志·场市》，载段志洪、黄家服主编：《中国地方志集成·贵州府县志》（第39册），巴蜀书社2006年版，第431-432页。

无物不厘。通过这样的方式，政府年财政收入有所增加。民国初年，县财政主要收入仍以田赋为主。由于军阀混战，凤冈地方财政极度混乱。另从财政支出情况看，明清时期的财政支出主要用于公职人员的薪俸，均以银两计算。康熙三十八年（1699），龙泉县有知县1员，典史1员，儒学训导1员，教谕1员，共岁出薪俸银284两5钱7分。另有门丁、斋夫等亦支出了不少银两。康熙四十八年（1709），又增设守城民壮、马快、知县门子、禁子、解人夫、看监夫、巡夫等职位，又增支244两1钱，每年共支出1128两1钱4分4厘。清光绪十三年（1887），龙泉县城始设厘务，征收厘金。宣统二年（1910），县政府于县城、偏刀水场、蜂岩场、绥阳场设关卡征收税捐。民国三十二年（1943）增设税务机构，除县城外，在偏刀水场、永和场、朱家场、绥阳场等处设乡征收所，在全县各场镇征收税捐。民国三十七年（1948）成立县税捐稽征处，各地设立征收分处，绥阳镇设立税捐征收办事处，专司征收过往客商营业税。

二、中华人民共和国建立后的凤冈县经济发展概况

中华人民共和国的建立使凤冈经济发生了翻天覆地的变化。凤冈县自古农田靠自然水力灌溉，耕作制度落后，结构单一，种植品种不多，尤其受封建土地制度的桎梏，产量不高，1949年水稻亩产不到400斤，玉米不到200斤，油菜不到100斤。中华人民共和国成立后经过土地改革，调整了生产关系，人民翻身成了土地的主人，大大解放了生产力。同时，人民政府也大力采取措施，发展农业生产和商品经济，不断提高人民生活水平。中华人民共和国建立初期，全县粮食产量4443.54万公斤，人均产量237.4公斤；油菜产量40.4万公斤；生猪5.1622万头，耕牛2.9152万头，山羊691只；农民人均纯收入19元。1998年，全县粮食产量2亿多公斤，人均产量533公斤；油菜产量1339.5万公斤，生猪30万头，耕牛7.7万头，山羊10.8万只，家禽100万羽；农民人均纯收入1633元①。另就私营经济情况而言，1950年，全县有私营企业197户、资金4124万元，至1951年，增至227户，资金达27133万元，时过三年，至1954年，私营商业营业额19.9万元，

---

①《凤岗五十年》编辑委员会编：《凤冈五十年 1948—1999》（内部资料），深圳市帮华印务设计有限公司1999年印刷，第140页。

占国营营业额的7.9%①。就集镇情况看，1953年全县农村集镇47个，1962年调整为36个，1985年再调整为29个，其中包括绥阳场。

农业经济是基础，发展农业经济首先要解决水利问题。众所周知，水利是农业的命脉，没有水利，农业只能是“望天收”。为解决水利问题，凤冈县自中华人民共和国建立以来，不断兴修卓有效益的大小引水工程224处，提灌工程281处，同时改良土壤，推广良种，提高复种面积指数，坚持科学耕种，开发非耕地，特别实行家庭联产承包责任制后，农作物单产不断提高。1992年，水稻亩产747.6斤，比1949年提高50%左右，玉米亩产400斤，提高50%。20世纪五六十年代，尽管农业生产有所波动，但水利建设和农业总体上仍在缓慢向前发展，如“文革”后期，人民群众开展大规模的兴修水利和农田基本建设，促进生产条件的改善。正因为此，1975年农业总产值比“文化大革命”初期大有提高。1978年12月中共十一届三中全会后，农业全面实行家庭联产承包责任制，产量逐年提高，并在逐步实行变革，向专业化、多元化、社会化迈进中出现高速发展的新局面，进入振兴时期。据统计，1985年农业总产值比1980年增长29.40%，到1990年农业总产值比1985年增长22.05%，1992年比1990年增长43.68%。改革开放后，凤冈县粮食除自给外，每年向国家提供商品粮（大米）千万斤以上，被誉为“黔北粮仓”，是全国商品粮基地建设县②。

特别要说明的是黄泥塘水库和大龙塘引水工程。前者位于绥阳镇金华村黄泥塘，坐南向北，与县城直线距离7.5公里；1966年冬，绥阳区组织群众动工兴修，建于洪渡河支流观音桥河黄泥塘；库区基流每秒0.2立方米，集雨面积18.3平方公里；系小（二）型蓄水工程，属于乌江水系洪渡河中游支流水系。大坝为均质土坝，设计灌溉面积5400亩；水资源丰富，年可复蓄2-3次，灌溉库区附近农田1000亩；建成之后即发挥了巨大作用，在1972年“百日大旱”中，灌溉效益十分明显；1973年大坝继续施工，至1977年增高至14米，蓄水98万立方米；1978年兴修渠系配套工程，1987年底全面竣工，占地312亩，大坝高16.5米、长294米，坝顶宽4米，蓄水183.2万立方米，东、西混凝土现浇干渠24.54公里，支

① 贵州省凤冈县地方志编纂委员会：《凤冈县志》，贵州人民出版社1994年版，第504页。

② 贵州省凤冈县地方志编纂委员会：《凤冈县志》，贵州人民出版社1994年版，第3页。

渠3条合计3.5-7公里；支渠流经44个村民组，灌溉农田944.43亩，渠中有石拱渡槽4座，总长610米，排水管渠道倒虹管160米，是绥阳镇乃至凤冈县重要的水利工程，至今仍发挥着巨大经济效益和社会效益。大龙塘引水工程位于绥阳镇安坝村，1965年11月动工兴修，1974年5月竣工，工期历时9年，凿隧洞375米，引出地下水量0.05立方米/秒，输水渠道2公里，灌溉农田1000亩。

绥阳镇黄泥塘水库库区一角①

其次是大力发展蚕桑业。凤冈栽桑养蚕始于清道光年间，当时只有少数农民栽植少量桑树，少量饲养，没有成片桑园，没有形成规模，产量不高，更没有成为产业。经过多年缓慢发展，直到民国三十年（1941），全县产柞蚕丝也仅有100公斤，时隔三年即民国三十三年（1944），蚕茧产量有较大提升，达到1900公斤，1949年产量高达6250公斤。中华人民共和国成立后，柞蚕、桑蚕同时发展，1952年产茧1.5万公斤，次年为3.48万公斤，1956年提高到5.62万公斤，1960年后，产量稳定在3万公斤左

① 凤冈县文体广电旅游局编：《历史的记忆——凤冈县第三次全国文物普查成果汇编》（内部资料），遵义德堡印务有限公司2013年印刷，第197页。

右。经过多年的积累，1967年产量特别高，跃升到10.81万公斤，其中柞蚕、桑蚕各占50%左右。就蚕饲料而言，凤冈主要靠野生桑和部分栽培桑，没有注重桑树的改良和栽培，桑园面积极少。由于多种原因，凤冈人工种桑经历了一个较大的变化过程：1963年全县有桑园仅422亩，1966年几乎全部毁灭，到1975年又有所发展，1977年再遭破坏，1983年再度重视蚕桑生产。此后，不仅一定程度扩展桑园面积，而且注重对桑树品种的改良，先后从四川、浙江等地引进改良嫁接桑188万株示范推广，搞成片桑园和田间四旁栽桑。桑田主要的肥料是有机肥，正如凤冈民间农谚："养猪不赚钱，肥土又肥田"。

茶叶也是凤冈大力发展的产业。凤冈产茶、饮茶历史悠久，可溯及汉唐。唐代陆羽《茶经》所载："茶之出黔中：生思州、播州、费州、夷州"，"其味极佳。"① 宋代乐史《太平寰宇记》载夷州："土产：茶。"② 凤冈属古夷州，其治所在今凤冈县绥阳镇。乾隆《石阡府志》云："茶，龙泉各山间有。"③ 从古代典籍的点滴记载中可以看出，凤冈不仅产茶，而且所产的茶是"其味极佳"，是品质极高的茶叶。《凤冈县志》（1994年）记载，凤冈人饮茶也有悠久的习俗，历时2000年之久，在祭祀、宗教、饮食等多个领域都能看到茶叶的身影。凤冈人把茶与饮食结合起来，做成清茶、沙罐茶、油茶等健身的饮料，其中，油茶俗称"干劲汤"，其原料有黄豆、花生米、核桃仁、芝麻、猪肉脆哨、茶叶、菜籽油等，香浓可口，民间有"一天不喝油茶汤，干起事来心发慌，喝了油茶汤，周身硬邦邦"的俗语。凤冈的植被广布，气候温和，土壤里含有锌、硒微量元素，通过茶叶种植，使之自然吸收于茶叶中，而茶叶浸泡所析出的锌、硒元素易于人体吸收，对健康十分有益。凤冈的自然条件为其发展茶业提供了很好的先天条件和优势。2006年1月，凤冈富锌富硒茶，被列入"中华人民共和国地理标志保护产品"。资料显示，2019年末，全县茶园总面积40万亩，涉及全县14个乡镇70个村居，茶叶的广泛种植已使茶业成为凤冈的支柱

---

① （唐）陆羽著，于良子注释：《茶经》，浙江古籍出版社2011年版，第29页。

② （宋）乐史撰，王文楚等点校《太平寰宇记》卷121《江南西道·夷州》，中华书局2007年版，第2409页。

③ （清）罗文思：乾隆《石阡府志》卷7《田赋志·物产》，载贵州省地方志编纂委员办公室辑：《贵州历代方志集成》（第39册），中国文史出版社2016年版，第469页。

产业①。

永安镇茶海之心景区　罗逸 摄

绥阳镇境内地貌以丘陵地带为主，平坝、山地交错其间。气候温和，雨量充沛，耕地面积广，农业开发早，是凤冈著名历史文化乡镇。据相关资料记载：绥阳镇1992年总人口30757，人口密度约200人/平方公里；2007年绥阳镇人口36426人，人口密度约237人/平方公里；2009年绥阳镇人口38145，人口密度约248人/平方公里；2013年绥阳镇人口39448人，人口密度约257人/平方公里；2017年绥阳镇人口41665人，人口密度约271人/平方公里。由此可见，绥阳镇人口密度逐年提升。绥阳镇主产水稻、玉米、小麦、油菜、黄豆。1978年后建有小水电站、水泵站、电灌站49个，尤其是黄泥塘水库，灌田万余亩；时有集市网点21个，年成交额41.17万元；社会商品销售总额443.55万元，1992年工农业总产值2777万元②。

① 贵州频道—人民网 gz-people.com.cn.

② 贵州省凤冈县地方志编纂委员会：《凤冈县志》，贵州人民出版社1994年版，第73页。

绥阳镇稻香丰年　罗逸 摄

2007 年，绥阳镇农业生产总值 8437 万元，人均农业生产总值 2316 元，地方财政收入 100.5 万元，粮食总产量 1552.9 万公斤，人均粮食产量 426 公斤，农民人均纯收入 2449 元。2008 年，该镇粮食总产量 1679.5 万公斤，农业总产值 9773 万元，比上年增长 15.8%，工业总产值 97279 万元，从业 26948 人，大牲畜存栏数 4215 头，生猪存栏数 22012 头，大牲畜出栏数 321 头，生猪出栏数 20126 头，人均占有粮食 435 公斤，人均纯收入 3166 元。2009 年，粮食总产量 1726.1 万公斤，农业总产值 10653 万元，比 2008 年增长 9%，工业总产值 101170 万元，从业 27654 人，大牲畜存栏数 4460 头，生猪存栏数 21029 头，大牲畜出栏数 363 头，生猪出栏数 22503 头，人均占有粮食 453 公斤，人均纯收入 3244 元。2010 年，粮食总产量 1761.5 万斤，农业总产值 12454 万元，比 2009 年增长 16.9%，工业总产值 106229 万元，从业 28554 人，大牲畜存栏数 4759 头，生猪存栏数 29280 头，大牲畜出栏数 355 头，生猪出栏数 25015 头，人均占有粮食 475 公斤，人均纯收入 3699 元。2013 年，全镇地方财政总收入达到 1477.22 万元，增长 18%；1000 人拥有个体工商户数 26 户；人均农业总产值 5162

元；农民人均纯收入 6137 元。2015 年，地方财政收入 1210 万元，农民可支配收入达 8566 元。2016 年，地方财政收入 1210 万元；农民可支配收入达 8566 元。2017 年，完成财政总收入 2077 万元，地方财政收入 669 万元；农民可支配收入达 9852 元；金融机构存贷款余额分别达 3. 36 亿元和 1. 81 亿元[①]。上述某些数据大小略有波动和变化，但总体呈现出绥阳镇经济不断增长的趋势，表明绥阳镇经济总体上发展情况良好。

凤冈县城北粮仓

① 资料出自 2008 年、2009 年、2010 年、2013 年、2015 年、2016 年、2017 年《绥阳镇年鉴》（未刊印），由安红、高晓超、裴若君等贵州师范大学研究生在绥阳镇相关部门调研收集。

绥阳镇粮仓

琊川镇大都粮仓

蜂岩镇粮仓

新建镇官田粮仓　汤权　王险峰 摄

第五章　历史时期凤冈县民族与文化变迁

——以玛瑙山为中心

中国古代文献中的“民族”，既是指宗族之属，又是指华夷之别，包含了区别华夏、蛮、夷、戎、狄的含义。中华人民共和国建立后，在对民族的识别中，依据斯大林的民族概念，即民族是人们在历史上形成的一个有共同语言、共同地域、共同经济生活以及表现于共同文化的共同心理素质的稳定的共同体。把处于各种社会形态的人们共同体，只要基本具备了四个特征，均被认定为同一民族①。然而，我们在探讨凤冈古代民族时，应力图更多地从当时的历史语境中，从中国古代民族的概念来进行解读。

关于文化的定义，中外古今学者们下的定义众说纷纭，有 200 多种。但是不管怎样，文化不外乎包括物质文化和精神文化，有的学者则认为包括物质文化、制度文化和精神文化。英国人类学家爱德华·泰勒（1832—1917），被人类学界尊称为“人类学之父”，在其代表作《原始文化》中他给“文化”下过定义：“文化或称文明，就其广泛的民族学意义上来说，乃是包括知识、信仰、艺术、道德、法律、风俗以及任何人作为一名社会成员而获得的能力和习惯在内的复杂整体”②。泰勒在书中对文化的界定至今仍是我们理解当代社会文化问题的基本框架。

---

① 参见《斯大林全集》第 2 卷，人民出版社，1953 年，第 294 页。

② 泰勒著，顾晓明译：《原始文化》，浙江人民出版社 1988 年版，第 1 页。

第一节　历史时期凤冈县民族分布与区域文化

每个民族都有独特的生存样态，民族文化即是某一民族在长期共同生产生活实践中产生和创造出来的、能够体现本民族特点的物质和精神财富的总和，它反映该民族历史发展的水平。

一、中华人民共和国建立前的民族及其分布概况

凤冈县境古属“西鄙”“夜郎”“南蛮”之地，世代生活着“土人”“诸苗”“僚人”等族群，这些都是王朝国家语境下对凤冈非汉人群体的称谓，也就是我们今天所说的世居民族，即土家族、苗族和仡佬族的先民。隋、唐、宋年间在县境内设郡、州、县治所，汉族开始迁入。元朝时县境内多为仡佬族、苗族、土家族、汉族杂居。明代仡佬族、苗族人口增多。随着历史的演变，因战争、饥荒，致使人口流动较大，每次流动使得汉族人口相对增多，少数民族人口减少，土地肥沃的平坝，多为汉民族居住，少数民族移居偏僻山区。康熙《湄潭县志》载：“湄潭县山多田窄，从平播之后，苗蛮殆尽，并无土著土人。迨后招集具系各省流民填实地方，而江右川湖之人居多。”①光绪《湄潭县志》在描述明万历二十八年（1600）平播之战时有这样的记载：“湖广一路由偏桥（即施秉）进师，分两翼，总兵陈璘由白泥（即余庆）、副总兵陈良玭由龙泉，均取道湄潭，奉督师令战，勿受降。一时鼠窜，杀略尽，妇孺不留，而苗民自此勿遗种矣。”②明清时期湄潭管辖今凤冈，平播战争发生在1599—1600年，这说明在此年之前，凤冈一带当居住有较多少数民族，因为此处的苗蛮是少数民族的统称，在此之后，少数民族人数大为锐减，在凤冈分布很少。平播战争为何对今凤冈县民族分布有巨大影响呢？这与龙泉之役关系密切。

---

①（清）杨玉柱纂修：康熙《湄潭县志》卷1《村寨》，载段志洪、黄家服主编：《中国地方志集成·贵州府县志辑》（第33册），巴蜀书社2006年版，第606页。

②（清）吴宗周修、欧阳曙纂：光绪《湄潭县志》卷6《武备志·师旅考》，载段志洪、黄家服主编：《中国地方志集成·贵州府县志》（第39册），巴蜀书社2006年版，第496页。

从龙泉所处的地理位置看，它位于思南府、石阡府西面，是播州（即今贵州遵义）东出思南、石阡的必经之地。龙泉城距播州界仅数里，与播州接壤，呈犬牙交错之势，是思南、石阡二府的西面屏障，既是扼守思、石二府的桥头堡和咽喉之地，又是观察播州杨氏土司动向的前沿哨所。正是由于龙泉极为重要的战略位置，所以在嘉靖三十四年（1555），明朝就将思、石守备军移驻龙泉，统辖二府之内的各土司。万历二十五年（1597），平播战争一触即发，杨惟中任思石守备，领兵二千余名，与龙泉长官司长官安民志共同扼守龙泉。万历二十七年（1599）六月，播州土司杨应龙的播军攻破綦江城（今重庆綦江区），并准备进攻南川、龙泉，计划将二处所囤粮食全部烧毁，使进剿的明军没有粮食供给。七月，播州军完成了对龙泉的包围。十二月，播州军队分五路从锡落关（今湄潭县天城乡星联村锡落坪）、龙洞哨（今凤冈县何坝乡新花铺）、穿阡哨（今凤冈县何坝乡穿阡）、三跳哨（今凤冈县龙泉镇西山村）、绥阳哨（今凤冈县绥阳镇）攻打龙泉。驻扎在龙泉的思石守备杨惟中临阵脱逃，只剩龙泉长官司长官安民志率兵驻守龙泉。在杨应龙军队的进攻下，安民志及所率将士全部阵亡，播州军队将龙泉司付之一炬，并对周边居民大加杀戮。正是这场龙泉之役，使凤冈当地居民数量严重减少，造成了康熙《湄潭县志》所说的“平播之后，苗蛮殆尽，并无土著土人”的景象。光绪《湄潭县志》所谓的“而苗民自此勿遗种矣”。此说在成书于道光年间的《黔南识略》中同样有相关记载，该书云：“通属均系汉庄，无苗寨、土司。”①

由上述分析可知，历史时期汉民族迁入凤冈的人数逐渐增多，相反，少数民族人口逐渐减少，民国时期甚至有凤冈无少数民族的说法，其主要原因是历史上几次大的军事战争所致。唐朝末年，播州（今黔北地区）陷入战乱，唐朝由于自身力量薄弱，无力运用强大的军事力量解决西南问题，这就为当地的土酋大族控制播州创造了条件。

秦始皇统一中国后，废除分封制，推行郡县制。遵义也于这一时期被纳入统一的行政建制。以原方国鳖国置鳖县，隶于巴郡，县治在今遵义市附近，包括今绥阳、桐梓、遵义、仁怀四县地。西汉继续推行郡县制，并

---

① （清）安必达撰，罗丽丽点校：《黔南识略》，载贵州省文史研究馆编：《续黔南丛书》（第二辑上册），贵州人民出版社2012年版，第160页。

使之进一步完善。汉武帝时，在各郡之上增设州一级建置，地方行政机构由原来的郡县两级演变为州、郡、县三级。汉武帝通“西南夷”以后，遵义地区就行郡县建置，先后隶属牂柯郡、犍为郡，其鳖县有今遵义、桐梓、正安、湄潭、凤冈等县。魏晋南北朝时期，分别为蜀汉及两晋南朝属地，晋建兴元年，分牂柯郡置平夷郡，鳖县地属之，宋、齐、粱、陈相沿。隋代从统一全国到灭亡，仅存在38年的短暂时间，局势一直不稳，播州地域行政建制变更频繁。播州始建于唐朝，唐太宗贞观十三年（639）置播州。贞观十四年（640年），又更改各县的名称：改恭水为罗蒙县，改高山为舍月县，改贡山为湖江县，改邪施为罗为县。贞观十四年（640），更罗蒙为遵义，这是遵义之名见于记载之始。居于四川泸州、宜宾地区的僚人随着农业生产的发展，将中原和四川盆地先进的农业工具和农业技术传入此地，使得在唐末王朝势力的真空地带，实力逐渐得到增强，其中以杨端为首的杨保族势力较为强盛。乾符三年（876），居住在叙永以东，合江、泸县南境边徼习水及赤水河流域下游一带的僚族土豪杨端，偕八姓族人兴兵，太汪带路，自泸州、合江“迳入白锦（今遵义县南）”，结土豪庾、蒋、黄三氏，打败罗闽和僚人，据有播土。从此杨氏取代罗氏世代盘踞于此，并历任播州刺史、播州宣慰使。随之，大批川南流民进入播州，与此同时，还有一部分流民进入龙泉即今凤冈县，时称“杨保”。据明万历《贵州通志》云：“曰杨保者，性奸狡，其婚姻死葬颇同汉人。”[①] 清乾隆《贵州通志》也记载：“杨保乃播州之裔，多在遵义龙泉，其婚姻葬祭颇同汉人，亦有挽思哀悼之礼。但性狡而犷，间或缘事，官司差役拘提，辄抗拒不出”[②]。历史地理学家谭其骧先生认为“杨保”出自泸夷，“此盖明末或清初之观察，时杨保汉化已深，原有习俗，丧失殆尽矣，今则其人已无遗类，已无从实地考验”[③]。北宋末宋金战争的持续，南宋末年，今绥阳镇农民任正隆起义反抗政府，遭到官府联军的残酷镇压，今凤冈一带各族人民均有不少死亡和迁徙；明初，朱元璋进军湖南，思南宣慰司纳土归

① （明）江东之修：万历《贵州通志》卷17《石阡府·沿革》，书目文献出版社1990年版，第380页。

② （清）鄂尔泰等修，靖道谟、杜诠纂：《贵州通志》（乾隆六年刻本）卷7《苗蛮》，载《中国地方志集成》（第4册），第126页。

③ 谭其骧：《播州杨保考》，载《贵州民族学院学报》，1982年第1期，第4页。

降，唯龙泉官长司的覃、韩苗民不服“王化”，遭到明军镇压，少数民族几乎是遭受了灭顶之灾，幸存者均隐姓埋名远走他乡或者隐居大山深处。正德年间，琊川镇任仙峰方四起义，同样遭到驻守在四川、湖广的明军镇压，战争中均是强悍的少数民族民众死亡最多。如前所述的明万历年间的平播战争，播州杨应龙的军队在龙泉与土司安民志所率军队激烈鏖战，阵亡者亦多是少数民族士兵。战争平息后，大量来自四川、江西、湖广等省的汉民族陆续涌入龙泉。清初，南明王朝的一支败军进入石阡，进驻龙泉，与当时抵抗李自成军进入贵州的王详合力抗击孙可望、李定国，在龙泉地区进行多次战争，造成当地民众大量死亡、逃亡。特别残酷的是清代咸丰、同治年间，在“反清复明”旗帜下的号军发动起义，在龙泉县境大部分土地上与官军进行了长达 12 年之久的拉锯战争，各民族百姓大批死亡、逃亡，十室九空。事件平息后，逃亡后归者少，今重庆渝东南的酉阳、彭水、秀山以及今铜仁所属的沿河、印江等地的各民族大量迁入龙泉，建立家园定居下来。所以，战争对当地民族人口数量的变化带来了很大的影响。

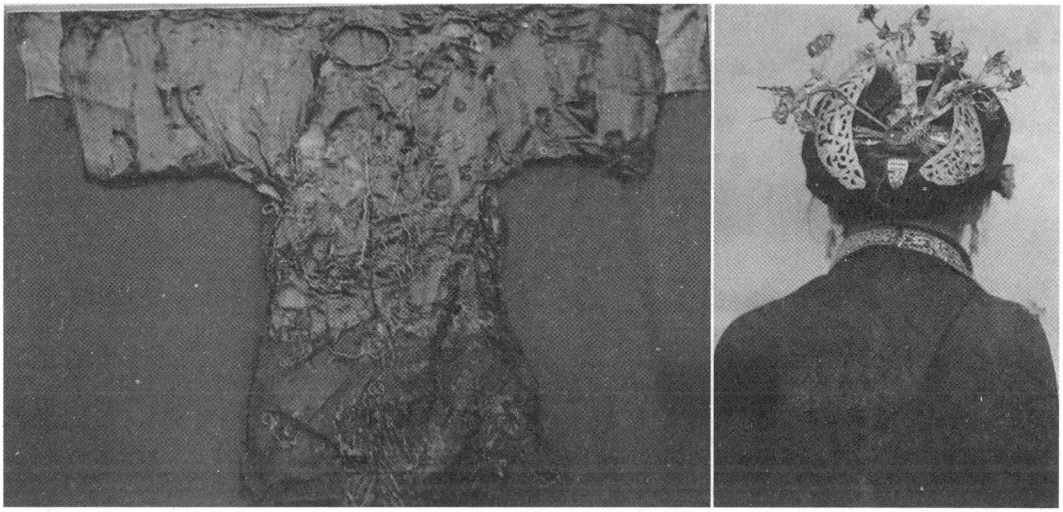

凤冈琊川镇余粮村杨氏寨仡佬族贯首服和发髻头饰①

① 贵州省遵义市地方志编纂委员会编：《遵义地区志·民族志》，贵州人民出版社 1999 年版。

二、中华人民共和国建立后的民族及其分布概况

在中华人民共和国成立时，中国人民政治协商会议第一届全体会议通过的《中国人民政治协商会议共同纲领》中规定："中华人民共和国境内各民族一律平等，实行团结互助，反对帝国主义和各民族内部的人民公敌，使中华人民共和国成为各民族友好合作的大家庭，反对大民族主义和狭隘的民族主义，禁止民族间的歧视、压迫和分裂各民族团结的行为。"在1954年9月第一届全国人民代表大会第一次会议上通过的《中华人民共和国宪法》规定："中华人民共和国是统一的多民族国家。各民族一律平等。禁止对任何民族的歧视和压迫，禁止破坏各民族团结的行为。"1982年12月第五届全国人民代表大会第五次会议上通过的《中华人民共和国宪法》进一步规定："国家保障各少数民族合法的权利和利益，维护和发展各民族的平等、团结、互助关系。禁止对任何民族的歧视和压迫，禁止破坏民族团结和制造民族分裂的行为"。这就从国家根本大法上明确规定了我国各民族一律平等和各民族团结友好的关系。从而激发了各民族人民当家作主的自豪感和对社会主义建设的创造精神，凤冈的民族关系进入了一个崭新的阶段。

随着国家民族识别工作的开展，凤冈县境内的少数民族逐渐增多。据1964年第二次人口普查统计资料，有苗族18人、满族7人、彝族4人、回族2人、侗族2人、布依族1人、高山族1人、土家族1人、仡佬族1人，共9个少数民族，总计37人。至1982年第三次人口普查时，苗族增至39人、壮族增至10人、布依族增至13人，侗族增至18人，其他少数民族也相应增加，总计134人。到1987年止，全县对少数民族进行识别认证，共有21405人，约占总人口的6.3%，其中苗族人口最多，有45929人，土家族居其次，有10994人，仡佬族有5678人。至1990年，县域内共有少数民族14个、4446户、21405人，人口数量较多的主要有苗族、土家族、仡佬族、布依族。1992年全县有15个少数民族，分别是土家族、苗族、仡佬族、侗族、彝族、布依族、哈尼族、黎族、傣族、回族、水族、壮族、京族、白族、满族，共计24178人，其中土家族人口最多，有14118人，仡佬族居其次，有5652人，苗族有4352人。又据2000年人口普查统计资料显示，全县少数民族占总人数的23%，各民族人口数量的具体情况是：土家族24005人、苗族12700人、仡佬族10570人、侗族274人、布依族159人、蒙古族111人、彝

族65人、回族57人、壮族39人、维吾尔族29人、朝鲜族16人、白族16人、藏族14人、黎族13人、满族12人、水族10人、达斡尔族8人、哈尼族7人、撒拉族6人、京族5人、瑶族5人、傣族2人、纳西族2人、高山族2人、拉祜族1人、傈僳族1人、鄂温克族1人。

绥阳镇盛家寨风雨桥①

总体来看，20世纪70年代至90年代，县境内主要民族有汉族、土家族、仡佬族、苗族。其后随着民族政策的落实，外地人口迁入，仡佬族、土家族、苗族等人口数相对增多。县境除汉族外，其他27个民族呈大分散与小集居、汉族与其他民族混居的特点。就民族的具体分布情况看，仡佬族主要分布于永安镇、龙泉镇、绥阳镇、土溪镇关坝村和琊川镇余粮村；苗族主要分布于土溪镇、绥阳镇、龙泉镇、新建乡、王寨乡；土家族则散居于县境各地。② 中华人民在共和国成立后凤冈少数民族人口的逐渐增多，其主要原因是国家的民族政策好，各类工作人员的工作调动、各类学校学

① 凤冈县文体广电旅游局编：《历史的记忆——凤冈县第三次全国文物普查成果汇编》（内部资料），遵义德堡印务有限公司2013年印刷，第103页。

② 贵州省凤冈县地方志编纂委员会：《凤冈县志》，贵州人民出版社1994年版，第48页。

生的分配及转业军人的迁入，以及少数民族与汉族通婚等，反映了民族大家庭的和谐相处。就绥阳镇的民族情况看，1992 年主要民族人口状况是：汉族 21236 人、土家族 6379 人、仡佬族 2769 人、苗族 1181 人、侗族 3 人、彝族 7 人、布依族 1 人、京族 1 人。

据凤冈县最新统计数据，2019 年，全县总人口数为 449850 人，其中汉族 364854 人，少数民族人口为 84996 人，占全县总人口数的 18.89%。就少数民族具体人数看，土家族人口仍居第一，为 40881 人，苗族居其次，为 22983 人，仡佬族排第三，为 18394 人，侗族 759 人，布依族 669 人，壮族 341 人，彝族 282 人，瑶族 92 人，水族 85 人，白族 54 人，回族 51 人，仫佬族 27 人，藏族 11 人，等等，共 33 个民族①。中华人民共和国成立 70 年来，凤冈县各族人民形成了你中有我、我中有你的和谐共生、共同发展的局面，全县各族人民正朝着更加光辉灿烂的未来前进。

第二节　区域文化地理

凤冈仙人岭祭茶大典　罗逸 摄

① 数据来源于凤冈县人民政府网（http://www.gzfenggang.gov.cn）。

文化既是一个地区的代表符号，也是人们的具体生活方式；它既是实践经验的结晶，也是教育传承的结果。由于自然环境与历史发展历程不同，区域文化存在明显的差异。凤冈自古民族众多，自元明以来，大量汉族人口的进入，改变了以往“夷多汉少”的局面。在中原文化的影响下，凤冈少数民族渐染华风，逐渐形成崇文尚武、忠孝传家、爱护自然、重视农耕的文化氛围，至今凤冈人仍然喜读书、求知识，群众文艺生活丰富多彩，体现了深厚的文化底蕴。

一、学校及其分布

学校既是传承文化的重要载体，又是文化发展的重要标志。就目前所见史料看，尚不清楚凤冈县和绥阳镇最早的学校何时出现。有一条信息值得关注：万历《贵州通志》记载：“朱嘉宾，生员，龙泉司人。”[①] 所谓“生员”，一般是指在太学等处学习的人，明清时期特指经本省各级考试入府、州、县学的读书人，俗称秀才，亦称诸生；生员常受本地教官（即教授、学正、教谕、训导等）及学政（明为学道）的监督考核。由资料看，朱嘉宾是龙泉司走出去的生员，他在哪上学很关键，这事关龙泉何时办学的问题。贵州自明永乐十一年（1413）建省至嘉靖的百余年间，一直没有乡试科场，凡要科考的学子都要千里迢迢到云南昆明去应试，道路崎岖，行旅艰难。尽管多任贵州抚按多次向朝廷申报自设考场，但一直未能如愿，导致贵州边远州县的读书人科考极为不便。思南人田秋于嘉靖九年（1530）向皇帝上《开设贤科以宏文教疏》，奏请在贵州独立设乡试考场，经过多次申请，最终在嘉靖十四年（1535）获得朝廷批准，十六年（1537）贵州首次开考。资料记载，朱嘉宾在明穆宗隆庆元年（1567）与劫持自己父亲的强盗搏斗，后被强盗杀死。[②] 这说明，朱最迟是在1567年前获得生员资格的。在当时交通极为不便的情况下，朱嘉宾有可能是在当地读书。尽管我们不能确认朱嘉宾就是在龙泉这块土地上读书，就以此来

---

① （明）江东之修：万历《贵州通志》卷17《石阡府·孝义》，书目文献出版社1990年版，第388页。

② （明）江东之修：万历《贵州通志》卷17《石阡府·孝义》，书目文献出版社1990年版，第388页。

判断龙泉最早建校的时间，但至少我们可以判断，朱嘉宾是龙泉较早的知识分子，是龙泉的文化人。乾隆《石阡府志》：土百户王如昌，明“洪武三十三年（1400），如昌征苗有功，本职外授思州千户所、上百户，俱世袭。永乐九年，存右副长官司，裁左副长官司，如昌之次子也以长子显文袭土司百户职，有勇善谋，阡之屯砦，多显保全，以忠义称入乡贤嗣。子孙繁衍，耕读为业，以礼教相尚……显文之五世孙王应民能读父书，修族谱以训后人……孝廉王洋、王士蔼、王士藻、王元佐等，科第蝉联，皆如昌公之嫡裔，衣冠馥郁，更有愈炽愈光者”①。从文字表述看，王氏一家重视教育，传承文化，通过科举考试，成就了不少功名，侧面说明凤冈教育文化在某些世家大族家庭颇受重视，对当地文化发展有积极作用。

明代万历年间的改土归流时划拨龙泉县归石阡府，成为石阡府仅有的一个县，由于学校教育建设在府学上，所以直到清代龙泉才有学校。康熙《湄潭县志》云：“万历庚子年建县，其学附黄平州。迄万历四十八年（1620），本县始建学。”② 由此看，湄潭最早办学是在万历四十八年即1620年，那么，推测凤冈办学时间应该是这个时间之后。此推断在康熙《龙泉县志草》中得到印证：龙泉的学校有“先师庙、明伦堂、梓潼宫”，梓潼宫在明伦堂侧面，说明二者紧挨；另有义学，在学宫右侧。由此看来，当时龙泉还建有学宫。康熙《龙泉县志草》还曰：“龙泉自前明以来，士子俱附入石阡府学肄业，康熙三十八年（1699），巡抚王（燕）疏题生员始取入县学。”③ 也就是说，康熙三十八年即1699年，凤冈县始有自己的学校。此说也有相关文献记载加以印证：“龙泉县学在县城西，本朝康熙三十八年（1699）建，四十八年（1709）修，入学额数八名。”④龙泉县学学额为：额进八名，廪生二十名，增生20名，二年一贡⑤。从此龙泉县的

① （清）罗文思：乾隆《石阡府志》卷3《职官志 · 龙泉长官司》，载贵州省地方志编纂委员办公室辑：《贵州历代方志集成》（第39册），中国文史出版社2016年版，第422页。

② （清）杨玉柱纂修：康熙《湄潭县志》卷1《学校》，载段志洪、黄家服主编：《中国地方志集成 · 贵州府县志辑》（第33册），巴蜀书社2006年版，第608页。

③ （清）张其文纂修：康熙《龙泉县志草》（不分卷），康熙四十八年（1709）稿本，载黄家服、段志洪主编：《中国地方志集成 · 贵州府县志辑》（第38册），巴蜀书社2006年版，第654页。

④ 清仁宗敕撰：嘉庆《重修大清一统志》卷505《石阡府 · 学校》。中华书局1986年版，第32册，第25539页。

⑤ 参见（光绪）《大清会典》卷380《礼部 · 学校 · 贵州学额》

教育纳入与中原一体化的国民教育，为读书人有了更好的教育条件和前途。

古代学校一般分为三种，一是政府出资办校，如府学、县学；二是地方公益金或私人筹资办学，多称义学，三是由个人出资办的私塾。龙泉县学系清康熙三十八年（1699）春，贵州巡抚王燕疏题奏准建立，初设训导1人；四十四年（1705）添设教谕1人，至是县学规模趋于完善。县学为县内唯一教育行政机构，掌管教诲及所属生员及童生参加入学考试。取得秀才资格的才是县学生员。时县内定额文生武生各8名。县学课程主要为经、史、性理及八股文、试帖诗，还颁行《圣谕十六条》和《圣谕广训》课程，劝导生员敦孝悌、笃宗族、和乡党、黜异端、明礼让、定钱粮、联保甲，还规定《圣谕》于每月初一、十五两日，由教谕、训导集县学生员宣读，责令遵守，违背者轻则处分，重则治罪；教谕、训导还主持春、秋两季的祭祀、讲学、改文，协助上一级学官考取生员。县学生员无固定结业时间，只有考取府学后才算县学休业，归属府学掌管。义学即免费就读之意。清雍正六年（1728）知县杨逢琼创立，地址在当时县学右侧（今老电厂），主要招收富家子弟，其功课以四书五经为主，方法单个授教，包括读、写、作几个方面，其中，读包括教、背、温、讲等内容，写包括大小字的描红、横格、临摹等练习，作包括作文、习对、吟诗等训练。学完课程以应各级三年一次的考试。清光绪后期废科举考试，同时废除八股文、教与学模仿策论、作议论文、说明文。另一类义学为书院。清乾隆三十年（1765），知县李合偕同县内士绅、富商捐资捐田建立达泉书院，院址在当时县考棚即今凤冈县人民法院内；乾隆五十一年（1786）在县城内建成龙泉书院。[①] 书院学生分为两类，一是准备再应乡试的秀才，编为“文生月课”班，二是准备参加府考的童生，编为“文生常课”班。书院是为科举考试而设置的学校，重点传授《四书集注》以及《诗经》《尚书》《礼记》《周易》《春秋》五经，其次攻读《周易折中》《诗义折中》《书经评政棠纂》《名臣罪人诗草》等书籍，课业的中心是做好八股文和试帖诗，教学方式以聚徒授课和学生自学相结合。[②]

最后一类学校是私塾。有清一代，凤冈县境城乡均开办有私塾，一直

---

① 清仁宗敕撰：嘉庆《重修大清一统志》卷505《石阡府·学校》，龙泉书院：“在县城内，乾隆五十一年建。”中华书局1986年版，第32册，第25539页。

② 参见《凤冈县志》（1994年），第617页。

沿袭到1949年。随着公立小学的创办和普及，私塾逐渐消失。还要提及的是集资办学。早在清代，民间就有捐田献地、献料投劳、出钱出粮开办学校的，这类学校属于集资办学。民国时的私立达泉小学、凌云小学、维新小学都是由热心教育事业者倡导群众集资办起来的。另外，村寨延师设馆也是由群众自筹资金。不管何种方式办学，在历史时期都对儒学在凤冈的传播和民众国家认同的构建，以及凤冈文化的发展起到了积极作用。

蜂岩镇安家寨龙灯　汤权 摄

二、艺术种类及其演变

古人在祭祀先贤时，有一定的仪式，这些仪式体现着一种艺术之美。光绪《湄潭县志》对此记载颇为翔实："乐器麾一，编钟编盘各十，有六琴、六瑟、四排箫、二箫、笛笙各六埙，二篪、四建鼓一、搏拊二，柷、敔各一，木笏六，设于阶下，分左右悬，乐律中和韶乐，春以夹钟为宫，秋以南吕为宫，乐章六，奏《舞佾》《六佾》三，献均文舞，舞器引舞以旌节，左右各一，文德之舞以羽钥各三十有六。"① 此中有大量乐器，还有不少演奏和舞蹈规则，体现了祭祀时的庞大阵容，展示了艺术的魅力。

凤冈境内山高谷深，长期的狩猎生活和山地农耕，养成了他们"俗好

① （清）吴宗周修、欧阳曙纂：光绪《湄潭县志》卷3《营建志·学校》，载段志洪、黄家服主编：《中国地方志集成·贵州府县志》（第39册），巴蜀书社2006年版，第455页。

巫鬼，多禁忌”的风俗。明清以来，大量汉人的进入，汉民族的风俗节气也日渐兴盛起来。加之地处黔东北，文化多受川南文化和乡沅文化的影响，因此凤冈地域文化是多元共存、和而不同。走进新时代，凤冈各族人民“各美其美，美人之美，美美与共”，呈现出文化生活的多姿多彩、生机勃勃、融合创新。

蜂岩镇傩戏上刀山 汤权 摄

（一）民间文艺

凤冈民间文化艺术种类繁多、源远流长。光绪《湄潭县志》云：“淫声艳曲，媚俗所无，惟正月元宵，城乡剪彩为灯，名曰花灯，拣少年为女装，伴以鼓乐沿门踏唱，主人酬其灯费，或觞以酒。又多烛龙，颇类楚南。二月，县东南界烧拜香，领童子数百为一棚，束带为结加额上，如总角形香长，击锣为前导，周游古刹，谓之行香，远至百余里。若两两相遇，则唱偈以争胜，负关口交拳香。童散失间有误入他棚者，惟入境未久习染无多。倘绵绵不革，患必滋大。五、六月，民间醵钱演青苗戏，以禳灾疫。中秋，城内扮月华灯，仿天宝月宫故事。至于各镇迎神之会、诸寺进香之辰，男女庞杂，甚不雅观。”① 文字描述了包括凤冈在内的清代湄、

① （清）吴宗周修、欧阳曙纂：光绪《湄潭县志》卷2《地理志·风俗》，载段志洪、黄家服主编：《中国地方志集成·贵州府县志》（第39册），巴蜀书社2006年版，第434页。

凤一带的多种风俗，这些风俗中有不少是关于戏曲艺术和说唱艺术的，如花灯戏、唱傝、青苗戏①，还有以天宝月宫故事为题材的月华灯，表现了丰富的艺术内容。凤冈花灯戏载歌载舞的艺术形式，自明清以来在境内广泛流传，至今仍是凤冈县民间主要的文艺表演形式。其团队总负责人叫“灯头”，丑角称“唐二”、旦角俗称“花姑娘”，另有“茶头”“扫殿人”和锣鼓队等人选；灯笼一般有 12 盏（6 式，每式 2 盏）。表演一般是在夜间，每当夜幕降临，花灯队就出灯了。排灯在前，锣鼓随后，其他灯笼在锣鼓队后面。锣鼓队的曲谱有“行走式”和“坐堂式”两种。“行走式”是慢敲慢打，较长，给人以委婉、祥和之感。“坐堂式”则较激烈、短暂，给人以欢快、利落的享受。花灯的表演形式有二人“以歌舞说故事”、集体表演要折扇与手帕“扭花灯”等，内容有开财门、送吉利、采茶、倒茶、贩茶、推灯、上香、表根生、扫殿等。当花灯队伍行至主人门前，见主人大门紧闭，锣鼓便止，此即开财门。唐二、幺妹各执一灯笼（数板）：

蜂岩镇丝弦灯　李忠强 摄

① 表演时，艺人们在幕后一边操耍戏曲人物，一边唱调叙事，同时配以鼓、板鼓、云阳板、大锣、小锣、双叉等多种打击乐器，富有浓厚的乡土气息，类似于皮影戏。

三才者，天地人，我今给主人开财门。
春季财门春季旺，夏季财门月月新。
秋季财门进五谷，冬季财门进金银。
四季财门姊妹开，黄金累累滚进门。

（主人即开门）

主人问：

宽厅厅，窄厅厅，玩灯之人听原因。
你不玩灯由此可，你要玩灯有根生。
玩灯原从哪朝起，演戏又从哪朝兴？
始于何人把戏唱，因为何事才玩灯。
正旦又是哪一个？正生又是哪一人？
采茶为主是哪个？扫殿除邪是哪人？
加官又是何人打？扫台原是哪尊神？
你今与我分清楚，我就给你开财门。
分不清，表不明，抱起锣鼓转回程。

玩灯人答：

锣鼓打得响沉沉，关门先生听分明。
玩灯原从唐朝起，演戏始从宋朝兴。
始于陈平作偏侣，改头换面演戏文。
国母娘娘眼睛痛，许下口愿才玩灯。
正旦就是唐大姐，正生就是唐二神。
茶头本是肖土地，扫殿除邪关圣人。
加官原是魏征打，扫台原是灵官神。
快开财门让我进，跳起花灯贺主人。①

此后便有锣鼓跟进、丑角旦角、众人合唱等内容，十分欢快，给人以美的享受。

① 佚名：《凤冈民族民间传统文化拾趣之花灯》，载凤冈县人民政府网·走进凤冈·地域特色（http://www.gzfenggang.gov.cn/zjfg/dyts/201707/t20170703_2681901.html）。

永和镇高台舞狮 罗逸 摄

民间灯舞是凤冈县另一种有特色的艺术表现形式。唐宋以来，该县境内各种灯舞开始流传，龙灯、花灯、狮子灯全县普及，各种灯舞多在春节期间进行。某些灯舞具有特殊的含义，如逢夏干旱，百姓扎龙灯、舞龙灯，在舞动的时候要不断向龙身泼水，以祈求龙王降雨，缓解旱情。凤冈历史上曾流行花灯戏、傩戏及各种地方戏，随着时代的变化发展，地方戏多被外来剧种代替，有的已演变成其他形式。清末民初，川剧传入境内，以后京剧、黔剧、话剧不断传入，不同形式的表演更是广为流传。特别要说明的是川剧，该剧种在清代末期传入，当时县城和一些乡镇产生“玩友会”组织，组织中一些成员将川剧传入本县，川剧才在当地流行开来。资料记载，当时有四川万县艺人魏子仪来到凤冈，多年生活在龙泉城，便向广大文娱爱好者传授川剧艺术，精心培养了20多名川剧骨干，经常活跃于民间红白喜事场中，以表演川剧助兴，被称作“打帷”，很少有专门的登台表演。另外一种剧种叫黔剧，原名文琴戏，清末民初传入县内，正式登台表演起于20世纪60年代。

明清以来，黔北、黔东北地区受巴楚文化影响较深，成为傩戏较为发达的地区，凤冈一带流行端公戏、傩堂戏、阳戏等，至今在边远乡村巫风傩祭习俗仍有群众传习。除此之外，每年的春节期间，凤冈各乡镇的花灯、龙灯、狮子灯、船灯等灯舞盛行城乡每个角落，到处呈现欢乐景象。

艺术其实最早产生于生产劳动中，是劳动者实践的结晶。广大劳动人民在田间地头一边劳动，一边哼唱民歌、花灯曲调及劳动号子，消除疲劳，振奋精神。在凤冈，尤其是群体劳动中的“打闹歌”“秧歌”，配以锣鼓，气势磅礴，既有助于加快劳动生产进程，又能给人以欢快的艺术享受，深受百姓喜爱。此外还有山歌，它是乡民在山野田间劳动时唱的歌，有时也会在地头休息或赶路时唱上一段。凤冈县域内的山歌一般分为单唱和对唱两种形式，单唱无动作，对唱配以少许动作。唱时嗓音好的多采用高八度，声音洪亮，悠扬婉转，在山间发出共鸣。歌词中情歌占有很大比重，较为流行，其次是生活事理方面的内容。山歌多为 7 字句，每首 4 句，除一部分唱词全县流传外，各地不尽相同，对山歌熟悉的人可现编现唱，即兴表演。劳动号子也是文艺的一种重要表现形式。凤冈的劳动号子可分三种，即抬工号子、石工号子及呼唤号子。抬工号子是最为常见的一种，一般是在抬物时所用。之所以如此，是因为凤冈农村多遇山高路陡，崎岖不平，如果协调不好，抬物前后难以照应，很容易出现事故。为了相互配合，协调动作，抬物走在前面的人要时时根据道路的弯直陡平等路况不断向抬物走在后边的人告知信息，后边的人则依据前面的人所提供信息做出回答，并同时采取应有的动作措施。凤冈县境内流传的抬工号子大体内容是：遇平路前者报“平阳大路”，后答“散开脚步”；上高坡报“抬头望”，答“有坡上”，或报“越上越陡”，答“上去就好走”；下山坡，报“斜阳坡”，答“慢慢梭”，或报“一坡梭到底”，答“快慢由在你”；过沟坎，报“独木桥一根”，答“双脚踩当心”；遇阻拦，报“天上一枝花”，答“弯腰躲过它”；遇虚险，报“左边虚得很”，答“右边踏得稳”；遇弯路，报“之字拐”，答“两边摆”，或报“大弯包小弯”，答“随弯就弯”。这样一报一答，配合默契，风趣诙谐，既使双方都知道路况信息并采取相应的动作，又活跃了气氛，一定程度上有助于消除疲劳。报路词各地根据自身的劳动经验而有所不同，很适合于山间小道上抬工所用。还有一些通用的抬工号子，如一般在工地上抬石等劳动，多数是前后一起喊出“嗨佐！嗨呀佐！”的号子声，目的是要调整好脚步，尽量使其整齐统一，力往一处使，保持行走时的稳定和平衡。第二种是石工号子，这是石工在开山运石时的一种特殊号子，一般要由一名指挥者引领，众人齐声发出的劳动号子。领者随意喊出某一个口令，其他人一起合唱“哎呀来”，并使劲用钢钎木棒撬动，使重物向前滑行。领者多用石工术语，也因人因事因境发挥出自己的想象喊出口令。[①] 抬工号子和石工号子在百姓中深受欢迎，再次说明了艺术产生和根植于人民的日常劳动中，人民是精神财富的创造者。最后是呼唤号子，此种号子针对性较强，主要是吆喝和呼唤牲畜和家禽的。风趣灵动、自然和谐。

（二）建筑和雕刻

建筑与雕刻是一个区域文化或民族文化的另一种表现形式。凤冈历史悠久，文化底蕴深厚，文物古迹较多，但是在“文革”中和后来的大规模城镇建设时大多数被破坏或者拆除。目前见到的凤冈古建筑主要有大坪石牌坊、长碛谢氏牌坊、彰教坝石牌坊、木耳厂石牌坊、麻院坝文峰塔、任氏庄园、落水洞字库塔、文昌牌坊、长碛牌坊等。其中长碛谢氏牌坊很有特色，该牌坊位于凤冈县新建镇长碛寨前的洪渡河畔，南北方向，雄伟壮观，是凤冈县牌楼中的佼佼者。该牌坊是为了表彰长碛寨朱儒景之妻、朱煐之祖母谢氏而奉旨修建。谢氏一生守节奉孝，勤劳持家，慈爱育嗣，敬奉双老，其美德传遍乡梓。嘉庆二十四年（1819）获得圣旨旌表，朱谢氏后人即开始筹建，至道光二十七年（1847）节孝牌坊修造完工。牌坊是以“画像砖”为主要构件建造的一座艺术珍品，系石灰砂浆与砖石混合砌筑，外形为四柱三门三楼的牌楼型结构，宽约 9 米、高约 11 米，四根柱子底座为青石凿成，各高 1.7 米、长 2 米、宽 0.7 米，明间柱子伸出牌楼立面构成拱形；牌楼上有题额一块，额坊三块，横批三块，正面题额书“紫诰天长”，背面题额书“玉洁冰清”，两面额批均竖向阴刻“圣旨”二字，正面横额阴刻“旌表本邑庠生朱煐之祖母谢氏节孝坊”，背面横额阴刻“旌表本邑儒童朱儒景之妻谢氏节孝坊”。两侧次间柱子伸出排楼立面，亦构成拱形，门上有额坊三块，横批两块，均以卷草纹装饰，有重要的文物保护与历史研究价值。[②] 长碛谢氏牌坊的坊脊背均系镂空几何纹，坊脊中间为宝塔顶，两端饰以鹿形鸱吻，屋盖为单檐庑殿顶，屋檐弧形，檐下塑须

① 参见《凤冈县志》（1994），第 22 篇“文化”。

② 参见汤权：《长碛谢氏牌坊考》，（载凤冈县人民政府网 · 走进凤冈 · 地域特色）。

弥座，檐上翼角高翘，翼端挑鳌，整个楼盖十分美观。由此可以说，该牌坊不仅是重要的文物古迹，同时也体现了高超的建筑和雕刻艺术。

新建镇长碛古寨　（美国）Patrick Dowdey 摄

新建镇长碛谢氏牌坊　汤权 摄

雕刻艺术在玛瑙山一带的官田寨民居建筑和家庭用具上别有特色。这些雕刻多为木雕石刻，既有精美的图谱，又有丰富的文化内涵，颇具地方特点，展示了当地深厚的文化底蕴。

古代文献对此处的雕刻艺术很少记载，但当代学者通过细致的田野调查、发掘研究，让我们领略了玛瑙山官田寨雕刻艺术的独特魅力。在众多的研究学者中，贵州省博物馆原馆长吴正光研究员可谓是集大成者。吴先生通过对玛瑙山官田寨及其周边村寨的实地调查，发现此处保存有大量的雕刻，绝大多数是木雕，也有少量石刻，常见图案有龙、凤、喜鹊、麒麟、蝙蝠、鹿、鱼、牛、马等动物；南瓜、月季、石榴、牡丹、梅花、灵芝、莲花、葫芦、桃子、竹子、松树等植物；福星、禄星、寿星和南极老人等人物；福、禄、寿、万、回等文字；以及元宝、瓶子、暗八仙等器物。除此之外，雕刻上还有许多动物图谱，比如窗刻上，多为“卷龙”，寓意“荣华富贵、连绵不断”。木雕、石刻上的凤凰，表达人们对太平盛世的期盼；喜鹊多与梅花配合使用，称“喜上眉梢”图，或称“喜鹊闹梅”图。“麒麟喷珠”图雕刻在石柱基础上，寓意着送子、吉祥。有意思的是，在官田寨的雕刻图案中，蝙蝠最为常见，寓意着“福在眼前”。在窗户上和家具上则多雕刻鹿，因鹿与“禄”谐音，寓意财富；如果是两只鹿一起则象征路路顺利；如果鹿与蝙蝠雕刻在一起，则表示福禄双全或福禄长久。家具上的图案多雕刻鱼，比喻生活富裕。此外，牛图案也见于家具雕刻上，据说既可以镇邪还可以“防火”，因为在五行中，牛为“土”，可“克水”，民间讳言失火为“泼水”，故而“克水”寓意防火。不少家庭的大门上多用南瓜形门簪，并辅之以福寿纹连楹，既方便开门又寓意“兴旺发达，福寿双全”。不少人家的石柱基础上，既有“瓜瓞绵绵，四季平安”图，也有“榴开百籽，富贵平安”图；窗户雕刻上，处处有石榴，因为石榴多籽，象征“多子多福”，吉祥图案有“百子同室”“榴开百子”等，寓意“子孙繁衍、绵延不断”。石雕、木刻上多有梅花图，一说因梅花五瓣，象征“福禄寿禧财”，一说梅花以品格为上，寓意主人家德行之高。某些家具上刻有“野鹿衔芝”浮雕，“芝”即灵芝，寓意长寿。某些门窗上也有雕刻葫芦的，因为葫芦藤蔓绵延，果实累累，籽粒繁多，被视为“多子多孙”的吉祥物。葵花的图案在玛瑙山官田寨备受青睐，被不少百姓雕刻在门窗上，既象征多子多孙，还寓意“名登榜首”“科甲夺魁”，因为“葵”与“魁”发音相一致，而且古人以葵花寓意魁星；此外，还有人家将葵花图案刻在大门上，表示“吉星高照”“独占鳌头”。

吴正光先生调查还发现，在玛瑙山官田寨的石刻、木雕上，有的刻竹叶，有的雕竹节，这是因为竹子有着高洁的品行，而且四季常青，是吉祥的象征；有些住户将竹子刻在石柱基础上，用以镇宅避邪。某些门窗和大门的连楹上，多雕刻有桃子图案，并将其与蝙蝠放在一起，因为在中国传统文化中，桃子俗称“仙桃”“寿桃”，多只蝙蝠和桃，表示“多福多寿”，把蝙蝠、桃子和两枚古钱组合成图，寓意“福寿双全”。个别石刻柱基础上，雕刻有“有凤来仪，南极寿星”图，上面有松树，被用来祝寿辰、喻长生。在玛瑙山官田寨，人物图案主要是福星、禄星、寿星和南极老人图，象征长寿、吉祥。福禄寿一般雕刻在窗户芯上，南极老人则雕刻在石柱基础上。该地常见的器物图案有八宝、盘常、方胜、百吉、如意、古钱、宝瓶、暗八仙等①。这些雕刻不仅表现了玛瑙山官田寨悠久的历史和丰厚的文化积淀，而且表明此处受汉文化的影响至深。

凤冈的民居，没有统一的坐向，主要依山就势而减少对良田的破坏。据《凤冈县志》（1994 年）记载：村民对居住点的自然环境条件很注重，多选择依山傍水的地方，或坐西向东，或面南背北，后有背山，前无遮挡，视线开阔，阳光充沛。一些较大寨子集中于平坝边沿靠山脚地带，尽量少占或不占良田；山区寨子多由坡脚向上发展延伸，层层叠叠，错落有致。房屋格局多为“门”型，中为正房，一般民户是 4 列 3 间，有钱人家

① 凤冈县旅游事业局编、吴正光主编：《玛瑙山官田寨》，贵州人民出版社 2008 年版，第 170-184 页。

则6列5间；两侧为厢房或畜圈，与正房成直角相连，其基础和房高均矮于正房；若前面再有房屋连接，便是农户世代向往的“四合院”。院内称院坝，是晒粮和举办酒席及春节举行灯舞活动的场所。正房多1楼1底，楼层均用木板铺就，俗称“天楼”，底层地皮多为泥石平整地面，木材较多的地方亦铺设木板，俗称“地楼。堂屋在正房中央，大门前成“凹”形门厅，堂内概不铺设楼板，系泥石或火砖地皮。厢房的形式各异，或3列2间，或4列3间，其长、高、宽尺寸远比正房小，有的内侧有凉柱，有的前端屋顶成亭子状，有的楼层上装修栏杆。厨房多在正房一端的附属建筑内，亦有设在厢房处或正房背后的。

三、遗迹遗址及其分布概况

遗迹遗址是古代人类通过各种活动遗留下来的痕迹，能够为人们提供研究社会生产力发展和社会生活状况方面完整的、重要的信息。凤冈县境内还有不少遗迹和遗址分布。

王寨镇中华山中华寺　罗逸 摄

一是古代的行政治所所在地。弘治《贵州图经新志》云："废义州，在龙泉司北，义阳山下；废阳明县，在龙泉司西；废绥阳县，在今龙泉司西北，唐史云县有绥阳山；废鸡翁县，在龙泉司东南，鸡翁山下。"① 万历《贵州通志》也有同样的记载。另据清康熙《龙泉县志草》："废义州，在县北义羊山下；废明阳县，在治西；废绥阳县，在县西北……废鸡翁县，在鸡翁山下。"② 此后的相关文献多是相同的记载。文献所载的这些遗迹的具体地理位置，经过数百年的风雨沧桑，基本已无从考证，留下了不少遗憾。

蜂岩镇巡检司古镇风貌　王猛 摄

二是古墓葬，根据凤冈县第三次全国文物普查，古墓葬有70余处，主要分布在三个地方，首先是位于王寨镇中华山的王寨古墓，建造于康熙三十一年（1692），塔形墓2座，高4米多，两墓之间距离约300米，右墓碑文是"临济正传破山第三世隐和尚灵塔"，左墓碑文是"临济正宗三十四世上识下竺和尚塔铭。"临济是唐代高僧，今山东菏泽市东明县人，深得佛法大意，为佛教临济宗创始人。此处的"临济正传"和"临济正宗"意

---

① （明）沈庠修、赵瓒纂：弘治《贵州图经新志》卷6《石阡府》（弘治刻本），载段志洪、黄家服主编：《中国地方志集成·贵州府县志辑》（第1册），巴蜀书社2006年版，第73页。

② （清）张其文纂修：康熙《龙泉县志草》（不分卷），康熙四十八年（1709）稿本，载黄家服、段志洪主编：《中国地方志集成·贵州府县志辑》（第38册），巴蜀书社2006年版，第654页。

思是说两位高僧都是临济宗的正统传人，说明康熙年间凤冈已受到北方佛教文化的影响。其次是位于天桥镇漆坪村杨家湾的漆坪古墓群，墓为石室结构，埋藏较深；每墓长4米、宽3米、高1.4米，皆分4室；墓内设窗洞，有石门铁锁，门外有石廊；随葬品有碗、盘、罐等陶瓷器皿；据考证为元末明初之墓。再次是绥阳镇砚台村立竹溪宋墓群，位于绥阳中心村，有墓3座，主墓长3.66米，宽1.65米、高2.65米、八角藻井、双开石门；墓内石壁有人物，花卉、虎龙等浮雕；据传此3墓为任正隆假墓，真墓亦在该镇玛瑙山；根据墓体的形状和结构判定，该墓群为宋代墓葬。绥阳镇还有玛瑙山墓群和官田钱氏家族墓群，其中钱氏墓葬的发现对研究当地移民史和家族史很有价值。

花坪镇付佐友夫妇合葬墓①

最后位于蜂岩镇巡检村的陆公阅墓，墓为圆形，封土直径8.6米，碑高1.75米，宽0.8米，碑文是“诰授宜慰司将军始祖陆公讳公阅府居之墓”②。陆公阅是宋代著名理学家陆九渊九世孙，曾于明洪武七年（1374）在龙泉偏刀水（今凤冈县琊川镇）一带平定覃、韩二姓的少数民族之乱；

① 凤冈县文体广电旅游局编：《历史的记忆——凤冈县第三次全国文物普查成果汇编》（内部资料），遵义德堡印务有限公司2013年印刷。

② 贵州省凤冈县地方志编纂委员会编：《凤冈县志》，贵州人民出版社1994年版，第694页。

因平叛有功，陆氏被朝廷授予“勋烈将军”称号，驻守偏刀水，建立巡检土司（今为蜂岩镇巡检村）。

三是古人留下的书法遗迹，如龙泉镇西山村柳家寨附近的石林崖壁上刻有“龙虎榜”三字，相传古代此地少数民族曾在京城金榜题名，后人便勒石纪念；县城龙井洞口有“飞雪洞”三字，为咸丰六年（1856）蜀南陈世镳所书，字体严谨，笔法丰满；县城北龙潭河河壁上刻“天河洗甲”，系明朝将领刘綎平定播州杨应龙叛乱后经过此地，将士们在河中洗刷铠甲，后人刻石存念；何坝镇康坝村石壁上刻有“夜郎古甸”四个字。此二处遗迹在康熙《龙泉县志草》均有记载：“镌字岩有二，一在城南二十里，上刻‘夜郎古甸’四字，相传唐李白经此，后人纪焉；一在县城北里许，上刻‘天河洗甲’四字，明帅刘綎平播凯旋经此，后人勒石。八景之一。”[①] 由此可见，这两处遗迹历史悠久。王寨镇中华山古时建有寺庙 1 所，四时香烟缭绕，现存遗址，寺庙右侧数十丈悬崖上刻“万古徽猷”四个字，系南明末年刻[②]。

刘綎所书“天河洗甲”，在 1987 年被当地的农民堆放稻草、玉米秆时不小心烧毁了，现在所见石刻是根据凤冈书法家徐际虞 1989 年书法重新镌刻而成。

---

① （清）张其文纂修：康熙《龙泉县志草》（不分卷），康熙四十八年（1709）稿本，载黄家服、段志洪主编：《中国地方志集成·贵州府县志辑》（第 38 册），巴蜀书社 2006 年版，第 651 页。

② 贵州省凤冈县地方志编纂委员会编：《凤冈县志》，贵州人民出版社 1994 年版，第 695 页。

除此之外，还有军事遗址 7 处、古寨 2 处、古建筑 40 余处、古碑刻 30 余处及近现代重要历史遗迹 30 余处等。

四、谚语及其类别

谚语是以口头形式广泛流传于民间的通俗易懂、言简意赅的短语或韵语，多数反映了劳动人民的生活实践经验，是文化的特殊表现形式。玛瑙山、绥阳镇和凤冈县一带的谚语主要有以下几类：

（一）天气谚语

天气谚语又称农谚，是百姓观察天气状况时积累的经验。现略举凤冈一带的天气谚语：

> “有雨天边亮，无雨顶上光；早雨暗头晴，晚雨一日淋”。“先打雷后下雨，抵不住朝大露水”。“日落乌云盖，大雨来得快”“立夏不下，犁耙高挂”“凝夹雪半个月，雪夹凝梆梆硬”①。康熙《湄潭县志》也有天气谚语：“入秋有大风，雨连夕，实不结而青空矣；六月有亢火，一发则连阡陌尽焦死；溽暑（潮湿闷热，意指盛夏）忽晴忽雨则虫生苗间食叶，闻秋雷则化为羽虫跃去；有水鼠苗出穗时则来食节，土人云逢闰岁则至矣。”② 这些记载天气与农业之间关系的农谚，在今天对做好农业气象预测依然有着积极的现实意义。

（二）生产谚语

生产谚语是凤冈农民在日常生产实践中的经验总结，如“清明前后，栽瓜种豆”。“栽秧若向火，挞谷不用簸”（喻颗粒饱满）。“打田不用巧，只要磨得好”。“人哄地皮，地哄肚皮”。“宁栽隔夜秧，不栽老棒棒（老秧苗）”。古代文献也有关于农业生产的记载，如康熙《湄潭县志》云：

---

① 本部分谚语主要选摘于贵州省凤冈县地方志编纂委员会编：《凤冈县志》，贵州人民出版社 1994 年版，第 758–762 页。

② （清）杨玉柱纂修：康熙《湄潭县志》卷 2《月令》，载段志洪、黄家服主编：《中国地方志集成·贵州府县志辑》（第 33 册），巴蜀书社 2006 年版，第 614 页。

“正月山樱华时，土人初耕，曰犁板田也；二月核桃华（开花）时，再耕，华垂穗如线而绿；三月冻桐子华，方晒秧，时必有大风雨数日，故曰冻，即寒食前后也；四月射干华时，插秧，射干叶茎如谖草[①]，华如蝶色，深青而白；五月莺粟华时栽毕，土人云：‘莺粟如胡麻，必夫妇同种乃茂。’云湄地草木异他处者甚多，惟此可以为侯，老农之言如此。凡耘种及获，田家邻里率妇子毕集，计工借作，算其多寡之数以相酬。春冬祈赛不丰，而具有先农之遗风焉。”“稻田树谷之外，别为山种，皆耕且锄，于山椒欹陟之地，牛不得旋，人不得倚，然而为此者，幸租赋薄及耳，其土最宜花（荞）、苦荞、燕麦、水稗之属，而菽、麦等等次之。花荞味甘宜秋，苦荞味苦宜春；土人以花荞多食，至中满皆种，斗收石，其获甚薄。燕麦、稗繁枝冗夥，实尤少，盛夏时作屑，干食之，虽可饱，令人腹闷，多食且致疾。水稗生田中，别有旱稗，生地中，实时穗五出如掌，以酿酒，酿热便置坛中而召饮。”[②] 综观这些记载，同样说明了何时应该从事何种农事最合适、什么样的土地种植什么样的庄稼最有效，与近现代以来的农业生产谚语异曲同工，只是没有那么顺口或押韵而已。光绪《湄潭县志》有明确的生产谚语，如“春寒多雨水”“重阳无雨一冬晴”“九月十三晴，钉鞋挂断绳”“干冬湿年，坐了种田”“雨春夹一冬，无被暖烘烘”[③]。

（三）生活谚语

生活谚语是百姓在日常实践中积累的关于生活经验的口语。此类谚语如：“地不烧荒土不肥，人不出门身不贵”“在家靠父母，出门靠亲朋”“穷得干净，饿得新鲜”“心中无冷病，哪怕吃秋瓜”“不是哪家人，不上哪家门”“人亲财不亲，买卖要认真”“有借有还，再借不难”“听人劝得一半，吃得亏打得堆”“冬吃萝卜夏吃姜，不劳医生开药方”“天怕乌云地怕荒，人怕生病草怕霜”“如要身体好，三餐莫太饱；暴食暴饮生病，定

---

① 谖草又名萱草，俗名黄花菜、金针菜，多年生草本植物，古人以为可使人忘忧，故又名忘忧草。

② （清）杨玉柱纂修：康熙《湄潭县志》卷2《月令》，载段志洪、黄家服主编：《中国地方志集成·贵州府县志辑》（第33册），巴蜀书社2006年版，第613-614页。

③ （清）吴宗周修、欧阳曙纂：光绪《湄潭县志》卷4《食货志·农桑》，载段志洪、黄家服主编：《中国地方志集成·贵州府县志》（第39册），巴蜀书社2006年版，第484页。

时定量安宁；愁多伤心，食多伤胃”“白天多动，夜里少梦；早晚温脚，胜吃补药；饭后百步走，活到九十九；天天练跑步，不进补药铺；一天三乐，不吃补药；多吃酸醋，经常走路”“处事不钻牛角尖，善待他人心地宽”“忍让和睦不伤肝，卫生整洁正衣冠”，等等。这些谚语体现了当地百姓的生活智慧和人生智慧，对于建设社会主义和谐社会颇有借鉴价值。

五、风俗及其类别

风俗是指特定区域、特定人群长期延续下来的风气、风尚、礼节、习惯等的总和，也是特定社会文化区域内历代人们共同遵守的行为模式或规范。一般来说风俗有两个特征，其一是传承性、广泛性、稳定性，它通常可以跨越时空；其二是变异性，由于生活环境的千变万化，活动主体会做相应的调适，风俗也会发生相应变化。康熙《龙泉县志草》称：“淳庞朴茂，不离古习，服饰丧婚，悉效华风。”[①] 康熙《湄潭县志》云：“四方客民，以实其地，刚柔异尚，燥湿难齐。崇廉讲让者固多，而竞气激烈者亦有。”“查黔之取义，苗狆男妇以青布覆首，故曰黔。惟汉人男妇无贵贱，吉凶皆用白布裹首，以别之。”“湄地土人尽化为汉，凡冠婚丧祭，皆衣冠文物，尤有中土之遗风焉。不惟无有青布覆首者，并白布覆首者亦鲜矣。”[②] 由材料可知，凤冈一带风俗颇多，但深受汉族风俗的影响逐渐同化。

凤冈古今风俗，主要有：

（1）服饰习俗

在漫长的岁月里，凤冈人的服饰结构和式样亦随着历史时期政治、经济、文化、宗教信仰、生活习俗等不断变换而更新。

服饰是指人身上穿的各种衣裳服装及饰品搭配，包括服装、鞋、帽、袜子、手套等，它是人类生活最主要因素之一。当今凤冈各族人民服饰很

---

① （清）张其文纂修：康熙《龙泉县志草》（不分卷），康熙四十八年（1709）稿本，载黄家服、段志洪主编：《中国地方志集成·贵州府县志辑》（第38册），巴蜀书社2006年版，第653页。

② （清）杨玉柱纂修：康熙《湄潭县志》卷2《风俗》，载段志洪、黄家服主编：《中国地方志集成·贵州府县志辑》（第33册），巴蜀书社2006年版，第613页。

难见其原始风貌，但是从一些史籍和考古资料中可以窥见其主体民族的服饰特色。仡佬族的服饰，唐、宋、明、清史料记载大同小异：如贯首服，即无袖无领的批袍上衣，下着百褶裙。《新唐书·南蛮西南蛮传下》称："妇人横布二幅，穿中贯其首，号曰桶裙。"明代《炎缴纪闻》有记载："以布一幅横围腰间，旁无襞积，谓之'桶裙'，男女同制。"一般男子穿的"筒裙"较短，妇女穿的"筒裙"较长，而且花色繁多。

"椎髻"是西南仡佬族特有的一种头饰，男女均饰。《唐书》称："仡佬族男女均'椎髻'，以绯束之，后垂向下。"到了近代，仡佬族男子不再椎髻于额了，改用青布或白布包头。其不同在于妇女所佩饰品花样较多，《贵州通志》（嘉靖）云："男子绾髻于额，或盘于顶，不留胡须。女子多盘发于顶或插梳于发髻，用淘米水洗发。女子耳穿大孔，戴耳环，青珠二、三串悬于额以为饰。"清代，男子头顶留长发，梳单辫；姑娘前额蓄"刘海"，脑后梳单辫，出嫁时绾成发髻，罩上笼子，别上簪子，面部用线绞去汗毛（称"开脸"）。民国时期，城镇开始剪辫，理成分头或平头，逐渐传至乡下，老年则多剃光头；姑娘改单辫为双辫或短发，媳妇剪去发髻与姑娘相仿，但农村依然如故。就服饰而言，清代至民国初，男子多着长衫、长袍、短褂，乡下男子缠腰带；女子为大襟式短装（习称父母装），其长过膝，袖口及领口至胸侧开口处缀花边，习用围裙（围腰）；衣料多为自产自染土布，有钱者着绫罗绸缎。清末民国时期，小孩帽檐缀罗汉，妇女戴耳环，姑娘出嫁必备簪、钗、耳坠、手镯；城镇男子及乡下绅士盛行礼帽、瓜皮帽、博士帽、合草帽；农民多为头帕、线毡帽，妇女裹白头巾。[①]

（2）饮食习俗

生活在凤冈土地上的人们很早就过着以农耕为主的定居生活，生产稻谷、谷类等，同时饲养家畜、家禽，种植各种蔬菜。明代以后，小麦、薯类等作物先后传入西南，在黔北普遍种植，人们的食用种类日渐增多，饮食习俗也日益稳定。一般而言，生活在高山的各族人民以玉米和薯类为食，生活在平坝、半山地区的民族则多以稻米为主，其次是小麦、高粱、豆薯类；副食则以蔬菜、豆制类和肉类为主。苞谷粑、糍粑、麻饼、灰豆

① 参见《凤冈县志》（1994年），第二十四篇，第三章。

腐果菜豆花也是凤冈具有浓郁地方特色的食品。常见的蔬菜品种，主要有青菜、萝卜、白菜、南瓜、苦瓜、葫芦、茄子、魔芋、胡萝卜、土豆、笋、蕨、豌豆、胡豆、四季豆、辣椒、姜、葱、蒜等，随季节出产而食用。喜好用水煮熟蔬菜，蘸辣椒素食。

如今，县内居民以食大米、玉米、面粉为主，尤以大米为最，讲究宴席饮食。大米主要做成干饭或者稀饭，其次与绿豆混合磨浆制成“绿豆粉”，堪称“名优小吃”，备受欢迎，逢年过节必不可少。玉米多以磨粉与大米拌合食用，另可制成爆米花拌油茶食用，农村甚为流行，亦常作饲料及酿酒用。农事风俗多与打田栽秧有关，主要有“开秧门”（春末夏初，当秧苗在秧田中长到可栽插时，选一吉日，备好酒饭，请亲戚中农业经验丰富、家道殷实、德高望重的人首先在田中栽插几窝（撮），封赠一些祝词，如“风调雨顺，稻谷满仓”之类，然后，其余人众开始插秧，称为“开秧门”）、“栽秧酒”（栽秧时节，亲友帮忙栽秧，主人家除备饭菜外，还必须备酒，俗称栽秧酒”）、“打糍粑”（在割完谷子的最后一天，用新打的糯谷做成糍粑，既祭告天地又酬谢亲朋好友、左邻右舍的帮忙）。[①] 节日吃食均有侧重。端阳吃粽子、糍粑、面条；中秋食月饼、瓜子、水果；除夕吃“年晚饭”，菜肴丰盛；元宵食汤圆、绿豆粉、米线、米皮。凤冈人喜食辣味，有“无菜不辣”之说，酸甜盐麻兼之。

（3）民居习俗

凤冈境内的民居样式随着时代的不同有所变化。先民们很早就从散居洞穴的游猎生活方式过渡到了“刀耕火种、食五谷住‘干栏’”的时代。在相近的树之间捆绑木排，创造了原始的“干栏”住房，并盖茅草遮风挡雨，离地数尺，登木梯而上。到明代，干栏式房屋仍为当地居民的主要形式，构楼而居，从二立一间向三立一间甚至是四立一间发展。宋元以来，受汉文化的不断影响，外来木匠使用较为先进的木工工具，逐步将简易的“干栏”住房发展成为多架式的木架住房。房体下方为方形，上方为三角形，离地 2 米左右，横木捆绑地板，铺草为床铺，屋面盖茅草或杉树皮，四周用木或草、杉树皮、竹篱席来围栏，房下喂猪羊。另在正房左右，搭

① 凤冈县旅游事业局编、吴正光主编：《玛瑙山官田寨》，贵州人民出版社 2008 年版，第 167-168 页。

建斜面小屋作厨房或存放杂物，也离地 2 米左右。明清以来，当地木建民居从二立一间向三立二间、四立三间的茅草房、瓦房、砖石房、吊脚楼、四合天井等形式发展。以正房为例，一般四立三间都采用“凹”字形，“凹”处叫吞口，中间为堂屋，不住人，用作设香龛，拜祖先，接待四方贵客。正房门槛足有 60 厘米高，上钉 14 颗铁头钉，另有腰门两扇，这种风俗是防孕妇、小孩及家禽从大门进入堂屋或坐大门坎，对祖宗神灵不敬。左右两边对称的房为憩房，房内又分厨房、睡房、火铺。睡房和火铺都必须离地约半米，通风除湿，不沾风气，这是养精蓄锐的地方，也是家人欢聚一堂的福地。火铺、厨房的火一年四季不能灭火，火铺顶上挂腊肉。整个正房构成曲直生动，均衡对称，聚气中堂，包容万象，寓意人丁兴旺的美好愿望。大富人家，除建有正房外，左右两旁还建有吊脚楼式的厢房，再与石围墙、朝门相结合，形成四合院。比如，建于明清期间的官田古寨和玛瑙山钱家老屋、长碛古寨等都是较为典型的例子。现在，农村住房均由正房、厢房组成“门”形图案，有的在前面加上牲畜房与之相连组成四合院，中为院坝。正房多为 4 列 3 间，中为堂屋；厢房在正房两侧，低于正房，与正房成直角。厨房宽敞光亮，多在正房的小二间一头，也有的在两侧另搭的“偏厦”内。堂屋正中设置“香火”，中书“天地君亲师位”大字，香火下设神台；大门宽大，门槛高厚，平常关闭。阶檐多用石料砌成。修造房屋时，伐木开工及落成典礼均要择期定日，落成庆典上，亲朋前来祝贺，放鞭炮，说“福事”（祝贺话，多为七言句），抛洒粮粑，以示富足。在凤冈农民心目中一旦有了要修房造屋的想法，就是要成家立业的最大体现，是出人头地的日子，也是关系到今后兴旺发达的大事。不管贫穷与富贵，都会有些讲究。要请本族风水先生察看地形，尤其对水、阳光、通风问题有所要求。房址一般选择半山腰及平坝凸起处，傍依泉水、小溪或小河。前有小坝缓坡，阳光充足，视野较宽，人就有上山为仙的感觉。后有龙脉靠山，左右翠绿环抱，对今后的生活才充满信心。地势选好后，风水先生看朝向，点香化钱，祭请太岁，确定正房中心、大门中线志向、开间和进深、猪牛羊圈方位、石围墙界线、朝门位置及栽培风水树木的地方，据说这一切都与今后家人生息相关。

（4）农事习俗

凤冈由于地理环境和气候因素，以及深受汉文化影响，自唐宋以来，经济生活与中原一样，以农业为主。围绕农业生产形成了具有地域特色的习俗。一是教牛，即凡达到役龄的耕牛，第一次调教其拉犁耕地时，选择在秋末或春初，即“蛤蟆不开”的季节，择吉日举行。做法是：清晨时分，主人家将牛牵至僻静无人的旱地里，一人牵牛鼻环，一人扶犁，教牛学会拉犁地。二是开耕，每年春节后，逢第一个庚日牵牛犁地，略犁几铧即止；如天冷下雨，也要用枷担铧口驾牛，作为新年开耕的象征性仪式。三是忌戊，立春后，逢戊日不能动土，称“忌戊”，认为不忌戊将遭冰雹。一般要忌满五戊；四是扫圈，凡饲养猪、牛、羊、马牲畜的农家，最怕家畜染瘟疫症，有人牵驯养的猴子到村寨农户，猴持扫帚进入猪牛圈中，上下左右扫动；因《西游记》中孙猴子曾封弼马瘟，民间取谐音为“辟瘟”，以此驱邪，保家畜平安；猪圈修成，设酒食于圈中祭神，修圈人和主人一起在圈中吃祭品，有人来，主人叫吃饭就端起碗吃，绝不能说“不吃”，认为养猪能“埋头吃个饱，不乱拱乱跑”；母牛生犊，将牛衣胞（胎盘）用棕皮包着挂在漆树梢上，认为“漆树脂象征牛乳，可保牛犊健壮成长”；禁止道士入内。五是育蚕，忌陌生人入蚕室，尤其忌讳孝子、醉汉、产妇、经期妇女入内，以免“冲犯”，致蚕不食、不结茧；养蚕之家，门口必贴“蚕月知礼”“育蚕”字样。六是薅草打闹，表现了凤冈农民积极、乐观的生活态度。七是崇拜木石，常以古树、岩石为神；有人到树下或岩石焚香点烛，烧纸钱还愿；有人给树身挂红布，说能消灾避邪。

(5) 工匠习俗

明清时期，凤冈手工业和商业较发达，工商民俗比较丰富。一是打牙祭，此为农工商通俗；修造营建工程工匠或商店雇员，平日素餐淡饭，但每逢农历初二日、十六日，雇主必须以酒肉款待客师、工匠、雇员，菜肴不必精美，但要有较多油肉，称“打牙祭”；有时也把改善生活称为打牙祭。二是师徒传承，学艺必须拜师，写“投师帖”，内容有师徒姓名、双方权利与义务、报酬等；学艺一般三年至五年，到期称为“出师”；徒弟要“谢师”，为师傅制备新衣鞋帽，彩幛礼品，敲锣打鼓至师傅家叩头献纳，师傅回赠工具一套；徒弟出师后要帮师傅一年，实习手艺，工资较低，一年后方能开业。三是造桥挂斩龙剑，由于县境多急流洪水，常冲毁桥梁，故而在清末民国时期，建新桥时请风水先生“收邪怪”，地方官绅读表彰奏疏“河伯水神”，然后才能开工；如遇山洪暴涨时，则在桥下券拱正中悬挂铁制斩龙剑镇伏。四是厌胜禁咒，雇主刻意怠慢工匠或行恶，木工、瓦工根据《鲁班书》之法术秘密报复惩治；施工时，于墙中、梁上放“镇物”，如禁咒过的碗、骰子、木刻小人、弓箭等，咒雇主后人赌博败家，不得好死。五是抛梁，修房造屋要动土、开石、伐木，掌墨师都要祭神祈福，主祭鲁班，并祭山神、土地；中梁木抬运时不准落地，放在木马上加工时，不许人从上跨过；庙宇、官厅、学校等建筑物的大梁上常刻有太极图、八卦、龙凤、造房年月、主建人及掌墨师傅姓名等；民房上梁时间选在黎明前，以便“紫微高照”，掌墨师以雄鸡冠血祭梁后，高喊“万丈高楼从地起”，众人协力齐呼“起呀!”，将大梁抬放到屋架中柱顶端；掌墨师高坐梁上，吟唱吉联祝词，将糯米粑、泡粑向下抛洒，邻里儿童嬉笑抢拾，梁上披挂红布，鞭炮齐鸣，称为“抛梁”。六是开财门，也称为“踩门”，农户造新房，中堂大门称“财门”，尺寸尾数暗含八、九争等，象征“发达”“长久”之意；钉大门和开财门都要择吉日举行；尤重视“开财门”，门钉好后即关闭，要请福寿双全的人扮“八仙”，携礼物来“送财送贵”，匠师扮“鲁班”，站在门内，与送财人互致问答，说完吉利的韵白后，才放鞭炮，开大门迎入；当日主家办酒席宴客收礼，以显气派。①凤冈工商习俗体现了祖师崇拜、师承制度、行业禁忌以及职业行话和经验传承的文化内涵。

（6）商贩习俗

凤冈地处黔东与黔东南、黔北的交通要道，明清以来，商业活跃，商贩周游，逐渐形成了极富地域特色的商业习俗。一是利市，店铺合页门称“栈板”，开门卸下后依顺序号正面竖放，表示“百事顺遂”；做生意忌赊欠，每天开张时尤忌人赊账，柜台旁壁上常见贴红纸一张，书“本小利微，求现不赊”，“至亲好友，赊欠免言”字样。商贩每日开张，对第一名顾客可降价照顾，以图利市；商店用曲尺柜台，腾空地安条凳，顾客进门迎坐，看货讲价，通常是卖方“喊齐天”，买方“还齐地”。二是原中，买卖房屋、田土等不动产时，先禀房亲，后禀地邻，这些人都不买时，才可另找买主；卖方找的介绍人称“原中”，由他找到买主，谈得有些眉目后，

---

① 贵州省凤冈县地方志编纂委员会：《凤冈县志》（1978—2007），第二十五篇，第二章“民间习俗”。方志出版社 2011 年版。

买卖双方才见面洽谈，成交后双方付给原中酬金。三是市声，挑担走街串寨的小贩和工匠，在流动经营中招徕顾客，其方式五花八门，如阉猪匠执三寸马锣，沿途敲击，以标锣齐鸣；卖麻糖的用小锤敲弧形铁片，声音硬脆；修伞、补瓷碗、配钥匙的抛击一串黄铜片，顾客闻声即至；卖针线的吆喝“买针——买线——买（那个）洋钢针——鞋底针——绣花针哕”，其声顿挫铿锵；其卖香麦炒面的，叫卖声高亢绵长，如山歌长吟。20 世纪 80 年代后，流动商贩渐次减少，趋于定点经营，多在市场摆摊设点。[①]

蜂岩镇土家油茶　汤权 摄

（7）社交习俗

凤冈人民非常重视社交礼仪，倡“和合”，兴“七规”（仁、义、礼、忠、孝、敬、让），社交中颇重酒礼与茶俗。每个村寨都有自己的寨规，

---

① 贵州省凤冈县地方志编纂委员会：《凤冈县志》（1978—2007），第二十五篇，第二章“民间习俗”。方志出版社 2011 年版。

世代相传，约定俗成。民间社会交往主要有4种方式，一是拜保爷，多由家长为孩子算命后，找一位与自己交往密切、八字与子女相佑的人，让子女拜为“保爷”，或认成干爹（或干妈），以祛病除邪，保佑子女健康顺利成长；二是打干亲家，主要是为了密切两家之间的关系，最初的形式类似于指腹为婚；三是抱干儿干女，四是过继儿女。[①] 社交中，注意语言忌讳，如称姓梅为“老喜”，绝不能叫“老梅”，因“梅”与“霉”谐音，直呼“老梅”怕别人误会“倒霉”，故以“喜鹊闹梅”的“喜”字以代；常年忌说“梦”“孟”二字，要改说成“混、昆”字，因“梦”是一场空，以免做事落空；对商人忌说“兔”字，因“兔子是岔嘴货”，导致做生意不顺利。

六、历史时期医药文化

医药文化是千百年来维护人民身体健康，防治疾病的知识、智慧和经验的结晶，是我国宝贵文化遗产的重要组成部分。玛瑙山和凤冈县在明代平播战争前为少数民族聚集区，百姓多“喜巫信鬼”，遇病不求医而求巫，即所谓“弃医专事鬼”[②]，或是以经验和民间单方应对，或是演巫傩之戏以消除疾疫，如光绪《湄潭县志》云：“五六月，民间醵钱演青苗戏，以禳灾疫。”[③] 随着时代的发展和科技的进步，人们对疾病的认识不断提高，遇病“信巫不信医”的局面逐渐有所改观。

就目前所见明代文献，如弘治《贵州图经新志》、嘉靖《贵州通志》、万历《贵州通志》、万历《黔记》等，均未见关于今凤冈一带医学（即医院）的记载，即便是后世康熙年间的《湄潭县志》《龙泉县志草》等，亦未见有医学记载，但这并不能说凤冈一带没有医者，如乾隆《石阡府志》载：张国镇，“开医方授药，能起死回生。”[④] 这说明，在古代相当长的时

---

① 凤冈县旅游事业局编、吴正光主编：《玛瑙山官田寨》，贵州人民出版社2008年版，第166-167页。

② （明）沈庠修、赵瓒纂：弘治《贵州图经新志》卷6《石阡府》弘治刻本，载段志洪、黄家服主编：《中国地方志集成·贵州府县志辑》（第1册），巴蜀书社2006年版，第74页。

③ （清）吴宗周修、欧阳曙纂：光绪《湄潭县志》卷2《地理志·风俗》，载段志洪、黄家服主编：《中国地方志集成·贵州府县志》（第39册），巴蜀书社2006年版，第434页。

④ （清）罗文思：乾隆《石阡府志》卷6《学校志·方技》，载贵州省地方志编纂委员办公室辑：《贵州历代方志集成》（第39册），中国文史出版社2016年版，第451页。

期里，凤冈一带只是没有官方的医院，但民间医生并不缺乏。当然，有些记载也有点玄妙，如余中瑞，“有仙术，郡生员全遴庚父病，延中瑞医治，曰子昨夜剐股矣，不药自愈。”何道人，“善医，病者求疗，止书一好字于病者手中，即愈。媳女为母求医者，亦于手中书字。”① 这些记载的可信度值得推敲，如果属实，则目前还未能有科学的解释是何原因，或许是心理疗法。无论如何，这是凤冈一带确有医疗文化的表现。

就医疗机构而言，明代，龙泉县城内仅有民间草医进行流动性医务活动，据说县城有所谓的“黄家药铺”③。清初，县城和绥阳场始有药堂、店铺，坐堂行医。蜂岩、龙台等地相继设立中药店，以后遍及全县场镇。民国初年，社会动荡不安，一些中药店铺关闭，更不用说开医院坐堂行医了。直到 1918 年开始恢复，1938 年县城开始办卫生所，开设西医④。

绥阳镇官田寨居民家中供奉的药王像② 胡安徽 摄

光绪《湄潭县志》记载：湄潭有药王庙，“在城中街”⑤。这无疑是当地的一种信仰文化，通过信仰药王以达到免除疾病的目的，而且，将药王庙设于特殊的地方——“城中街”，足见时人对药王的崇拜，但这也同时说明，当时疾病对民众危害之大，否则就不会信仰药王，更不会将药王庙建在县城中的重要地段。资料尽管不是明确写龙泉县城的药王庙之情况，但当时的龙泉一方面归属湄潭管辖，一方面与湄潭为

① （清）罗文思：乾隆《石阡府志》卷 6《学校志·方技》，载贵州省地方志编纂委员办公室辑：《贵州历代方志集成》（第 39 册），中国文史出版社 2016 年版，第 451 页。

② 本图片及此后的“香火牌位”照片已记不清当时拍照于哪一家了。在此特向允许拍照的乡亲致谢。

③ 贵州省凤冈县地方志编纂委员会：《凤冈县志》（1978—2007），方志出版社 2011 年版，第 631 页。

④ 贵州省凤冈县地方志编纂委员会：《凤冈县志》，贵州人民出版社 1994 年版，第 718 页。

⑤ （清）吴宗周修、欧阳曙纂：光绪《湄潭县志》卷 3《营建志·坛庙》，载段志洪、黄家服主编：《中国地方志集成·贵州府县志》（第 39 册），巴蜀书社 2006 年版，第 472 页。

邻，其药王信仰当不会与湄潭有别。

传染病是危害人民群众生命健康的疾病，同治三年（1864）秋，霍乱流行全县，数百名患者死亡；1929 年，今王寨乡滥沟、沙坝两寨，百余人因患霍乱而亡，仅存 1 人。清代，城乡虽有接种“牛痘”的预防措施，但天花仍全县流行；民国时期，县城内发生天花、痢疾、疟疾、伤寒等数百例，造成数百人死亡。除此之外，民国时期凤冈部分地区还出现了麻风病的传染和蔓延，国民政府不仅不积极预防和治疗，反而采取以种种极不仁道的手段虐待、歧视、残害麻风病患者。中华人民共和国成立后，县人民政府对麻风病患者采取防治措施，在土溪乡甘家湾建立麻风病隔离治疗行政管理村，修建管理站及病员房舍，动员全县麻风病患者入村隔离治疗。

古代社会，中药是预防和治疗疾病的重要物质。康熙《湄潭县志》把当地的药材作为土产：“药材等物仅有白鹇、黄精、蕨薇。白鹇生出箐中，飞啄不踰箐，闻人声则惊飀而去，故罗者不能致也，然亦不多见。黄精，土人呼为老虎姜，处处有之，生时味辛辣，不可啖。蕨薇有甜苦二种，春取其苗，可以作叶，冬取其根，可以作食，济民食之不足。”① 此段文字颇有意思，前者明明是在写药材，但此后却基本不涉及药材的任何内容，实在令人百思不得其解，况且白鹇是否是药材还需斟酌。从这里也可以看出著者记述药材时分散了写作的重点和关键。乾隆《石阡府志》和光绪《湄潭县志》记载了不少本地所产中药，如茯苓、茯神、葛根、金银花、黄芩、黄柏、半夏、南星、麦冬、香附子、车前、木通、地骨皮、五加皮、何首乌、荆芥、五倍子、苍耳子、牛膝、益母草、山茱萸、石菖蒲、知母、葛粉、杜仲、常山、沙参、黄连、天门冬、金樱子、大黄、草乌、厚朴、前胡、苍术、紫苏、苦参等，为当地民众预防和治疗疾病提供了物质基础。中华人民共和国成立前，县内只有几家药铺经营中药材，货源主要靠外面购进，对于县内丰富的中药材无力开采。中华人民共和国成立后，成立了县中药材公司，一方面对自然生长的中药材进行开发利用；另一方面大力发展药材种养植，重点品种有吴萸、杜仲、黄柏、银花、天冬、草乌、续断、泡参、前胡、麦冬、白术、南星、茯苓、红花、五倍子、穿山

① （清）杨玉柱纂修：康熙《湄潭县志》卷 2《土产》，载段志洪、黄家服主编：《中国地方志集成·贵州府县志辑》（第 33 册），巴蜀书社 2006 年版，第 618 页。

甲、夏枯草等，尤其具有特色品种的麝香、牛黄、乌梢蛇、天麻、鳖甲、僵蚕在国内市场均有一定影响。

医疗风俗是医疗文化的重要组成部分，是区域民众用药治病的一种文化反映。凤冈一带的医疗风俗主要有：一是求神治病，生病不请医生治疗，常去观音庙中求神施药（香灰）兑水喝；发疟疾（俗称“打摆子”）多去请端公“化神水”，喝了治打摆子；久病不愈去请道士“画符”化水喝消灾解难；眼睛生瘾子，去请巫婆捡些砂罐碎片泡在水中，用竹签拨散砂片上的水珠，称为“挑瘾子”；生火眼（眼睛发炎），将红纸剪成小纸人吊在火炉上，说“火神可把火眼病死”；老年得子，孩子要戴“保命锁”，或向附近人家要米煮饭给幼儿吃，称“吃百家饭”，要碎布拼缝成衣服给幼儿穿，称“穿千家衣”。另外还有“站筷子”“叫魂”“捉鬼”“送茅人”“送阴棺材”“放五猖找代替”“打粉火”“打油火”“穿红鞋”“走阴”等陋习，反映了当时医疗水平较差和人们对疾病的认识存在的错误观念。某些做法的科学性还值得进一步探讨，比如农历六月六日，晒脚模手印（在阳光下铺细灰，按上脚印、手掌印让太阳晒）可免生“沙虫”（脚气病）；立秋日，用两色布在幼儿衣服后下半部钉菱形疤，称“补秋屁股”，可避免拉肚子。

民间医术同样值得重视。首先是游街串巷的民间游医，这些游医多系世代相传，对某一方面或某一种疾病有特殊的治疗方法，即所谓的“单方”。尽管这些治疗谈不上科学的理论，但确实有独特的疗效，往往有药到病除的效果，故民间有“小小单方治大病”之说。他们行医的方式多种多样、不拘一格，有的赶集设摊，有的只帮亲友治疗，有的游医只供家人使用。现录《凤冈县志》所载今行之有效的草医单验方如下：(1) 骨折方药（开放性、闭合性均可）：八轮麻、赤葛、血当归、泽兰、抱石莲各等份，半斤以下仔鸡一只。用法：复位后，将药捣碎敷于患处，每日换药一次。(2) 痨伤跌打方药：五香血藤、野腊梅根、三百棒、小血藤、矮陀陀、倒触伞、接骨丹、土鳖、臭牡丹根、牛膝、当归、通草等，泡酒等量服用。(3) 风湿方药：五香血藤、铁筷子、黑骨藤、红禾麻、爬岩姜、透骨香、见血飞、排风藤各 15 克，泡酒 1 斤，每次服 1 两。(4) 单味药方治病：水泡子治蛇咬伤；椿树皮透麻疹；鱼鳅串消食积；苦荞头除饱胀；虎耳草洗丹毒；五皮风治小儿咳嗽；狗屎椒治牙病；千里光外洗除风气；朝天罐痢疾；岩马桑治跌打损伤。其次是食疗，中国素有“药食同源”的说法和实践，民间也常常预防疾病于饮食之中。凤冈一带的食疗偏方有：折耳根佐膳，开胃进食；绿豆汤解暑；苦瓜败火；姜、椒燥热；糯米补肾滋阳；丝瓜降阳；萝卜生消熟补。最后是民间的方便疗法，由于经济条件和医疗条件所限，民间常常用一些简单的方法治疗一些小病，玛瑙山和凤冈至今流传的方便疗法有：铜钱刮背治感冒；烧灯火治小儿惊厥；桐油熬鸡蛋敷脐腹驱蛔虫；刮鱼鳅症（腹痛）；铜钱刮痧治中暑；滚鸡蛋（熟、热）祛小儿高烧；拔火罐除瘀血、祛风湿。[1] 民间单方（偏方）和食补是凤冈人民长期生活智慧的结晶，也是当地中医祖祖辈辈的医术传承，因其用药简单、价廉、疗效好而受到老百姓的欢迎。

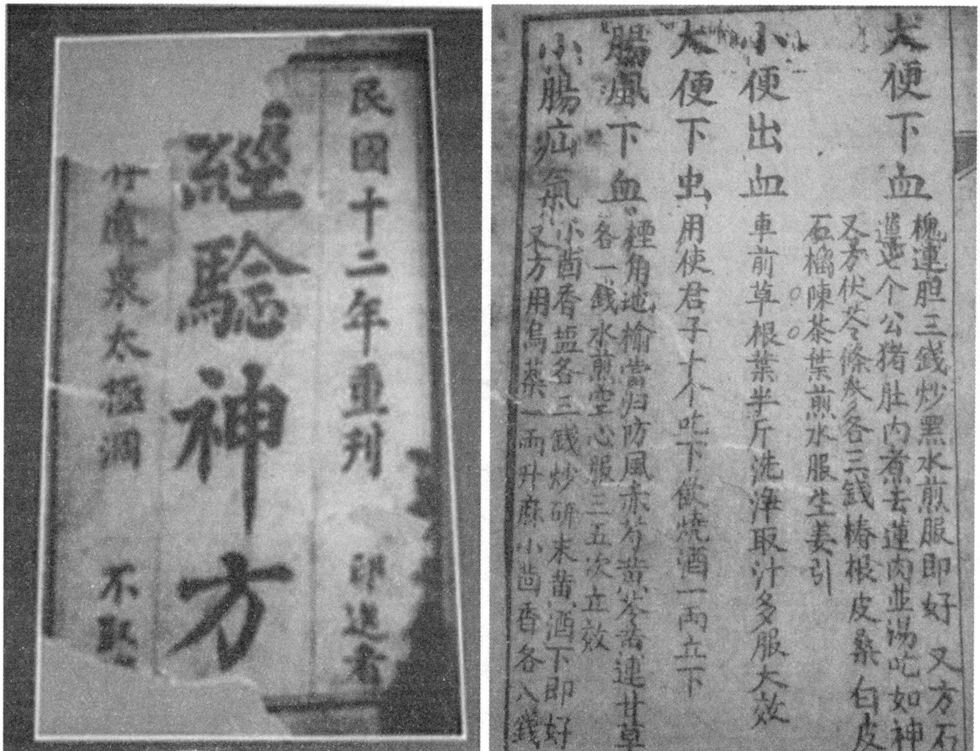

何坝镇太极洞《经验神方》　马志军 摄

① 贵州省凤冈县地方志编纂委员会编：《凤冈县志》（1978—2007），方志出版社 2011 年版，第 650-651 页。

凤冈县旅游导览图

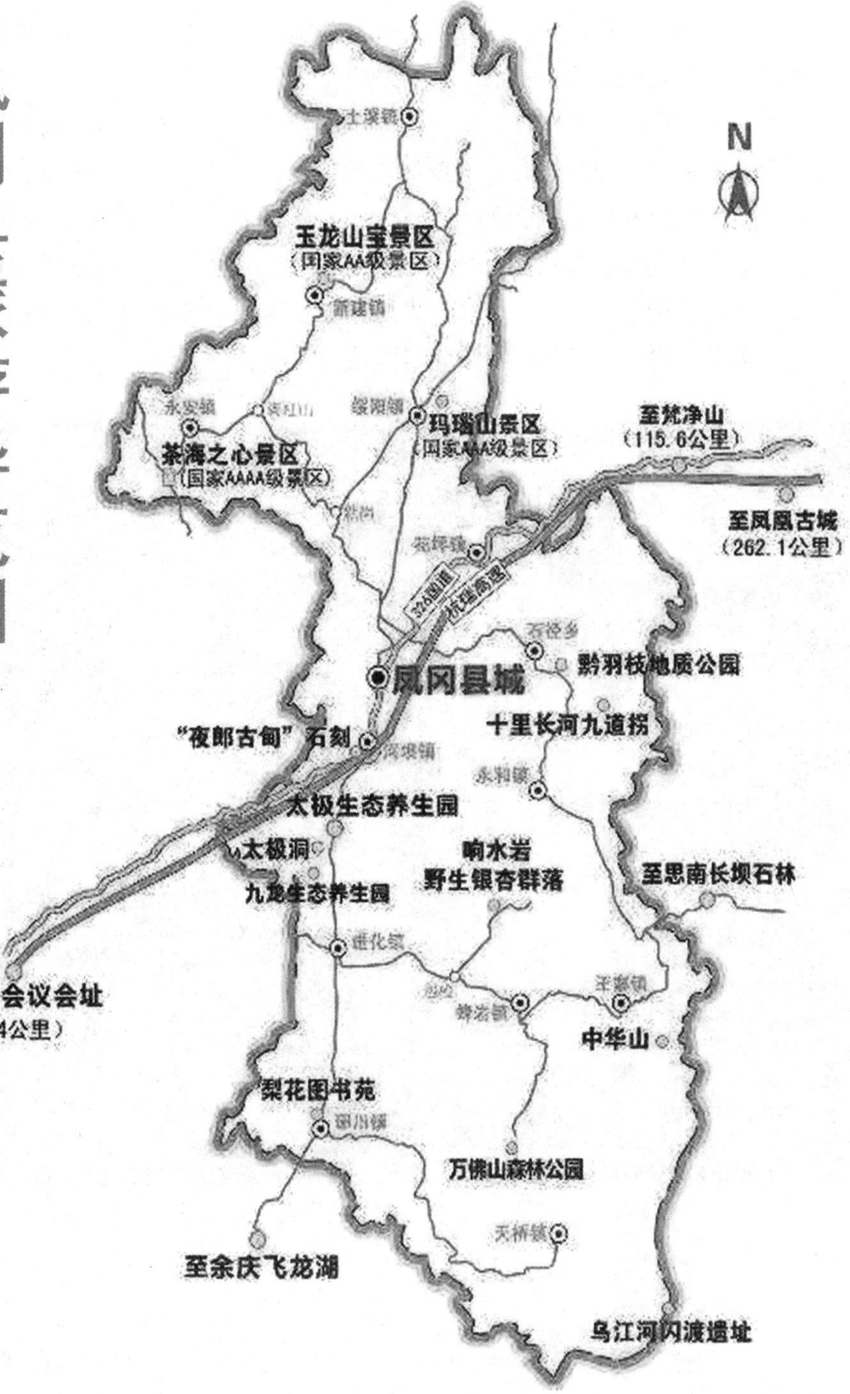
N
土溪镇
玉龙山宝景区
（国家AA级景区）
新建镇
永安镇
茶海之心景区
（国家AAAA级景区）
绥阳镇
玛瑙山景区
（国家AAA级景区）
至梵净山
（115.6公里）
至凤凰古城
（262.1公里）
花坪镇
326国道
杭瑞高速
石径乡
黔羽枝地质公园
凤冈县城
十里长河九道拐
“夜郎古甸”石刻
永和镇
太极生态养生园
太极洞
响水岩
野生银杏群落
九龙生态养生园
至思南长坝石林
进化镇
至遵义会议会址
（104.4公里）
王寨镇
蜂岩镇
中华山
梨花图书苑
万佛山森林公园
天桥镇
至余庆飞龙湖
乌江河闪渡遗址

第六章　历史时期凤冈县军事和交通地理

第一节　历史时期凤冈县军事地理

一、凤冈县主要战事分布

凤冈历史上的战事，宋代以前史料罕见记载，明清时期凤冈境内及周边战争较为频繁，战争的发生往往与政治、经济、社会和文化诸多因素有关联。光绪《湄潭县志》记载，在明万历二十八年（1600），李化龙奉命平定播州土司杨应龙叛乱，分八路征讨，其中“湖广一路由偏桥即施秉进师，分两翼，总兵陈璘由白泥即余庆、副总兵陈良玭由龙泉，均取道湄潭，奉督师令战，勿受降。一时窜杀略尽，妇孺不留，而苗民自此无遗种矣”[①]。可见此次战役之惨烈，同时表明龙泉在战争中位置之重要，否则不会在此展开如此惨烈的厮杀。光绪《湄潭县志》还记载说：道光二十年（1840），四川涪州（即今重庆涪陵区）人刘仪顺到龙泉县长莲坝以传教的形式发动起义，在此地作战十余年之久。[②] 同治二年（1863），江西人张宝山，号称朱王，“攻龙泉，分股扰三跳（今凤冈县西山）。此地民向称善

① （清）吴宗周修、欧阳曙纂：光绪《湄潭县志》卷6《武备志·师旅考》，载段志洪、黄家服主编：《中国地方志集成·贵州府县志》（第39册），巴蜀书社2006年版，第496页。

② （清）吴宗周修、欧阳曙纂：光绪《湄潭县志》卷6《武备志·师旅考》，载段志洪、黄家服主编：《中国地方志集成·贵州府县志》（第39册），巴蜀书社2006年版，第497页。

斗，以贼来，猝不及备，骤与战，惜皆涣处，不能援救，阵亡七十余人，被烧房舍无算”①。由上述材料看，在清代，龙泉发生的战争具有次数多、时间长、危害大的显著特点。

（一）古代凤冈战事简介

通过耙梳《凤冈县军事志》和《凤冈县志》（1994年版）各类古代文献，整理出了凤冈县军事大事记，现辑录如下②：

1. 南宋建炎二年（1128）任正隆起义于县北绥阳玛瑙山，后移兵至县东20里黄阳屯（今石径乡黄阳屯）；绍兴二年（1132）被官军镇压，至今堑洫犹存。

2. 明洪武七年（1374）偏刀水（今琊川镇）覃、韩两姓苗民起义，思南宣慰使田仁智率陆公阅前往剿抚，并保授陆公阅为偏刀水长官司把守军官。

3. 明正德六年（1511）9月，汉、苗民数千人在方四的领导下，于任仙峰（今琊川镇茅台村）起义，袭击偏刀水巡检土司和龙泉长官司等地。次年，方四被害于务川县，起义失败。

4. 明嘉靖三十四年（1555）龙泉司设哨堡，“以隘险阻，以缓苗、汉冲突”。

5. 明万历二十八年（1600）播州杨应龙率兵攻打龙泉城，长官安民志率众抵御战死。同年秋，明将刘綎平播凯旋，途经凤冈，于城北龙潭河题“天河洗甲”四字，后人勒石以记，今尚存。

6. 明万历三十二年（1604）巡抚郭子章、知县凌秋鹏奏准县城建石城，作防御之用。石城周长361.7丈，高1.8丈，门有四座：义阳门（东）、绥阳门（西）、明阳门（南）、大堡门（北）；城楼4座，水关2洞。

7. 清顺治三年，南明永历元年（1647），遵义守将王祥兵变，扰害龙泉等地。

---

① （清）吴宗周修、欧阳曙纂：光绪《湄潭县志》卷6《武备志·师旅考》，载段志洪、黄家服主编《中国地方志集成·贵州府县志》（第39册），巴蜀书社2006年版，第502页。

② 以下军事事件日期未特别注明均为夏历。

8. 清顺治六年，南明永历四年（1650），苗族农民领袖天保、河秧、王伦等组织农民起义，曾攻陷龙泉县城和一些场镇，打杀贪官污吏。

9. 清顺治十八年（1661），石阡营分防设立龙泉县汛把总署（简称汛署）①。

10. 清雍正六年（1728），在偏刀水设立分汛台驻守。

11. 清咸丰三年（1853），知县奉上方指示，创办团练组织，在龙泉、湄潭间筑营。

12. 清咸丰三年（1853），凤冈乡绅钱青云在绥阳镇安坝村（今绥阳玛瑙村）修筑玛瑙山营盘，占地300余亩，至今保存较完整。

13. 清咸丰六年（1856），红号军围攻县属桶口，知县陈世镳前往清剿。号军李老七等战败。

14. 清咸丰七年（1857），白号军首领刘义顺攻下思南府城后，派遣部下向龙泉进发。12月9日，号军攻城，知县茹含章率众守城。

15. 清咸丰八年（1858）1月，四川川北镇总兵蒋玉龙补授贵州提督，剿办思南府号军。此时，白号愈加散据寨堡，分出乌江东西岸，四道出击。贵州巡抚蒋霨远令铜仁知府周夔驰援思南军务，思南、铜仁、石阡援军皆受其统属。号军复攻龙泉县城，知县茹含章、团总李瑶率军抵御，号军死伤甚多，败退白家寨、黄家池一带。同日，号军李顺奎、李顺芳、李顺启与清军在关口（今花坪镇关口村）大营山发生激战，双方伤亡惨重。

16. 清咸丰八年（1858）2月，鱼溪（今王寨乡境）杨和风黄号军起义。是年8月，号军占据县属万佛山，出击县属各地。王午垭、大都坝、何坝塘等地为号军活动区，清军处处戒严。同年8月，候选县丞桂蕊香派兵驻扎彰教坝，其弟桂枝高攻号军白岩洞、土井等处失败；清吉团首领军功②何守刚阵没，土井、东山号军皆与关口二层岩

① 清朝时期国家常备武装绿营兵营制分为标、协、营、汛。汛把总是绿营军编制中最基层、级别最低的军官，把总署是把总的办公地。

② 军功，即军功顶戴，是清代顶戴中衍生出的一种特殊形式，用于奖励有军功的军民。

号军连成一片①。

17. 清咸丰九年（1859）3月，据守二层岩号军首领李顺奎等攻陷东山场营，候选县丞桂蕊香力战而死。号军多次攻打鱼塘坳，清军提督蒋玉龙惨败。是年4月，号军由梭板坡一带直指县城，知县茹含章率桂枝高、李播登陴守御。号军于城外凤凰山、石板坳、大关一带，昼夜围攻。贵州巡抚蒋霨远令遵义知县江炳林，会同绥阳知县邓尔巽、湄潭知县廖湡春等营救，与茹含章内外夹击，号军撤围。是年9月21日，白号军攻打偏刀水，建立号军根据地。

18. 同年11月，"贵州提督蒋玉龙，前湄潭失守，援剿不力，降旨交部议处……当军务吃紧之际，蒋玉龙不能申明纪律，致军心散溃。贼匪蔓延，实属威令不行，难期振作。蒋玉龙着先行革职，并拔去花翎，仍留贵州军营，责令戴罪自效。倘再不知愧奋，即行从严参办。所有贵州提督印务，著记名总兵田兴恕署理，督办该省军务，钦此"。②

号军进攻龙泉高粱山，马头山、绥阳场二防营间为县援，不可恃，知县茹含章以李宝屯地险，遣团练驰守为犄角。敌薄县城，练首桂枝高出御，屯团自后蹑击，敌走新化铺，团练亦多死伤。号军至西趋湄潭，思南西南略为纾解，西北号军仍窜无定所。

19. 清咸丰十年（1860）3月，号军分略绥阳场，蔓延龙泉，上方洞平团营多溃，惟钱青云自保。号军夺县北三碗种、虎头坝、猫猫垭诸隘，薄城下。钱青云俟懈击之，贼稍却。

20. 同年7月，署绥阳知县朱文香与邓尔巽、秦安庆等分攻绥阳场敌，敌溃马头山，敌略走焰硝平、钟子岩至官田寨，知县茹含章却之。

21. 同年12月，茹含章遣安宅仁等以团众从之，自率团抚降龙泉附近诸寨号军。

22. 清同治元年（1862），白号军刘义顺联合号军八大首领围攻县

① （民国）凌惕安编著，张祥光、郎启飞点校：《咸同贵州军事史》，贵州人民出版社2012年版，第682页。

② （民国）凌惕安编著，张祥光、郎启飞点校：《咸同贵州军事史》，贵州人民出版社2012年版，第686页。

城。知县茹含章、团总李播、安居之和其子安仕龙合力抵御。

23. 清同治二年（1863）11月12日，号军围攻县城，知县李廷璧与清江营团总李瑶调集各团来县城抵御，并于城内银杏树上架将军炮，轰击号军。

24. 清同治三年（1864）3月，清廷调湘、川军入黔。号军首领刘仪顺到偏刀水进行防御，并分兵进犯龙泉。团首安宅仁会同团首备李播击败龙泉敌，县城解严。

25. 清同治四年（1865），号军攻县城，知县李廷璧督率团众于城墙周围凿城壕一道防御。

26. 清同治七年（1868），号军在荆竹园（今思南）失利，退守偏刀水，清军纠集万余人围攻，遭号军内外夹击，迫使清军处于“饷匮饥疫”的窘境。5月26日，守将向成高叛变，开门降敌，偏刀水被攻破，号军守将田应武、何继述、王廷礼等惨遭杀害，突围的号军败退至玉华山（今瓮安县境）。

27. 同治七年（1868）3月，号军守领李顺奎、李顺启、李顺芳等与清军在关口金子山氽水洞、头脑山葫芦溪发生激烈战斗，打死清军无数，埋成万人坟。同年，县境内号军在清军联合围剿下失败①。

上述大事记表明，今凤冈县在清代尤其是咸丰、同治年间，围绕着号军起义与清政府镇压号军起义进行的战争不断。究其原因，主要是社会矛盾尖锐所致，正如仁怀厅团绅张廷垲曰：“自号匪据大小屯寺，县城不守，而厅境疲于防御。然贼党虽多，半为饥寒所迫”②。致使“贵东数年以来，遍地糜烂，铜、思、石、松诸府、厅久为黄、白号盘据出没之地。……石阡以西数十里内，贼巢环布，以荆竹园为巨巢，以大小屯为门户，又有罗家岩、板凳场三十余处分巢，皆归荆竹园黄号萧继盛调遣，又仰承于统领各号伪王朱明月，以教首刘仪顺言为断，亦犹杨秀清之于洪秀全也。计石阡境内不下十五六万人，能战者数万。此外余庆轿顶山、瓮安玉

① 贵州省凤冈县军事志编纂委员会编：《凤冈县军事志 1128—2005》（内部资料），2007年印刷，第6-7页。

② （清）罗文彬、王秉恩编纂，罗丽丽点校：《平黔记略》卷13，贵州人民出版社，2010年，第266页。

华山、平越上大平，皆黄号也。龙泉、湄潭、思南城头盖、偏刀水、江家寨诸巢，皆白号也。下游五府，界分乌江，有江内江外之分（南内北外）。思南则曰河东、河西。荆竹园、轿顶山所谓江内贼也。江外黄、白、红、青四号亦附明月。上至遵义，下抵湄、龙，首尾一气"①。其时，黔东黔北遍地狼烟，凤冈身处其中，由于其所处地理位置极端重要，正是兵家必争之地。正如前文所说，它位于思南府、石阡府西面，既是二府的西面屏障，又是扼守思、石二府的桥头堡和咽喉之地，还是遵义府东出思南、石阡的必经之地。此外，凤冈以山地为主，山高林密，关隘洞穴分布广，易于游击周旋。历史上战事常在险关要道上进行，翻山须过关，遇河要过渡，一些重要渡口和关隘成为军事要地，如位于凤冈县绥阳镇境内的敲木鼓，是凤冈至务川的险要关隘，西南距凤冈县城 30 公里，东北距务川县城 51 公里；山多险道、多急弯、多断岩，步行攀登困难；敲木鼓地处山梁鞍部，海拔 1300 米，与谷底相对高度 350 米；山脊不连贯，多圆顶山，斜面凸凹不平，坡度 35—60 度；山顶与附近诸山能有效控制东北和西南的盘山公路及新田（属务川县）、绥阳镇，视界良好，能观察到 10 公里以内地形；山腰以下有树林和灌木丛，易于隐蔽。② 所以，此处历来为兵家必争之地，多次在此处发生战争。

（二）重要战争事件

1. 任正隆起义

任正隆（亦称任子龙），北宋末年安夷县（今凤冈县绥阳镇）人，生年不详，世代务农。少年时期的任正隆家境贫困，自幼喜好舞棍弄棒，爽直机智，自懂事起就不甘受官府和地方势力的欺压凌辱，具有强烈的反抗意识，因此，在民不聊生之时，他四处联系农民组织反抗。

明万历《贵州通志》卷 17《石阡府·山川》关于任正隆起义的记载：

---

① （清）罗文彬、王秉恩编纂，罗丽丽点校：《平黔记略》卷 13，贵州人民出版社 2010 年版，第 277-278 页。

② 贵州省凤冈县军事志编纂委员会编：《凤冈县军事志 1128—2005》（内部资料），2007 年印刷，第 54 页。

黄杨古囤，“（龙泉坪）司治东三十里，层岩绝壁，大河环绕，上产黄杨木，可容百万人，宋元贞间有任正隆者据之，后克平”②。乾隆《贵州通志》卷5《山川》：将军山，“在城东南五十里，宋绍兴间，任正隆之变，都监安文晢师于此，因名”。黄杨囤，“宋时屯兵营堑犹存”③。嘉庆《重修一统志》卷505《石阡府》：将军山：“宋绍兴二年，任正隆之变，都监安文晢师于此，因名。”④“黄杨古屯在龙泉县东三十里，巉岩绝壁，崖上多黄杨木，有大河环绕，其上可容百万人，宋绍兴间任正隆据之以叛，都监安文平之，营栅堑沟犹存。”⑤由此可见，任正隆于宋绍兴二年（1132）在龙泉县发动

石径乡黄阳屯（黄杨屯）远景①

① 贵州省凤冈县军事志编纂委员会：《凤冈县军事志 1128—2005》（内部资料），2007年印刷，第111页。

② （明）江东之修：万历《贵州通志》卷17《石阡府·沿革》，书目文献出版社1990年版，第380页。原文年号有误，待考。

③ （清）鄂尔泰纂、靖道谟、杜诠修：乾隆《贵州通志》，载黄家服、段志洪主编：《中国地方志集成·贵州府县志辑》（第4册），巴蜀书社2006年版，第90页。

④ 清仁宗敕撰：嘉庆《重修大清一统志》卷505《石阡府·山川》，中华书局1986年版，第32册，第25542页。

⑤ 清仁宗敕撰：嘉庆《重修大清一统志》卷505《石阡府·关隘》，中华书局1986年版，第32册，第25553页。

起义确有此事，但相关文献记载语焉不详。与文献语焉不详相对的是民间传说倒是不少，如传说任正隆在梦中受神仙指点，叫他骑匹大黑马到金甲山取出金盔金甲，金弓金箭，向皇帝住的方位连发三箭之后，起兵就可夺取皇位。他很快聚集数千人马，与大小头领在玛瑙山洞内密谋策划，并在洞外顶端修建营垒组织农民反抗官府，因有人泄密，提前于建炎二年（1128）宣布起义。他们在洞顶金磐山修建营垒，设立总部，数月之中占领县属北部地区。官府调兵围剿，均以失败告终。任正隆乘胜将人马移至今石径乡三面环水的黄杨屯，凭险设防，修造营垒，拟建皇城，百姓拥护，气势恢宏。思州刺史田佑恭得知此事，一面上报朝廷，一面派部属安文、安武兄弟于绍兴二年（1132）带领数千精兵从石阡府出发直指黄杨屯，兵分三路轮番攻打，任正隆奋力抵抗，激战中双方伤亡惨重。随后因官军不断增兵，任正隆久遭围困，在一次战斗中中箭被俘。安文将任正隆押解至绥阳地区示众，杀害于大水河畔。任正隆死后，葬礼隆重，百姓哀悼络绎不绝。据传，发丧36棺，墓葬36处，现存两处，一处在今绥阳镇砚台村篱竹溪，另一处在玛瑙山顶。经考证，前者为任正隆真坟，至今主体部分尚存①②③。

2. 龙泉之役

明万历二十七年（1599），播州宣慰使杨应龙起兵反叛朝廷，以部分兵力侵扰今贵州乌江、黄平等处，并亲率主力北上四川，攻陷今重庆綦江、赶水、南川一带。明政府任命兵部侍郎、右都御史李化龙为钦差，总督湖广、川、贵军务兼理粮草，调集四川、贵州、湖广、云南、陕西、甘肃、浙江七省20余万人马，分八路大军从四面八方围歼杨应龙。1599年7月，杨应龙军队在马头山（今凤冈县龙泉镇柏梓村水天附近）、偏刀水（今凤冈琊川镇）、都上坝（今凤冈琊川镇大都）等处扎营，形成南北夹击龙泉县城之势。为应付时局，总督李化龙在石阡府（今贵州石阡县）设一参将、务川（今贵州务川县）设一游击，各领兵三千，一方面为本城之防

---

① 佚名：《夷州文化史实人物》（http://tieba.baidu.com/p/2438270852）。

② 苏正强：《凤冈史话》（上），载（凤冈文史资料专辑）（内部资料），1994年版，第9-10页。

③ 贵州省凤冈县军事志编纂委员会：《凤冈县军事志1128—2005》（内部资料），2007年印刷，第111页。

守；另一方面为龙泉之声援。11 月，播州军队进驻马渡（今湄潭县永兴镇）、三跳（今凤冈县西山），距龙泉近在咫尺。12 月，播州数万骑兵和步兵分五路从锡落关（今湄潭县天城乡星联村锡落坪）、龙洞哨（今凤冈县何坝乡新花铺）、穿阡哨（今凤冈县何坝乡穿阡）、三跳哨（今凤冈县龙泉镇西山）、绥阳哨（今凤冈县绥阳镇）进攻龙泉及其周边关隘，明军节节败退，龙泉成为一座孤城。此时，驻扎在龙泉的思石守备杨惟中所率明军只有两千人，龙泉司长官安民志所领土兵乡勇也仅有五百人，总计不到三千人的兵力守卫龙泉孤城。就在此时，杨惟中动起了小脑筋，开始为自己盘算，将家眷送往思南府附近的鹦鹉溪（今思南县鹦鹉溪镇）潮底河避住。12 月下旬，播州大军在土缺河（今凤冈县城土桥河）与明军交战数个回合，未能取胜，便不敢贸然攻打龙泉。万历二十八年（1600）正月初四，杨惟中留下把总李君宝协同安民志守卫龙泉，自称到思南去见思仁道布政司左参政和思石兵巡道副使等上官，领本部兵马退走思南鹦鹉溪潮底河，与其家眷相聚。播军见驻守龙泉的明军大部撤退，便乘虚突破土缺河防线，攻打龙泉司。此时驻守龙泉的兵力仅有数百步兵，在播州军队的猛攻之下，安民志及所率将士全部阵亡，杨应龙的军队还将龙泉司放火烧毁。相传，龙泉大火烧了三天三夜，全城尽为焦土，城内唯一留存的是一棵银杏与城北边的一棵紫薇。① 龙泉之役，时任龙泉司应袭土舍的安养极有这样的描述："本月初五日，逆酋杨应龙统兵数万，五道并出，有叔土官安民志亲领募兵五百出战，因众寡不敌，追围城内，将司治并印信、民志围困数匝，绑去吏目刘玉銮并妻、媳、子杀死讫。一切杀虏，俱不忍言等情。"② 由此可见龙泉之役的惨烈和残酷。安志民、李君宝、刘玉銮等誓死守卫龙泉城、维护国家统一的壮举值得我们永远铭记。

3. 号军攻打龙泉县城

号军是清咸同年间贵州农民起义军的称谓，又称教军，是白莲教支派灯花教组织的起义军。因各路教军用不同颜色的头巾裹头，号挂与旗帜的颜色也各不同，故而又有红号、白号、黄号等不同分支，主要活动地区是

---

① 王珺偲：《平播战争中的龙泉长官司》，载薛维主编：《凤冈历史微澜》，中国文史出版社 2016 年版，第 65 页。

② （明）李化龙：《查参失守龙泉司官疏》，载李化龙：《平播全书》（卷 3），《续修四库全书》史部，第 434 册，上海古籍出版社 1995 年版，第 333 页。

铜仁、思南、石阡、湄潭、凤冈、瓮安、开阳等地。

龙泉县境内的号军主要是刘仪顺所统领的黄、白号军，大小队伍10余支，建立有20多个据点，约四五万人，且耕且战，互不统属，各自为战，发生大小战事数十次之多。仅号军攻打龙泉城就有十余次之多，主要战事有：咸丰七年（1857）12月初，刘仪顺等在思南鹦鹉溪起义，因头扎白布，故称“白号军”。号军攻破思南府，其后进攻石阡、龙泉、湄潭等县。在围攻龙泉县城时，当地由于得到其他地方清军的支援，白号军故而未能攻下县城，败走黄家池（今石径乡）、火神坳（今凤冈石盆桥头山坳）一带。此为首战龙泉县城。咸丰七年（1857）12月11日，县南白号军占领猫猫岩，进击芦家坝，攻破蜂岩场；县北白号军占据螺马店（今凤冈金鸡），攻下绥阳；19日，占领绥阳场的白号军南下，再次围攻龙泉县城。湄潭派兵增援，义军第二次攻城未克。咸丰九年（1859）3月，龙泉境内的白号军全部出击，打得时任贵州提督的蒋玉龙手忙脚乱，顾此失彼，损失惨重。[①] 此后的1858年1月6日和2月24日、1859年2月、1861年12月、1862年夏季、1863年11月12日等，号军多次进攻龙泉县城，但都没有攻下县城。

除此之外，龙泉县境内的其他几支号军也在不同的地域与清军作战，一是绥阳场之战。1860年4月，白号军从务川庙坝南下，占领了三碗种、虎头坝、猫猫垭等地，进而攻克绥阳场。白号军又从绥阳场出发，包围金磐山（今玛瑙山），攻打钱青云团。白号士兵轮番仰攻，团丁练卒，凭险抵抗，白号军退回绥阳场。1860年7月，绥阳县、遵义县、湄潭县团练分路进攻绥阳场，白号军寡不敌众，向官田坝方向败走。二是官田之战。白号军攻打并占领崇新和官田界山钟子岩，乘势下山攻打官田坝。官田坝团练与白号军争战，龙泉知县带领清江营赶来官田坝助战，两军配合，打退了白号军，结束了官田坝之战。[②] 另据《凤冈县军事志》记载，该县清代还发生有红号军桶口之战（1855）、鱼塘坳之战（1859）、纱帽山之战（1859）、箭杆坪之战（1859）、高粱山之战（1859）等战争。

---

① 贵州省凤冈县军事志编纂委员会：《凤冈县军事志1128—2005》（内部资料），2007年印刷，第115、123页。

② 贵州省凤冈县军事志编纂委员会：《凤冈县军事志1128—2005》（内部资料），2007年印刷，第138页。

由此看，就时间而言，凤冈境内清代以来的战事集中在咸丰九年即1859年。之所以如此，主要是该时期英国等资本主义国家对中国的侵略进一步加深，清政府对人民横征暴敛以转嫁危机，使农业基础薄弱的贵州人民生活难以为继，社会矛盾激化。黔东农民在太平天国运动的影响下，揭竿而起，发起了长达十余年的反抗清政府统治的斗争。一方面沉重打击了地方官府势力，动摇了清王朝的统治基础；另一方面也严重破坏了当地的社会经济，造成百姓大量流离失所。

二、玛瑙山营盘军事防御体系

1. 遗址图释

玛瑙山营盘位于贵州省遵义市凤冈县绥阳镇玛瑙山村，东靠打水河、西临同江河、南接官田寨、北连生基塘，海拔835米~880米之间，建筑面积82909平方米。

该营盘大约始建于南宋绍兴元年即1131年，扩建于清咸同年间

玛瑙山营盘遗址雪景　汤权 摄

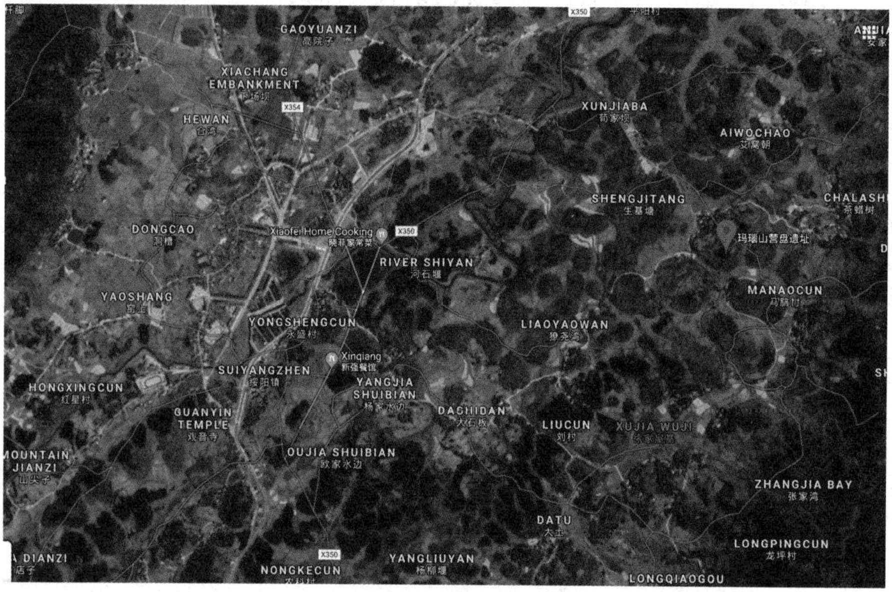

玛瑙山营盘位置示意图①

(1853—1864 年)。在咸同年间号军起义时，钱青云于此地修建中营即主营，李氏、杨氏、安氏等家族在周围山顶建次营，与中营组成统一的整体，“墙高 5 米，墙基宽 1.2 米，以条石、方石、块石、石礅砌筑，牢实坚固”②。城堡选址于玛瑙山梁西北侧喀斯特地貌的小丘陵地带，占有大小山头 7 座；就地开采石材干摆砌筑成层层城墙，围合成相对独立的空间以城门互通，置射击孔、炮楼、碉楼和哨所等防御设施，形成以金馨山顶为中心的中营和子营，四周分别建东营、南营、西营和北营。同时，周边杨氏、安氏和丁氏等家族紧临钱氏营盘就地取材干摆城墙在北侧建杨家营、西北侧建安家营和东侧建丁家营并设置了炮楼和射击孔等防御设施，分别在城墙上置以城门与钱家营盘互通，拱卫在钱氏家族营盘东侧和西北侧。城墙沿山脊而建，将七个山头连成一体，平面呈东西短、南北长的不规则形状的军事城堡。中营筑墙 7 道，外筑四重城墙、内外重叠，充分利用山、

① 示意图来源于 Google 地图。

② 凤冈县文体广电旅游局编：《历史的记忆——凤冈县第三次全国文物普查成果汇编》（内部资料），遵义德堡印务有限公司 2013 年印刷，第 2 页。

崖、洞、水等自然条件进行巧妙构建，形成地上两个防御区三道军事防线和地下溶洞区与官田古寨的第四道军事防线，总体形成了功能科学分区、具有强大军事防御能力的军事防御体系，“是贵州清代山地军事防御工事的典型代表”①。2001 年“玛瑙山军事营盘”被贵州省人民政府列入“贵州省重点文物保护单位”，2007 年作为“重点文物图”被收录《中国文物土图集·贵州分册》，②③ 2019 年 10 月升格为“国家级重点文物保护单位”。

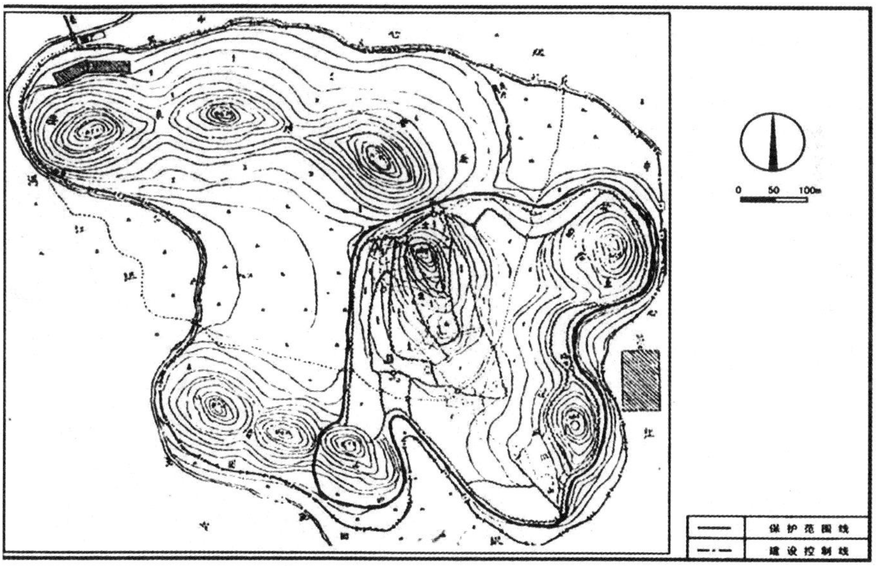

名　　称：	凤冈玛瑙山营盘遗址
级　　别：	第三批省级文物保护单位
地　　点：	凤冈县绥阳镇玛瑙村
保护范围：	东：城墙脚外 10 米抵下石坎；南：城墙脚外 10 米抵官田组稻田坎，西：城墙脚外 10 米抵小青山至南山顶，下抵山脚；北：城墙脚外 15 米至安家营盘金盘山间抵脚往东直下。
建设控制地带：	东 50 米抵玛瑙村中心组民宅后坎。南城墙脚 20 米抵小青山山脚，西 250 米～600 米抵河沟坎。北 260 米抵公路边。
图　　号：	省 243- III -6

玛瑙山营盘遗址图④

① 何烨：《贵州清代山地军事防御体系工事：玛瑙山营盘》，北京：中央民族大学出版社 2019 年版，第 17 页。

② 贵州省凤冈县地方志编纂委员会编：《凤冈县志 1978—2007》，方志出版社 2011 年版，第 42 页。

③ 凤冈县旅游事业局编、吴正光主编：《玛瑙山官田寨》，贵州人民出版社 2008 年版，第 38 页。

④ 周志龙：第七批全国重点文物保护单位申报登记表（未公开，内部资料）。

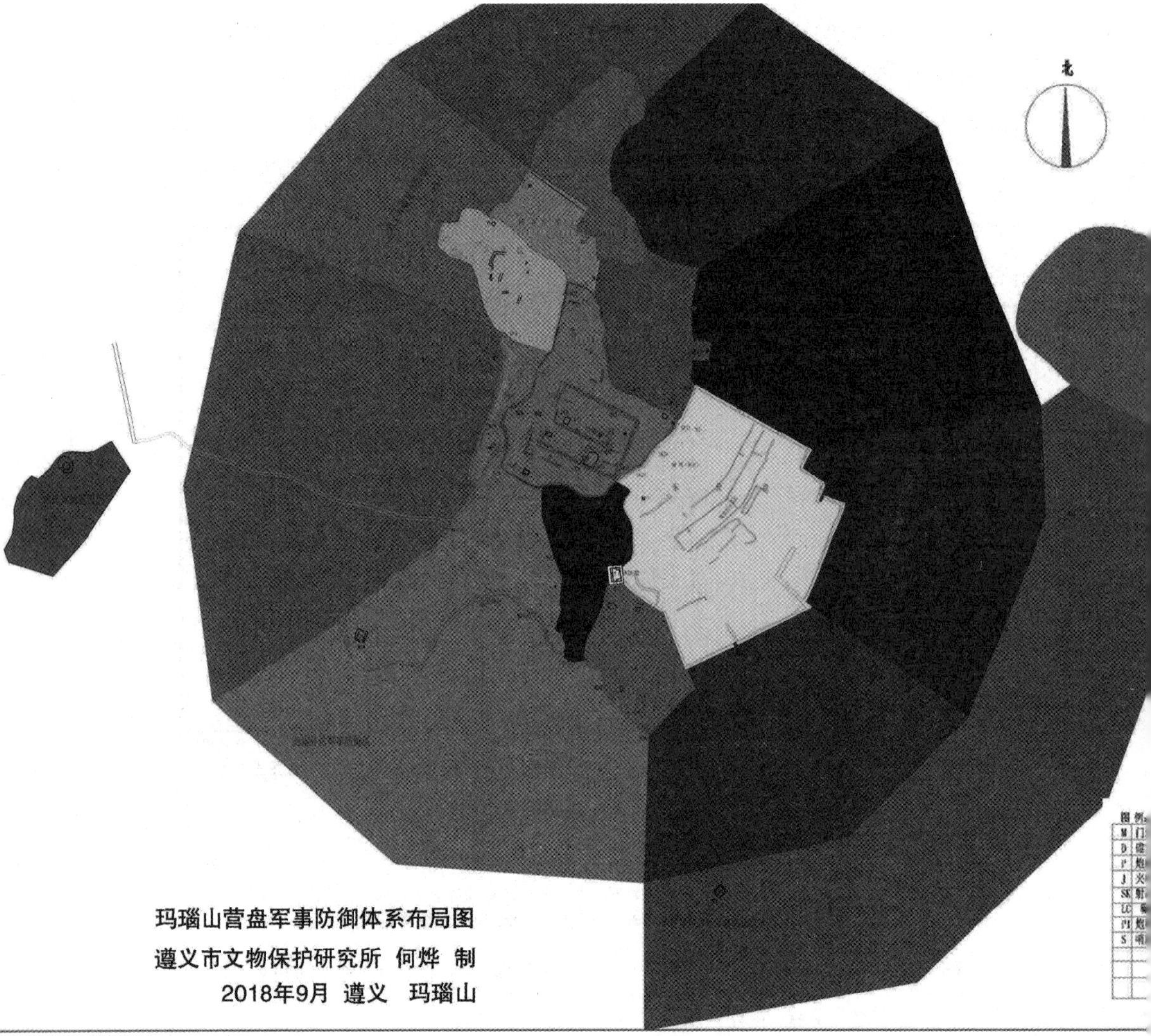

玛瑙山营盘军事防御体系布局

① 何烨：《贵州清代山地军事防御体系工事：玛瑙山营盘》，中央民族大学出版社 2019 年版，第 17 页。

玛瑙山营盘中营城墙　马志军 摄

玛瑙山营盘中营内城城墙　马志军 摄

玛瑙山外城墙　袁红 摄

玛瑙山营盘外城墙门　（美国）**Phd. Patrick Dowdy** 摄

玛瑙山营盘碓窝　（美国）**Phd. Patrick Dowdy** 摄

玛瑙山营盘中营内城　（美国）**Phd. Patrick Dowdy** 摄

玛瑙山营盘中营内城门　马志军 摄

玛瑙山营盘中营内城门　马志军 摄

玛瑙山营盘射击孔　马志军 摄

玛瑙山营盘炮座　马志军 摄

玛瑙山营盘的碉楼

玛瑙山营盘的碉楼　（美国）Phd. Patrick Dowdy 摄

玛瑙山营盘里的石板路

2. 玛瑙山营盘历史考究

第一，玛瑙山营盘修建于何时？

据王黔辉所著《玛瑙山洞堡之战》介绍，该营盘最初建于南宋绍兴元年（1131），是任正隆起义反抗官府的议事之所。当时义军将玛瑙主山山腰天洞口用巨石围住，沿山顶筑了一圈石墙，形成一座山顶有营盘、营盘下有溶洞、溶洞通山顶的碉堡。由于任正隆被当地百姓传为真龙天子，将来要坐金銮宝殿，故将洞堡所在的玛瑙山改名为金盘山。任正隆起义后，朝廷派安文、安武等人举重兵镇压，义军失败，任正隆殉难于绥阳镇大水河边。[①] 由于《玛瑙山洞堡之战》是文学作品，采用口碑相传的故事，其可信度不高。另据凤冈绥阳吧“夷州文化 史实人物”提供的信息：任正隆于建炎二年（1128）宣布起义，并在洞顶金盘山修建营垒，设立总部，

① 贵州省写作学会：《绿色凤冈》，汕头大学出版社 2003 年版，第 143 页。

在取得巨大胜利后将人马移至今凤冈县石径乡三面环水的黄杨屯，凭险设防，修造营垒。时任思州刺史的田佑恭派部属安文、安武兄弟于绍兴二年（1132）带领数千精兵攻打黄杨屯，任正隆久遭围困，在一次战斗中中箭被俘。安文将任正隆押解至绥阳镇示众，杀害于大水河畔。① 这些信息来源于网络，对所用史料亦未有注解，故而让人不能全信。

然上述两种关于任正隆举义和玛瑙山营盘创建的说法基本一致，仅在时间上略有不同，一是1128年，一是1131年，两个时间相差不大，故而据此可以推知营盘建造的时间大约在南宋初年即高宗建炎到绍兴年之初，但这缺乏必要的文献佐证。尽管当代《凤冈县志》有"南宋建炎二年（1128），农民任正隆起义于县北绥阳玛瑙山，后移县东20里的黄杨屯，绍兴二年（1132）被官军镇压。至今堑洫犹存"②。但这种说法与凤冈绥阳吧《夷州文化 史实人物》提供的信息没有区别，亦无史料来源之标注，所以，在我们看来，《凤冈县志》的这则信息缺乏文献佐证，需要进一步查证。

我们目前所见宋代文献均未对上述内容有确切记载，最早的相关信息是明万历《贵州通志》卷17《石阡府·山川》关于任正隆起义及所据黄杨屯的只言片语：黄杨古囤，"（龙泉坪）司治东三十里，层岩绝壁，大河环绕，上产黄杨木，可容百万人，宋元贞间有任正隆者据之，后克平"③。查宋代帝王年号，并无元贞之名，元贞是金完颜亮的年号，时间起止是1153—1156年。

乾隆《贵州通志》卷5《山川》：将军山，"在城东南五十里，宋绍兴间，任正隆之变，都监安文誓师于此，因名。"黄杨囤，"宋时屯兵营堑犹存。"④ 嘉庆《重修一统志》卷505《石阡府》：将军山："宋绍兴二年，任正隆之变，都监安文誓师于此，因名。"⑤ "黄杨古屯 在龙泉县东三十里，《府志》：巉岩绝壁，崖上多黄杨木，大河环绕，其上可容百万人，宋绍兴

---

① 佚名．夷州文化 史实人物．http://tieba.baidu.com/p/2438270852。

② 贵州省凤冈县地方志编纂委员会：《凤冈县志1978—2007》，贵州人民出版社1994年版，第7页。

③ 江东之：（万历）《贵州通志》，书目文献出版社1991年版，第380页。

④ 鄂尔泰，靖道谟，杜诠：（乾隆）《贵州通志》，巴蜀书社2006年版，第90页。

⑤ 《嘉庆重修一统志》，中华书局1986年版，第25542页。

玛瑙山营盘地下溶洞　（美国）Phd. Patrick Dowdy 摄

间任正隆据之以叛，都监安文平之，营栅堑沟犹存”[①]。绍兴是南宋高宗赵构的年号，起止时间是 1131—1162 年。由此可知，乾隆《贵州通志》所载任正隆占据黄杨屯的时间包含了万历《贵州通志》所记时间，表明任正隆据有黄杨屯的时间大约在 1153—1156 年。结合上文信息，任正隆占据黄杨屯是在修建了玛瑙山营盘之后，故而可以推测，玛瑙山营盘建造时间在 1153 年之前，但不会是 1128 或 1131 年，因为任正隆起义的时间不可能持续有 20 余年之久，从“夷州文化 史实人物”提供的信息看，起义持续时间仅有 4 年；再从“宋绍兴二年，任正隆之变”看，绍兴二年即 1132 年，这就明确了玛瑙山营盘最初修建时间是在 1132 年之后。

综合上述信息分析，我们以为，玛瑙山营盘最初修建的时间大概在南

① 《嘉庆重修一统志》，中华书局 1986 年版，第 25553 页。

宋高宗绍兴二年即1132年之后到1153年之前。然而，这个结论还需进一步细化、斟酌，因为通志所载信息均是关于任正隆和黄杨屯的，没有一条是直接记述玛瑙山或马脑山的。这就是说，玛瑙山在宋明时期乃至清乾隆年间并未进入史家视野，成为他们关注的对象。此种现象引人深思：什么原因导致此营盘竟未能记载？笔者猜测，也许当时玛瑙山营盘没什么规模，不值得载入史册。另外，贵州考古工作者在地表采集的青花瓷、钱币等遗物，其年代均属清代中期，没有任何宋代的文物，这无疑给玛瑙山营盘最初建造的确切时间蒙上了神秘的面纱。

第二，玛瑙山营盘修建是不是南宋国家战略？

海龙屯曾是南宋朝廷对抗蒙元侵犯所建之国家军事山城防御体系中的最后防线，不过，从播州土官杨文新建到杨应龙反叛之前“重葺”天堑海龙屯，仅仅是战备需要，并未真正启用于战争。那么玛瑙山营盘是否亦是山城防御体系中的一个部分？是否用于战争？凤冈县文联的薛维同志整理的“宋元玛瑙山之战”是一个耐人寻味的口诉历史故事，现记录如下，供读者品味。

“玛瑙山”这地名的来历衍生于在这里发生的一场长达三个月的战役，这是一场没有史书记载而当地民间有传说的一场宋元之间的血战。在南宋王朝都已经灭亡的第二年，公元1280年6月至8月，却在这地方发生了一场宋元军队之间的血战，城堡里驻扎的800宋军和远道而来的元军6000铁骑在这里拉锯式地绞杀了三个月，直到最后“珍珠换不到油盐，玛瑙买不来米粮”而粮草断绝，双方将士伤亡殆尽，剩余不到200人各自散落到民间。

绞杀后的古堡三年后还能听到不断的喊杀声。五年后有有心人到山上、城堡里、溶洞中收拾骸骨，然后堆积在城堡外的土坪上，请道师做了七天道场，然后用香木焚之，焚后的青烟在山头环绕三日不散。这是一场无论如何都说不通的血战，宋元之间的战争在一年前就已经结束了，“崖门之后无战事”，就是指1279年（南宋祥兴二年，元至元十六年）的“崖门海战”，蒙古军队和南宋残军双方近50万人在崖门海域展开一个月的决战，战役使南宋残余势力覆没，丞相陆秀夫背负年仅九岁的少帝赵昺投海而亡，十余万宋朝军民纷纷投海殉国，从而宣告了南宋王朝的彻底灭亡。而一年后（1280年6月至8月），却有一支800人宋军驻扎在边远的贵州这个后来叫玛瑙山的城堡里，同突然远道孤军而来的元军6000铁骑在这个城堡展开长达三个月的血战。看得出一年前来到这里的宋军是安心安营扎寨，长期经营日子的，他们随军携带了足够的金银珠宝、翡翠玛瑙。到达这里的一年多时间里，他们同周边的居民和睦相处，用珍珠玛瑙置买田地，购买粮草器具，还在城堡旁边修造了几个村寨供随军眷属居住，有了初步的商业交往。当地周边的居民争先向城堡供给丰富的物资。方圆百里的军民看到属于皇宫的珍珠玛瑙流向民间，换买田地及粮油物资，都惊怪地把这些东西称为“玛瑙米、玛瑙油、玛瑙盐……”，连这几座山也称为玛瑙山。后留有民谣：“玛瑙水，玛瑙田，玛瑙的大米金不换。”后来人们即把玛瑙作为珍贵的大米的象征和代称，寓意米之珍贵，玛瑙山也即成为出产珍贵大米的梦幻之地、神秘之地、乡愁之地。

血战是异常惨烈的，宋军凭据城堡精妙的设计和对纵横交错的地下溶洞巧妙地利用，以少对多同来军展开反复的绞杀，在城堡里外进行了残酷的拉锯战，发生大小血战一百多次，直到双方人员伤亡只剩下不到 200 人，弹尽粮绝后放弃城堡悄然散落民间。该战役给这里留下很多疑点，最关键的三个疑点是：一是这 800 人由一个叫刘重山的将军带来这里，为什么没有随南宋大军参加“崖门之战”？二是这支大军来到这里为何又恰好有一个进可攻、退可守的城堡供其落脚并安营扎寨，玛瑙山是不是南宋西南山城防御体系的一个点？三是元朝在经过崖门海战后，已取得了灭亡宋朝的全面胜利，忽必烈对宋朝遗臣采取了怀柔政策，连“三帝”之一的赵显都被封为瀛国公，保证了基本的享用供给。在这个大前提下为何会有这样一支 6000 人的铁骑孤军千里来到这里同这一支宋军决战，而且还是惨烈的决战。

这场战役的烟尘离现在已经 700 多年，除了在当地的居民家中存留的祖传的大量的物件可以找寻到一丝当年的痕迹外，更多的是“玛瑙山”这代代相传的名字，不管他属于历史，还是属于大米，他都同这里的山水田园紧紧相连，同这古代劳动人民智慧结晶修建而成的神秘城堡的惊世骇俗紧紧相连。

从这个故事，让我们联想到，玛瑙山营盘如果没有国家力量的介入，是难以修成如此宏大精深的防御工程。

第三，与平播战争有关联吗？

平播战争又称播州之役，是明政府为平定播州土司杨应龙而发动的一场著名战争。为平定杨氏之乱，明政府分 8 路大军进攻播州（今遵义市），杨应龙退守海龙屯（位于今遵义市西北），最后被明军攻破，播州之役以杨氏失败而结束。玛瑙山营盘地处的凤冈县在明代称龙泉坪司，播州之役爆发前，为安氏土司安民志所辖，受命于明政府。平播战争爆发时的万历二十八年（1600）正月，杨应龙派兵数万，分五路攻打龙泉坪司。杨氏军队从播州出发向东北进攻龙泉坪司，驻守龙泉的杨惟中以力量不足为由，领兵退走今思南县鹦鹉溪。土官安民志率部死守，兵败身亡，龙泉落入杨氏手中。杨应龙又乘胜进攻与龙泉相邻的务州（今遵义务川县）。玛瑙山与龙泉相距30余里，从地图上看，它介于龙泉和务州之间，平播战争前，龙泉和务州属明军势力范围，玛瑙山自然属明军控制，是龙泉的后方。玛瑙山营盘自南宋绍兴年间修建，到平播之役爆发之际，已经营了约4个半世纪，其防守水平和坚固程度无疑提高不少。显而易见，当龙泉土司安民志率部激战时，玛瑙山营盘应该是安氏抵御杨氏军队的一个屏障。当然，当龙泉陷落，杨氏进攻务州之时，玛瑙山营盘应该在杨氏控制之下。因此，当明政府组织大军从石砫（今重庆石柱自治县）、酉阳（今重庆酉阳县）讨伐杨应龙时，玛瑙山营盘也是杨应龙抵御明军进攻的堡垒。史书记载，明军英勇作战，“连破金竹、青冈嘴和虎跳关等七寨”①。此处用了“等七寨”，说明明军攻取的营寨、营盘之多。尽管这里未明确攻占了玛瑙山营盘，但从平播战争以杨氏失败告终可知，玛瑙山营盘应该在此役中被明军重新占领。综上所述，玛瑙山营盘在平播之役中由作为后方屏障到被杨应龙控制，再到被明军重新收复，经历了一个动荡的过程。尽管目前未能见及直接的相关文字记录，但通过《平播全书》《明史》《明神宗实录》《明史纪事本末》《万历起居注》等文献所载相关内容和后人的研究成果，我们依然能够间接感受到玛瑙山营盘在平播战争中饱受的刀光剑影、血雨腥风。

第四，钱清云与玛瑙山营盘。

据康熙《湄潭县志》卷1《名山胜境》：“玛瑙山，县西十五里，三面石壁，皆作五色，雨后日初光彩尤丽。”② 文中虽有关于玛瑙山的明确记载，然此处的玛瑙山并非绥阳镇的玛瑙山，因为绥阳镇的玛瑙山位于湄潭

---

① 谷应泰：《明史纪事本末》，中华书局1977年版，第999页。

② （清）杨玉柱纂修：康熙《湄潭县志》卷1《名山胜境》，载段志洪、黄家服主编：《中国地方志集成·贵州府县志辑》（第33册），巴蜀书社2006年版，第603页。

县城的东北方向，距湄潭县城约 120 余里，无论方位还是距离都不相符，不可能是本文所说之玛瑙山。光绪《湄潭县志》卷 6《武备志》有一段记载：“金磐山营，一名玛瑙山，城北百三十余里，平地突起，山坞怪石嵯峨，坞底一洞幽深曲折。武生钱青云鸠工凿石，就势建垣，因营此。”县志又载：咸丰十年（1860），“武生钱青云营玛瑙山。”[①] 该文中的金磐山营即今绥阳镇玛瑙山。这是目前见及的首次明确记载玛瑙山营盘的官方文献。《钱氏族谱》亦云：钱青云于咸丰年间营建此垒。钱青云（1808—1864）在钱氏家族中颇有名望。钱氏家族系武肃王之后裔，青云祖上自浙入黔居住于玛瑙山。文献记载，青云出生时家境颇丰，长大后能弓善武，武艺超群。咸丰年间，社会动荡，族业不安，于是他决定弃家筑营。营盘按八卦阵式设计，建有集市、学校、兵营，所筑攻防之道，营营相连，洞洞相通，地上营垒与地下洞厅紧紧相套；地上城墙曲折迂回，城堡设有指挥中心，营内出洞四通八达；城堡规模宏大，易守难攻，颇具匠心，其军事攻防体系实为罕见。光绪《湄潭县志》记载，同治元年（1862），黄号军与清政府湄潭守军激战，清军失利，湄潭几乎没有完土，幸亏安子屯一带的马头山、太平山、玛瑙山等地有营盘保护而幸免。《平黔纪略》云：咸丰十年夏四月，“贼分掠绥阳场，蔓延龙泉。上方洞坪团营多溃，惟钱青云自保。贼夺县北三碗种、虎头坝、猫猫垭诸隘，薄城下。青云俟懈击之，贼稍却”[②]。由此可见，玛瑙山营盘确实起到了御敌的效果。如果仍就修建情况而言，考古发现的青花瓷、钱币等遗物也表明玛瑙山营盘在清代中期有大规模的修建，同时从考古工作者初步踏勘的情况看，不同砌法的垣墙之间可能存在年代的差异，意即该营盘应非一人一时之作，而是多次营建的结果，其最初营建时间在南宋绍兴年间可能性较大。

作为贵州数以千计屯堡建筑中规模较大且保存最好的一座古军事建筑，遗产真实性、完整性很高，环境景观优美和谐，具有体现黔北地方文化、民族文化、家族文化、科举文化的重要历史见证意义，不仅建筑科学、美学价值彰显，而且社会学价值很高。营盘内的驿道、盐道体现了当

---

① （清）吴宗周、欧阳曙编纂：光绪《湄潭县志》，《武备志·营寨》，巴蜀书社 2006 年版，第 512 页。

② （清）罗文彬，王秉恩编纂：《平黔纪略》，贵州人民出版社 1988 年版，第 149 页。

时重要的交通和经济功能，更为重要的是它对重大历史事件的见证意义和地方风俗传统的承载，具有农民起义和昔日社会传统与形态结构的矛盾斗争地方化区域化特点。总之，玛瑙山的历史文化价值不可低估，伴随着人们文化品位的提高和凤冈旅游开发的勃兴，玛瑙山营盘必将会受到越来越多人的关注。这更需要我们文史工作者进一步加强对营盘的学术研究，让观光者在旅游休闲中品味异彩纷呈的奇峰异洞，惊叹构造者的妙思构想、巧夺天工时，增强文化的自信心和自豪感，历史工作者只有走出书斋，将历史研究和现实相结合才更显其价值和生命所在。

玛瑙山营盘内的石桅桩①

三、其他营盘分布概况

根据凤冈县第三次全国文物普查资料，因山而垒的营盘防御工事遗址还有5处。

1. 偏刀水号军营盘遗址

偏刀水（今琊川）号军营盘遗址位于乌江北岸的万佛山麓，为连接凤

---

① 该石桅桩左边楷书阴刻“四川候补知县”6字，右边楷书阴刻“钱恩普”3字。

冈、湄潭、余庆三县通衢之地，地居险要。四周农业基础相对较好，盛产谷米，兵民两利。营盘遗址南北长约1000米、东西宽约150米，四周筑有城墙，墙上建造有明碉暗堡。由于该处地理位置十分重要，历来为兵家必争之地，此处很早就有驻军，曾为清军汛防据点。乾隆《石阡府志》载：分防偏刀水汛（即绿营军驻防之地），“外委马步亲丁：马兵一，守兵一，战兵十名，守兵八名。”① 可见此处驻兵不算少，表明其军事地理位置之重要。咸丰九年（1859），刘仪顺领导的反清白号军夺取偏刀水并以其为大本营，用毛石砌筑，进行了长时间的经营，共建有龙洞山、三角山、中寺顶、觉林寺、偏场、万佛营、洪福营、鄢草椏、黄楖坪、白虎营、猴村、洞坪等十数个团营。刘仪顺以此为根据地，多次与清兵以及地方团练进行战斗。同治七年（1868）偏刀水被清军攻占，城毁。遗址今存部分城垣、碉堡和地道残迹。

偏刀水号军营盘遗址（残存的城墙）②

① （清）罗文思：乾隆《石阡府志》卷4《兵防志·武制》，载贵州省地方志编纂委员办公室辑：《贵州历代方志集成》（第39册），中国文史出版社2016年版，第423页。

② 凤冈县文体广电旅游局编：《历史的记忆——凤冈县第三次全国文物普查成果汇编》（内部资料），遵义德堡印务有限公司2013年印刷，第10页。

偏刀水号军营盘遗址一角①

（三）黄狼坪营盘遗址

该营盘位于进化镇，修建于清代中晚期，具体建筑年代不详。营盘呈东西走向，城墙用毛石砌筑，分为主营和副营；现保存 200 米残垣断壁，其中主营城墙 150 米，副营城墙 50 米；城墙最高 2.5 米、宽 2.4 米，为研究清代军事史提供了重要实物依据。2004 年被凤冈县人民政府公布为文物保护单位。②

---

① 凤冈县文体广电旅游局编：《历史的记忆——凤冈县第三次全国文物普查成果汇编》（内部资料），遵义德堡印务有限公司 2013 年印刷，第 10 页。

② 凤冈县文体广电旅游局编：《历史的记忆——凤冈县第三次全国文物普查成果汇编》（内部资料），遵义德堡印务有限公司 2013 年印刷，第 3 页。

黄狼坪营盘遗址现存残墙

黄狼坪营盘遗址全景

3. 大营山号军营盘遗址①

该营盘位于花坪镇，修建于清代咸丰八年（1858），系白号军攻占偏刀水（今凤冈县琊川镇）后回到大营山所修筑，占地约1200平方米，遗址平面布局不规则。同治七年（1868）清军破城，城毁。现仅存土墙、石墙残垣数段，是研究清代军事建筑的重要历史实物资料。

大营山号军营盘遗址现存残墙

4. 关口号军遗址

关口村位于花坪镇东南部，与德江县和思南县接界，“有一脚踏三县”之称。号军遗址在关口境内共有3处，即大营山、金子山、头老山，海拔均在1000米以上，地势险峻，每山脚各有石碑1座，均刻“清阵亡众墓”字样，为当时县令邹元吉立，记载了自咸丰八年（1858）至同治七年（1868）号军与清军殊死搏斗的情况。② 另据当代考古资料，该墓碑坐东向

① 凤冈县文体广电旅游局编：《历史的记忆——凤冈县第三次全国文物普查成果汇编》（内部资料），遵义德堡印务有限公司2013年印刷，第4页。

② 贵州省凤冈县地方志编纂委员会编：《凤冈县志》，贵州人民出版社1994年版，第694页。

西，青石质，圆首；石碑高1米，宽0.47米，碑文为竖向楷书阴刻，“清阵亡众墓”每字0.1 x 0.12米；上款“咸丰戊午年攻二层岩贼巢”，下款“邑令邹元吉立”①。

花坪镇还有同时期号军所筑头老山营盘和金子山营盘遗址，现存残墙数十米不等。

“清阵亡众墓”碑全貌

① 凤冈县文体广电旅游局编：《历史的记忆——凤冈县第三次全国文物普查成果汇编》（内部资料），遵义德堡印务有限公司2013年印刷，第166页。

第二节 历史时期凤冈县交通演变

凤冈北依大娄山，南汲乌江水。南北两端群山林立，沟壑纵横，中部丘陵河谷交错。在生产力低下的古代，人们要消除这种空间阻隔十分困难。在漫长的历史岁月中，凤冈先民们披荆斩棘，凿山劈崖，在崇山峻岭中开辟出一条条对内对外交流的通道。先民们还充分利用舟楫之利，以济不通，远行千里。正是先民们这种愚公移山的精神，才使闭塞的凤冈经济文化得到发展。中华人民共和国成立以来，特别是改革开放以来，凤冈交通状况得到极大的改善，目前，高速公路连接周围各县市区，内部村村通公路，陆路、水路立体交通网络方便快捷，引领经济快速发展 ，体现了巨大的历史进步。

一、中华人民共和国建立前的交通状况

康熙《龙泉县志草》记龙泉县清代康熙年间及其之前道路分大路和小路，有关大路的文字如下：“来路从陆系、大路由思南府属塘头场起，二十里至桶口铺，过渡二十里至肖家林场，十里至长林场铺，十里至乍溪，十五里至蜂岩场，十里至思南安化县属土巡检司，十里至印江县属大堰塘，

永安镇乡间公路 罗逸 摄

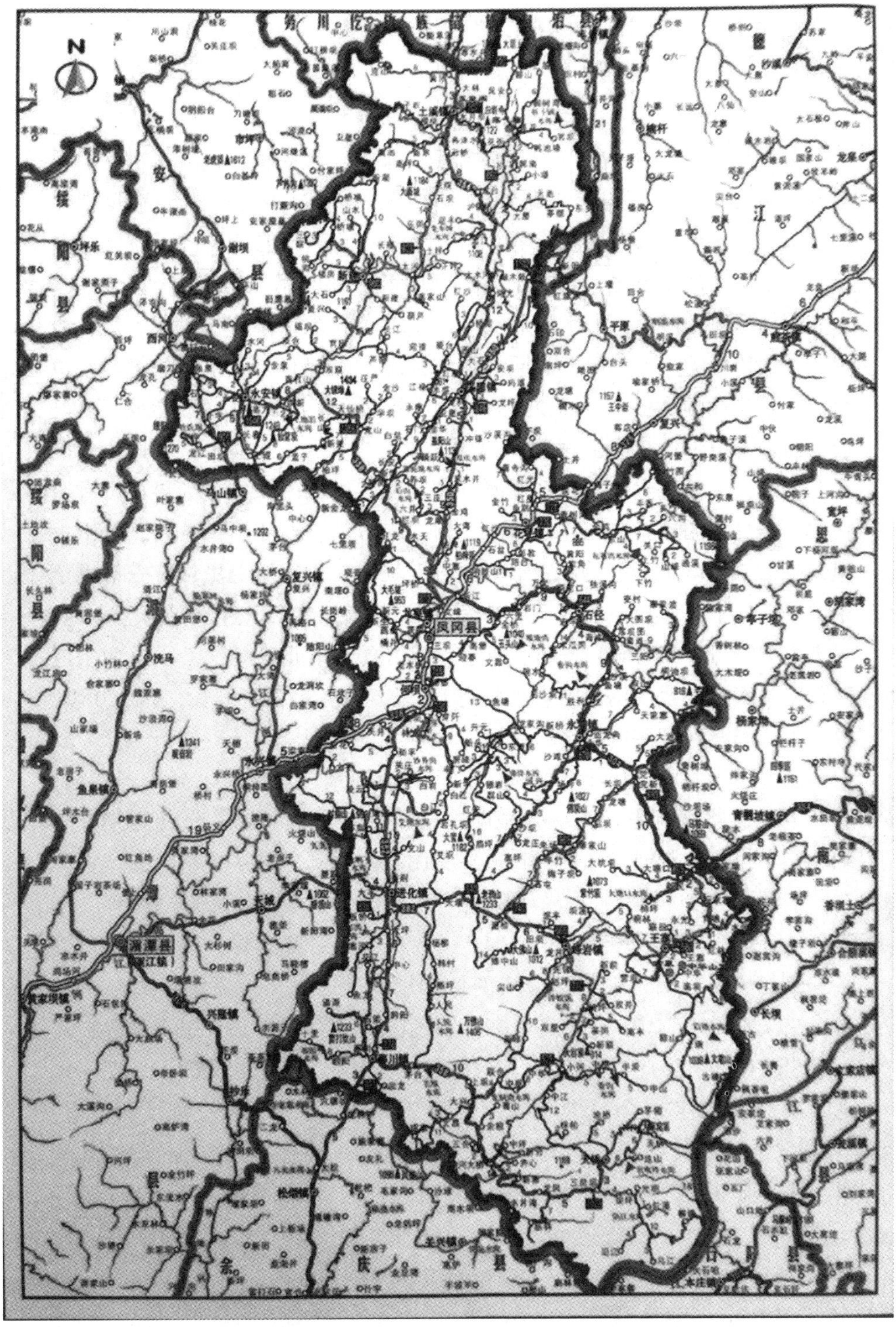

凤冈县交通示意图①

① 贵州省凤冈县地方志编纂委员会编：《凤冈县志 1978—2007》，方志出版社 2011 年版，第 2 页。

十里至黄心（荆）树，十里至府属瓮塘，十里至干溪铺，过老木桥十里至本县，共一百五十五里。小路二条系陆路，一自本县起，十五里至新化铺，十五里至本府属永兴场交界，共三十里；一自本县起，一里许至赵公桥，过十贯塘河十五里，到羊子溪，十里至平越府湄潭属绥阳场交界。”①这表明当时凤冈县有官方大道和民间小道，道路数量不多、里程不远，显示了古代传统的交通状况。康熙《湄潭县志》也记有与龙泉有关的两条道路：一条是从湄潭县城“正北路出北门半里许，渡湄河，冬涉水、夏渡船，经狮子山下，二十五里至流河渡，设有塘拨②，五里至官河口，十里至马渡河，十里至永兴场，系湄潭、龙泉两县以场南北中分为界，设有塘拨。一条是从湄潭县城正北歧路出北门二十五里，至流河都分路，二十里至长水田，十里至十里溪，二十里至渡上坝，二十里至七里坝，三十里至永胜场，二十五里过下大水，三十里至永安场，二十里过土溪河至宝地，二十里至镶川，与石阡、务川、龙泉、四川真安州五处接界。”③ 这两条道路陆路和水路交替使用，前者里程有60里，后者里程特别长，有220里，显示了从湄潭到龙泉道路之不易。

随着时代的发展和社会的进步，大路逐渐增多，自清末到民国初期，县内主要道路有七条：其一是城南三岔路（今三坝）起，经胡琴坝、康坝、镌字岩、新花铺、雷打树到永兴交湄潭界；其二是从三岔路起经古潭（今何坝）、水河、黄荆树、大堰塘、三土坎、巡检司、蜂岩、桃坪、小河、四顶坡、天桥、漆树坪至河闪渡，渡乌江入石阡县界；其三是从黄荆树起经石梁子、偏刀水到达余庆的松烟铺；其四是从三岔路左起经鱼塘坳、玄天观、永和场、党家湾、客店、发财场（今星竹）入思南县界；其五是出城门经关帝庙、石板坳、羊溪口、彰教坝、茶花坪至梅子坳交安化县界（今德江县）；其六是出城门经真武山、赵公桥、洋红坝、葡萄坎、骡马店、金鸡窝、绥阳场至敲木鼓交务川县界；其七是从赵公桥起经大茅坪、水天平、高旺、黄沙坎、马头山、长水田、板角关达新街（今永安）

---

① （清）张其文纂修：康熙《龙泉县志草》（不分卷），康熙四十八年（1709）稿本，载黄家服、段志洪主编：《中国地方志集成·贵州府县志辑》（第38册），巴蜀书社2006年版，第651页。

② 塘拨，驿站，最初由绿营兵管理，后来也雇人打理。

③ （清）杨玉柱纂修：康熙《湄潭县志》卷1《水陆道路远近》，载段志洪、黄家服主编：《中国地方志集成·贵州府县志辑》（第33册），巴蜀书社2006年版，第602页。

天桥镇葛闪渡遗址　汤权 摄

接正安县界。[1]

驿站和邮路是另一种交通方式。康熙《龙泉县志草》记载：清康熙年间，境内有驿道1条，设县前、干溪（今凌云村）、蜂岩、长林坝、桶口、塘头邮铺6处传递官府公文。[2]

20世纪初，凤冈出现了近代新式通讯邮电事业，《凤冈县志》（1994年）记录：光绪三十二年（1906），设龙泉邮寄代办所，邮路全程132.5公里。宣统元年（1909）为二等邮寄代办所。宣统三年（1911）改为二等邮政代办所，属正安州邮局管辖。民国三年（1914）划属绥阳县邮局管辖。民国二十四年（1935），遵义至思南间日班邮路开通，途经凤冈县城。民国二十八年（1939），湄潭至凤冈、凤冈至德江县步班邮路改为隔日一班。民国三十年（1941）升为三等乙级邮局，三十一年（1942）降为四等邮局，此后又有升降。县内邮路也逐渐开通。民国十八年（1929），琊川

① 《凤冈县志》（1994），第十六篇，第一章《交通》，第450页。

② （清）张其文纂修：康熙《龙泉县志草》（不分卷），康熙四十八年（1709）稿本，载黄家服、段志洪主编：《中国地方志集成·贵州府县志辑》（第38册），巴蜀书社2006年版，第653页。

到湄潭邮路开通，随后县邮政代办所晋升为三等乙级邮政局，开通了珊川、蜂岩、永和及绥阳、土溪、桥塘、永安等邮路。邮递范围逐渐扩大，有利于工商业信息的传递。民国十九年（1931），凤冈始有电话业务，民国二十五年（1936），成立了电报收发处。随着公路、邮电等新式交通通信事业的兴起和发展，逐渐取代了传统的交通和通信工具。

就交通工具而言，凤冈古代乃至近代的乡间运输，水路用木筏、木船，陆路靠人力、畜力，溜索、背篓、马驮、肩挑、背负、骡运等是较为常见的交通运输形式。民国中期出现了人力车和牛马板车，有胶轮和花轮两种，胶轮为3-5人拖拉，作长途运输；另外还有独木轮（俗名鸡公车），是民间作短途运输的主要方式。还有牛车，均为一牛一车，胶带木轮；马车则单套为花轮，多套为胶轮。在村道建设上，古代和近代多系羊肠小道，崎岖不平，较好的有散见于村寨之间的规则或不规则的石板小径，称之为“官道”，多在岔路口设立指路碑。此外，除极少数有钱人出门坐滑竿、轿子和骑马外，普通百姓无论远近均靠步行。渡口、人行桥、石板路、跳墩等都是凤冈农村常见的交通文化景观。

二、中华人民共和国建立后的交通发展

中华人民共和国建立初期，凤冈只有清代留下的“驿道”、民国时期修的“马路”和遵铜公路一段，交通面貌十分落后，严重制约了凤冈商品经济的发展。1950年凤冈公路建设开始起步，广大人民群众积极投入到社会主义建设中。主要修了鄢家桥至龙塘坝公路一段，即鄢家桥到进化段。1951年重点翻修凤冈到务川的公路，勉强维持通车。1950年修建鄢家桥

洪渡河跳墩 Patrick Dowdy 摄

至进化段公路，1951 年至 1957 年翻修凤冈至务川段公路（由务川至桃源进入四川境，又称凤桃路）。[①] 20 世纪 50 年代中期，玛瑙山、绥阳镇和凤冈县的交通状况有较大的改善。《凤冈县志》（1994 年）统计，1950 年至 1957 年间新建公路 103 公里；1958 年至 1968 年新建公路 203 公里；1969 年至 1992 年新建公路 133.5 公里。尤其是五六十年代，县乡公路有了较快的发展，主要有鄢龙路（鄢家桥至龙塘坝）、绥中路（绥阳场至中干桥）、洋茅路（洋溪口至星竹茅盖顶）、琊天路（琊川至天桥）、柏田路（柏梓经田坝入湄潭县界）、进新路（进化至湄潭县新联乡）、进蜂路（进化经大堰到蜂岩）。1985 年至 1989 年共新建公路 43.6 公里，大桥 1 座、中桥 4 座、小桥 4 座。截至 1992 年，境内有国道 1 段、县道 8 条（总长 217 公里）、乡道 22 条（共 439.5 公里），其中三级公路 47.1 公里，四级公路 89 公里，其余为等外路。[②] 1998 年，全县公路里程约 439.5 公里。2000 年，多数行政村和村民居住较集中村寨均通公路。2004 年起，县城至 14 个乡镇政府所在地改造为通乡油路，各乡镇至行政村住地铺设为砂石或水泥路面。截至 2007 年 12 月，县境公路总长为 2079 公里，其中，国道 1 条，总长 32 公里；省道 1 条，总长 41.5 公里；县道 7 条，总长 189.99 公里；乡道 7 条，总长 133.61 公里；村道 127 条，总长 1081.9 公里；村民组公路及连户路 600 余公里。公路硬化 69.32 公里，三级公路 133 公里，四级公路 252 公里。[③] 从公路修建的分布情况看，以县城为中心，向周边乡镇呈放射状分布，326 国道[④]从县境内由东向西从德江县的梅子坳进入县境茂荼盆，经花坪、石盆、龙泉镇、何坝、新花铺、雷打树进入湄潭县境，全长 32.7 公里，桥梁 7 座，总长 175.8 米，涵洞 27 道。该路段民国二十五年（1936）动工修建，民国二十九年（1940）通车，最早为泥结碎石路面；1984 年改造成

---

① 《凤岗五十年》编辑委员会编：《凤冈五十年 1948—1999》（内部资料），深圳市帮华印务设计有限公司 1999 年印刷，第 184 页。

② 贵州省凤冈县地方志编纂委员会编：《凤冈县志》，贵州人民出版社 1994 年版，第 451-452 页.

③ 贵州省凤冈县地方志编纂委员会编：《凤冈县志（1978—2007）》，方志出版社 2011 年，第 135 页。

④ 326 国道起点为重庆秀山，终点为云南河口，全程 1562 千米。

三级公路，柏油路面，由东向西依次与梅关路、洋茅路、凤桃路、龙西路、三船路、鄢龙路等县道衔接，是县内公路的主轴。

绥阳镇的主要公路为龙泉镇车湾至绥阳镇敲木鼓段，全长 31.49 公里，属县道，路面为沥青，路宽为 7 米；绥中路，从绥阳镇起，经龙台、土溪至中干桥，再通务川黄都乡，全长 27.5 公里，桥梁 3 座。尤其是大水河桥，位于绥阳镇至黄都公路 8 公里处，结构为石砌水泥路面桥，用钢筋混凝土浇筑而成，全长 126 米，高 21.5 米，宽 6.6 米，2 孔，最大跨径 70 米。另有干桥，位于绥阳镇至中干桥公路 8 公里处，是一条跨越深沟的坡桥，空腹式石拱，桥长 24 米，宽 6.5 米，高 9 米，跨径 16 米。从桥上环看四周，青山绿水，让人心旷神怡。乘车从遵义至玛瑙山现在只需要一个半小时车程。公路两边草木葱茏，春季茶香扑鼻、花红叶绿，美不胜收。

乌江葛闪渡段　汤权 摄

大水河桥一角①

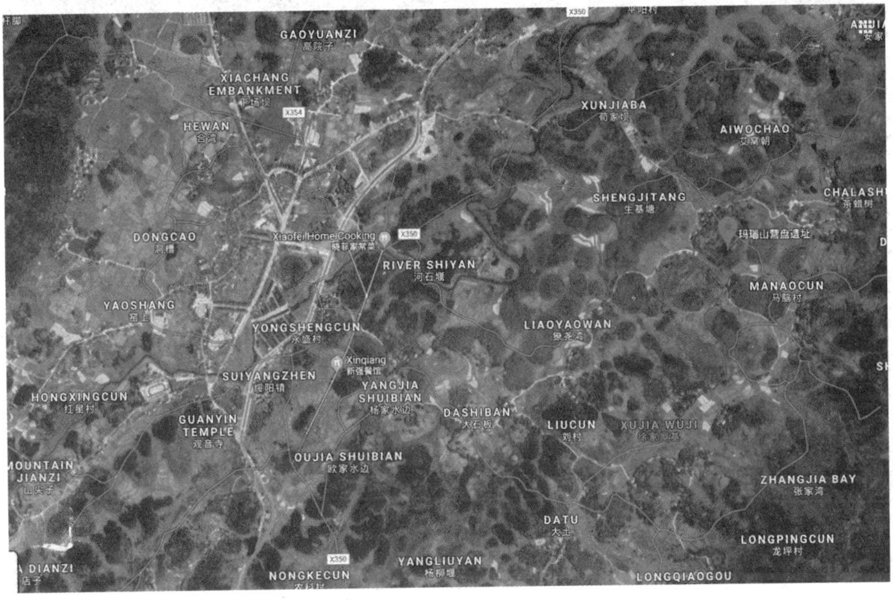

绥阳镇至玛瑙山交通 Google 地图

---

① 凤冈县文体广电旅游局编：《历史的记忆——凤冈县第三次全国文物普查成果汇编》（内部资料），遵义德堡印务有限公司 2013 年印刷，第 187 页。

玛瑙山营盘西北面永盛河和平桥　陈季君 摄

玛瑙山营盘西面清代同江桥　陈季君 摄

玛瑙山营盘“教坝”遗迹　陈季君 摄

官田寨钱青云旧居

玛瑙山玛瑙安坝组95号安立开老宅①

玛瑙山官田寨石柱础

---

① 照片由遵义师范学院学生袁红拍摄于2017年7月。房屋建于清光绪年间，年久失修，无人居住，墙体有倒塌，损坏较为严重；房屋门前挂有匾额，只有“进士”“光绪二十八年冬”“贡生安禹甸立”等字样能看清楚；大门上方有一块雕刻精美的“门刻”，上有祥云花朵图案。

玛瑙山官田寨石柱础

官田寨民居后的一段地基

官田寨民居后的一段地基

官田寨被荒弃的石磨

玛瑙山官田寨窗雕　周志龙先生摄于 2009 年 8 月

官田寨田野里的石桅桩①

玛瑙安坝组 95 号安立开老宅前的石桅桩

① 照片由袁红拍摄于 2017 年 7 月。桅桩上雕刻有鲤跃龙门、房屋、等图案，极为精致。

绥阳镇

（包括新建、永安、土溪在内）

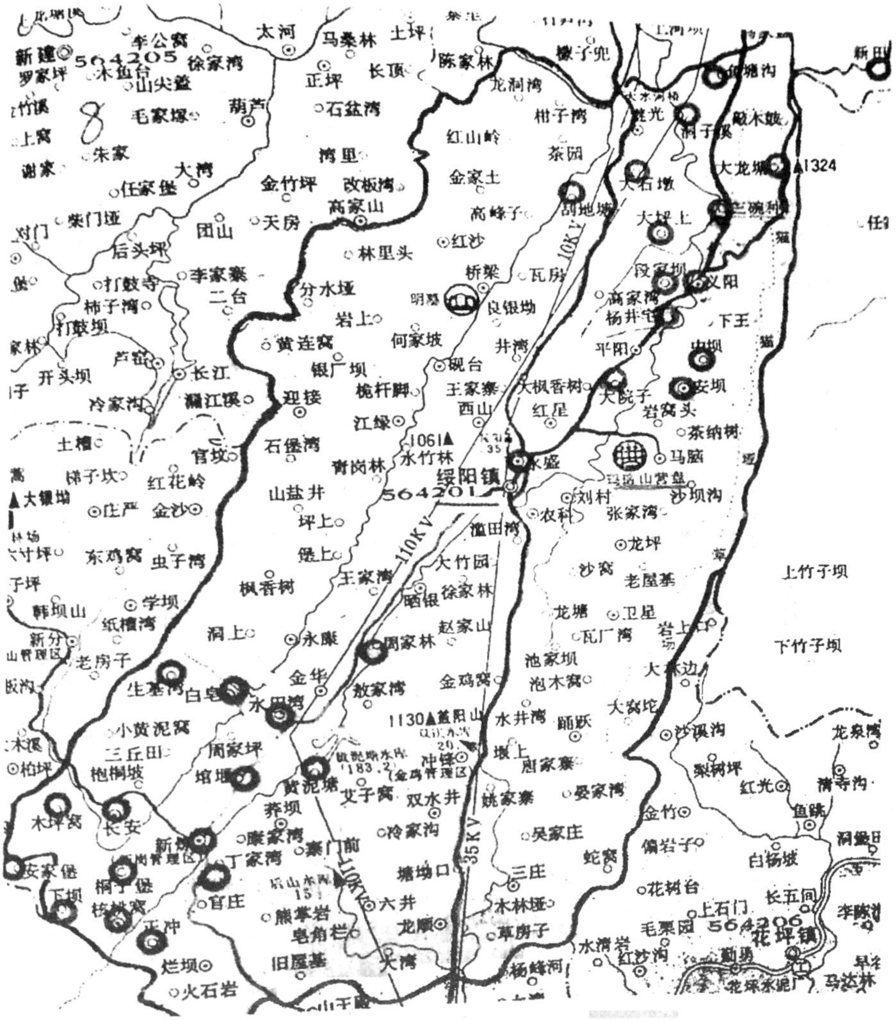

《钱氏家谱》所绘绥阳镇示意图①

---

① 《钱氏家谱》为当代人所编，未公开出版。

参考文献

一、古籍

1. 郭子章：万历《黔记》，载黄家服、段志洪主编：《中国地方志集成·贵州府县志辑》（第2册），巴蜀书社2006年版。

2. 光绪《湄潭县志》，载黄家服、段志洪主编：《中国地方志集成·贵州府县志辑》（第39册），巴蜀书社2006年版。

3. 吴宗周修、欧阳曙纂：光绪《湄潭县志》，载段志洪、黄家服主编：《中国地方志集成·贵州府县志辑》（第39册），巴蜀书社2006年版。

4. 罗文思：乾隆《石阡府志》，载贵州省地方志编纂委员办公室辑：《贵州历代方志集成》（第39册），中国文史出版社2016年版。

5. 夏修恕、周作楫修、萧琯、何廷熙纂：道光《思南府续志》，载段志洪、黄家服主编：《中国地方志集成·贵州府县志辑》（第46册），巴蜀书社2006年版。

6. 马震崑修、陈文燽主纂：民国《思南县志稿》，载段志洪、黄家服主编：《中国地方志集成·贵州府县志辑》（第39册），巴蜀书社2006年版。

7. 清·敬文等修、徐如澍纂：道光《铜仁府志》，载贵州省地方志编纂委员办公室辑《贵州历代方志集成》（第39册），中国文史出版社2016年版。

8. 杨玉柱纂修：康熙《湄潭县志》，载段志洪、黄家服主编：《中国地方志集成·贵州府县志辑》（第33册），巴蜀书社2006年版。

9. 沈庠修、赵瓒纂：弘治《贵州图经新志》，载段志洪、黄家服主编：

《中国地方志集成·贵州府县志辑》(第1册),巴蜀书社2006年版。

10. 张其文纂修:康熙《龙泉县志草》(不分卷),载黄家服、段志洪主编:《中国地方志集成·贵州府县志辑》(第38册),巴蜀书社2006年版。

11. 清仁宗敕撰:嘉庆《重修大清一统志》,上海书店影印四部丛刊本1984年版。

12. 爱必达:《黔南识略》,乾隆十四年(1749)修刊本,台湾成文出版社1968年版。

13. 罗绕典纂修:《黔南职方纪略》,载贵州省文史研究馆编:《续黔南丛书》(第二辑上册),贵州人民出版社2012年版。

14. 钟添纂、田秋删定、洪价校正:嘉靖《思南府志》,天一阁藏嘉靖刻本,上海古籍书店1962年版。

15. 谢东山修、张道纂:嘉靖《贵州通志》,载段志洪、黄家服主编:《中国地方志集成·贵州府县志辑》(第1册),巴蜀书社2006年版。

16. 李吉甫撰、贺次君点校:《元和郡县图志》,中华书局1983年版。

17. 江东之修:万历《贵州通志》,书目文献出版社1990年版。

18. 王道云主编:《望江楼竹类图志》,四川科学技术出版社2016年版。

19. 张群湘主编:《枸杞》,广州出版社2011年版。

20. 危亦林:《世医得效方》,人民卫生出版社1990年版。

21. 朱橚等编:《普济方》,人民卫生出版社1959年版。

22. 汪机:《外科理例》,人民卫生出版社1963年版。

23. 王肯堂:《证治准绳》,载《文渊阁四库全书》(第767册),台北商务印书馆1983年影印本。朱熹注解:《周易》,上海古籍出版社1987年版。

24. 贵州省民族研究所编:《明实录贵州资料辑录》,贵州人民出版社1983年版。

25. 陆羽:《茶经》,浙江古籍出版社2011年版。

26. 乐史:《太平寰宇记》,《文渊阁四库全书·史部》(469-470册)。

27. 陈祖架、朱自振编《中国茶叶历史资料选辑》,农业出版社1981年版。

28. 李化龙：《平播全书》（点校本），大众文艺出版社 2008 年版。
29. 孙武：《孙子兵法》，上海古籍出版社 2012 年版。
30. 贾太宏主编：《管子通释》，西苑出版社 2015 年版。
31. 顾祖禹：《读史方舆纪要》，中华书局 1955 年版。

二、近现代专著

1. 贵州省凤冈县地方志编纂委员会：《凤冈县志》，贵州人民出版社 1994 年版。
2. 贵州省凤冈县地方志编纂委员会：《凤冈县志（1978—2007）》，方志出版社 2011 年版。
3. 张步天：《历史地理学概论》，河南大学出版社 1993 年版。
4. 李恩军：《中国历史地理学》，人民交通出版社 1995 年版。
5. 陈雄：《历史地理学》，浙江人民出版社 2005 年版。
6. 蓝勇：《中国历史地理学》，高等教育出版社 2002 年版。
7. 邹逸麟：《中国历史地理概述》，上海教育出版社 2005 年版。
8. 张全明：《中国历史地理学导论》，华中师范大学出版社 2006 年版。
9. 林俯：《中国历史地理学研究》，福建人民出版社 2006 年版。
10. 菊地利夫著、辛德勇译：《历史地理学的理论与方法》，陕西师范大学出版社 2014 年版。
11. 张全明：《中国历史地理学导论》，华中师范大学出版社 2006 年版。
12. 史念海：《河山集》，陕西师范大学出版社 1991 年版。
13. 中国大百科全书编委会：《中国大百科全书》，中国大百科全书出版社 2004 年版。
14. 中国科学院《中国自然地理》编辑委员会：《中国自然地理》，科学出版社 1982 年版。
15. 邹逸麟主编：《中国历史人文地理》，科学出版社 2001 年版。
16. 周春元编著：《贵州古代史》，贵州人民出版社 1982 年版。
17. 李欣、胡庆华主编：《桔梗栽培与加工利用技术》，科学技术文献出版社 2014 年版。
18. 史念海：《中国历史地理纲要》，山西人民出版社 1991 年版。

19. 黄盛璋：《历史地理论集》，人民出版社 1982 年版。

20. 贵州省图书馆：《贵州历代自然灾害年表》，贵州人民出版社 1982 年 1 版。

21. 泰勒著、顾晓明译：《原始文化》，浙江人民出版社，1988 年版。

22. 殷福保、刘龙骥主编：《可爱的铜仁》，贵州教育出版社 1992 年版。

23. 思南县地方志编著委员会办公室编：《思南县志（1978—2010）》上卷，方志出版社 2011 年版。

24. 本书编写组：《遵义县综合农业区划》，贵州人民出版社 1989 年版。

25. 思南县志编纂委员会编：《思南县志》，贵州人民出版社 1992 年版。

26. 贵州省凤冈县地方志编纂委员会编：《凤冈县志》，贵州人民出版社 1994 年版。

27. 李金镇、赵体群、陈志强主编：《地球颤抖：地震》，山东科学技术出版社 2016 年版。

28. 罗宁主编：《中国气象灾害大典》，气象出版社 2006 年版。

29. 贵州省凤冈县军事志编纂委员会编纂：《凤冈县军事志（1128—2005）》，内部资料，2007 年印刷。

30. 凤冈县人民政府编《贵州省凤冈县地名录》，遵义市人民印刷厂 1984 年印刷。

31. 凤冈县旅游事业局编、吴正光主编：《玛瑙山官田寨》，贵州人民出版社 2008 年版。

32. 凤冈县人民政府编：《贵州省凤冈县地名录》，遵义市人民印刷厂 1984 年印刷。

33. 苏正强：《凤冈史话》（上），载《凤冈文史资料专辑》（内部资料），1994 年版。

34. 《凤冈五十年》编辑委员会编：《凤冈五十年 1948—1999》（内部资料），深圳市帮华印务设计有限公司 1999 年印刷。

35. 凤冈县文体广电旅游局编：《历史的记忆—凤冈县第三次全国文物普查成果汇编》（内部资料），遵义德堡印务有限公司 2013 年印刷。

36.《绥阳镇年鉴》，2008 年、2009 年、2010 年、2013 年、2015 年、2016 年、2017 年，未刊印。

37. 何烨：《贵州清代山地军事防御体系工事：玛瑙山营盘》，中央民族大学出版社 2019 年版。

三、近现代论文及报刊

1. 侯仁之：《历史地理学刍议》，载《北京大学学报》（自然科学版），1962 年第 1 期。

2. 辛德勇：《〈北宋西北战区粮食补给地理〉序言》，载《书品》，2006 年第 3 期。

3. 黄盛璋：《论历史地理学与地理学》，载《湘潭大学社会科学学报》，1982 年第 3 期。

4. 黄盛璋：《论历史地理学与历史学》，载《史学月刊》，1983 年第 1 期。

5. 周燕、周军：《文化的误读与讹传—以“荸荠化铜”为例》，载《湖南工业大学学报》（社会科学版），2010 年第 6 期。

6.《贵州民意》，1949 年第 6 卷第 3 期。

7.《铎报》，1917—1918 年。

8.《贵州日报》，1947 年、2015 年。

9.《贵州公报》，1918 年。

10.《力报》（贵阳）1945—1947 年。

11.《中央日报》（贵阳版），1945—1947 年。

12. 汤权：《长碛谢氏牌坊考》，（载凤冈县人民政府网 · 走进凤冈 · 地域特色）。

后　记

《玛瑙山历史地理研究》作为“玛瑙山历史文化丛书”的最后一本研究文稿即将付梓，标志着围绕凤冈县玛瑙山营盘历时三年之久的历史研究文化探寻之旅终于圆满收官。三年亲执，肝胆相照、艰辛探索、古道热肠，江湖夜话、把酒高歌……一幕一幕至今历历在目，于学问于世事有所获焉！

“纸上得来终觉浅，绝知此事要躬行。”记得2016年暑假，我和郗玉松副教授带领着遵义师范学院历史专业十几名风华正茂、青春洋溢的师生，一路风尘仆仆，在薛维先生帮助下，深入凤冈县绥阳镇玛瑙山地区开展田野调查。我们山里山外追寻线索、探索真迹，力图厘清纷繁复杂、藏头隐尾的历史线索，尽早揭开玛瑙山神秘的面纱。团队成员胡安徽博士、郗玉松博士、张传跃博士、何烨副研究员带领学生们进驻玛瑙山村，负责考古调查、测绘和搜集玛瑙山的碑刻、故事与传说。他们不时分头走访县档案馆和图书馆收集耙梳相关历史文献。早出晚归，日以继夜，整整一个暑假，收集整理出大量珍贵、翔实的资料，建立了玛瑙山营盘的文物数据库，为丛书系列的编撰，特别是国家重点文物保护单位申报文本的撰写打下了坚实的基础。师生们感到不虚此行，受益匪浅。广袤的田野是最好的授业课堂，也是最广阔的成才舞台。

“纤纤不绝林薄成，涓涓不止江河生。”这次由凤冈县文体旅游局与遵义师范学院联手打造的“玛瑙山历史文化丛书”的出版和玛瑙山营盘遗址成功申报全国重点文物保护单位，无疑是凤冈县文化建设工程的又一力作，也是赋予地方历史文化科学研究强大生命力的又一成功范例。改革开放以来，凤冈涌现了一大批热爱乡土文化的专家，如薛维先生、罗逸先生、周志龙先生、汤权先生、安斯旭先生、胡启涌先生、王珺偲先生、熊玉飞先生等，研究心得和成果颇丰，嘉惠后学，值得敬佩！遵义师范学院历史文化与旅游学院的师生急地方之所急、解发展之所难，用实际行动服务于经济社会发展，在夷州故里龙泉大地上书写了精彩人生！

人杰地灵的凤冈县历史悠久，文化丰富，玛瑙山营盘作为凤冈文化百花园中的一朵奇葩，对其进行全方位考察研究，于弘扬地方文化、推进玛瑙山军事营盘遗址保护和利用有着重要的现实意义。本书编撰过程中得到了中共凤冈县委、县人民政府及有关部门的大力支持与帮助，采用了罗逸、汤权、马志军、Patrick Dowdey（美国）等摄影师珍贵的图片，胡安徽教授、李士祥博士帮助查阅校对资料，在此一并谨表谢忱！

学无止境，凤冈这片热土上还有太多历史事件、历史人物、历史遗迹等待我们去探寻、去研究。玛瑙山的前世今生还有诸多问题有待去挖掘和探索。限于学识水平和历史局限，书中尚有疏漏和不足之处，恳请方家不吝指正！

庚子初春于遵义仁和苑书斋